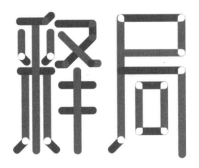

释局

新零售商业模式创新案例集

王崇锋　晁艺璇 ◎ 编著

北京大学出版社
PEKING UNIVERSITY PRESS

图书在版编目(CIP)数据

释局：新零售商业模式创新案例集/王崇锋，晁艺璇编著.—北京：北京大学出版社，2021.1

ISBN 978-7-301-31805-8

Ⅰ.①释… Ⅱ.①王… ②晁… Ⅲ.①零售业—商业模式—案例 Ⅳ.①F713.32

中国版本图书馆 CIP 数据核字(2020)第 208765 号

书 名	释局：新零售商业模式创新案例集
	SHIJU: XINLINGSHOU SHANGYE MOSHI CHUANGXIN ANLIJI
著作责任者	王崇锋　晁艺璇　编著
责任编辑	周　莹
标准书号	ISBN 978-7-301-31805-8
出版发行	北京大学出版社
地　　址	北京市海淀区成府路 205 号　100871
网　　址	http://www.pup.cn
微信公众号	北京大学经管书苑（pupembook）
电子信箱	em@pup.cn
电　　话	邮购部 010-62752015　发行部 010-62750672　编辑部 010-62752926
印 刷 者	天津中印联印务有限公司
经 销 者	新华书店
	787 毫米×1092 毫米　16 开本　17.75 印张　310 千字
	2021 年 1 月第 1 版　2021 年 1 月第 1 次印刷
定　　价	48.00 元

未经许可，不得以任何方式复制或抄袭本书之部分或全部内容。
版权所有，侵权必究
举报电话：010-62752024　电子信箱：fd@pup.pku.edu.cn
图书如有印装质量问题，请与出版部联系，电话：010-62756370

推荐序一

如果问起商学院的一名老师,做什么是最重要的?相信大多数老师都会毫不犹豫地回答:在国际顶级期刊上发表论文最重要;能够成为"帽子学者"最重要。当然,也会有老师说:能够拿到国家级的大项目最重要。但我想很少有人会说:教书育人、培养人才最重要。而认为开发好案例、培养好人才最重要的人,恐怕连百分之一都不到。

的确,不论是在顶级期刊发表论文,还是戴上高端"帽子",抑或是拿到国家级的大项目,他们遵循的其实是一个逻辑:如果能够多发几篇好论文或者拿到几个大项目,就会在激烈的学术竞争中脱颖而出,成为"帽子"人才,享受崇高的荣誉和不菲的待遇,实现人生理想。这无疑是一个励志的逻辑,将发表高水平的论文作为有效提升的通道。但是,这个逻辑似乎缺了点什么,那就是:商学院的办学目的是什么?学生,这一商学院赖以生存的载体去哪里了呢?显然,这个对教师提升最为有效的逻辑其实是存在很大问题的。但为什么至今难以打破呢?原因在于教学的效果因人而异,缺乏显性的衡量指标,也缺乏学界的广泛而一致的共识。如果认知不能统一,再好的逻辑都会因无法实施而沦为空谈。于是,一切如故,在顶级期刊发表论文仍然重要,争取大项目依然是决定性的,戴上高端"帽子"仍然是众多学者孜孜以求的成就。

在这种背景下,能够在做好科研的同时,还将大量的时间和精力投入于人才培养和案例开发与教学的,是真的明白人才培养重要性的人,也是真正地践行国家教育发展理念的人。这其中,有兴趣,有信念,更有坚守。

我同王崇锋教授神交已久,但真正当面讨论和交流还是最近两年的事情。之所以说神交已久是因为,作为第四届、第五届全国 MBA 教育指导委员会委员兼案例工作组召集人,以及具体承办单位"中国管理案例共享中心"的创办者和负责人,在2007年创办中心的时候,我就有一个很大的担心:虽然作为主办方,我们投入了大量的时间和精力,进行了许多模式上的创新,组织举办了"全国百篇优秀管理案例"评选等活动,但关键问题在于除了组织的耗时耗力,在政策尚不完善和缺乏足够激励的情况下,到底有多少老师能够真正投入到案例的开发和教学中,他们的积极性到底有多大?如果没有一批高水平的、致力于案例开发与教学的教师的深度参与,无论采取什么模式和方法,都无法解决我国案例教学的案例来源问题,就更谈不上大力发展案例教学了。非常令人欣喜的是,虽然面对重重困难,许多院校也没有出台参评百优案例的政策,但一批商学院的老师还是积极地参与到案例撰写和案例教学中,涌现了一批活跃在国内案例开发和案例教学领班的优秀教师,王崇锋教授就是其中的一位典型代表。每当我问起同事"今年申报百优的老师有多少""投稿最多的老师是谁"的时候,我经常听到的回答:投稿最多的是青岛大学的王崇锋教授。这不禁让我有点好奇,居然有老师能够写出那么多好的案例?我又查了一下青岛大学商学院的主页,发现王老师不仅案例做得多、做得好,而且还获得了国家级的科研项目,发表了不少科研论文,这让我不禁对王老师刮目相看。

在中国管理案例共享中心成立12年这一较短的时间里,我曾以为发表最多的老师能够采编和入库20—30篇案例就已经很难得了,因为采编案例需要很长的流程,意味着要花费作者大量的时间精力和智力,因而一年能够开发两到三篇案例就已经很不错了。但是,王崇锋教授在共享中心案例库中的案例有55篇之多,是国内发表教学案例最多的老师之一;如果说,仅有数量不足以说明问题的话,那么案例质量自然就是最有价值的指标了,王老师的案例多次入选全国百篇优秀案例。不仅如此,他撰写的案例,总能同当下的企业发展紧密地结合在一起,充分反映企业的最佳商业实践,对案例背后理论的总结和归纳,也一直非常到位。这就是国内优秀的案例开发老师的投入和责任担当,我觉得这是很值得商学院的同行认真思考和学习的。

本案例集的主题是新零售的商业模式,是王老师发表的诸多案例的一部分。相信读者在阅读和学习的同时,不仅可以充分领略到王老师在此方面的造诣和投入,更重要的是,这样一个案例集,能够及时跟踪国内商业模式领域的新实践和新发展;通过学习这些案例,可以更好地掌握商业模式背后的理论,促进更多的读者深入思考我国下一步商业模式发展的规律和走向。同时,与其他有关商业模式的案例不同的是,王老师的案例集基于商学院的视角,不仅有对知名企业商业模式创新实践的深入介绍,更有教学案例的精巧布局和深厚的理论及方法的介绍,这也是本案例集出版的价值所在。

苏敬勤
2020年3月于大连

推荐序二

我和崇锋相识于案例。五年的相识,崇锋给我最深刻的印象就是他的坚持与高效。

很多学者在事业有成之后,都纷纷著书立说。立功而后立言,似乎是学者一定要做的事情。但是,崇锋写这本书的初衷却截然不同。他是我见过最有坚持精神的案例人,不管环境如何变化,他始终坚持初心,讲好故事,做好案例;他是我见过最有开放之心、兼容之态、学习之力的案例人,不管面对如何多样化的主题,他都愿意静心观察,深入了解,高效行动,不畏惧、不妄言。

这本书很"新鲜"

书中以"新"为始,一共分成四个模块,用十九个企业案例,向我们展示了新零售、新拓展、品牌焕新和新崛起四类商业模式创新。世界变化之快,中国的企业为管理学者提供了绝佳的观察对象。这本书是将多个学科的前沿事件融会贯通得到的全景式研究成果,这让我们能够从更加广阔的视野触及中国企业实践边界的每一个模块。这种阅读的过程,会给每一位读者带来豁然开朗的满足和愉悦。

这本书很"冷静"

实践往往先于理论,理论反过来又可以指导实践。在这本书中,我们看到多个耳熟能详的企业,书的可贵恰巧在于可以如此冷静而又客观地描述企业发生的事实,让我们在关于企业现象的抽丝剥茧的描述中,寻找案例背后的理论,获得案例想传递的"啊哈"的惊喜。

这本书很"温暖"

案例集的受众通常是小众群体,既没有通俗读物的"入世",也没有高深理论的"出世"。然而,开发过案例的人一定都懂,其间的艰辛与付出,不足为外人道也。崇锋说,出这本书是为了纪念,纪念这段有趣的案例探索之旅中的人和事、思考与感悟、痛苦与升华。于是,一本有温度、有高度、有深度的案例集如约而至。读完这本书的人,都是确认过眼神的。

崇锋不仅是一个案例人,而且是一位善于将企业管理理论与实践"双融"的思想者,这也更加体现了作为一名商学院教授的担当与情怀。

何 波
西南科技大学案例中心主任

目 录
CONTENTS

新零售

时来易失，赴机在速——良品铺子领跑新零售时代 / 003

创新物种，赋能零售——盒马鲜生商业模式探索之路 / 021

世事如棋，局局如新——新零售时代的企业创新浪潮 / 038

网红升级，自强不息——林清轩的品牌创新之路 / 050

门外悠悠，星移几秋——索菲亚的营销升级之路 / 061

新拓展

双向引流，拓展疆界——日食记的美食营销创新 / 081

质量严控，信息优化——每日优鲜"便利购"的供应链管理 / 094

此间年少，静待花开——区块链助力"星贝云链"价值共创 / 101

孕育生态，寻求突破——腾讯并购Supercell手游公司 / 116

传情达意，引爆社交——连咖啡的创业蜕变之路 / 131

品牌焕新

百年老号，一起哈啤——哈尔滨啤酒的品牌重塑之路 / 147

好风借力，直上青云——新营销助力老字号品牌激活 / 161

跨界联姻，初战告捷——美加净与大白兔的"经典回忆杀" / 175

起承转合，脱颖而出——"国潮"李宁的品牌突围之路 / 184

心有猛虎，细嗅棉香——全棉时代的吸粉造星之路 / 192

新崛起

疏水活源，鱼跃龙门——闲鱼的社群升级探索之路 / 211

蔚来已来，颠覆未来——蔚来汽车的竞逐超越之路 / 227

长风破浪，王者崛起——《王者荣耀》的差异化战略征途 / 241

星星之火，何以燎原——XYZ 咖啡的创业之路 / 254

新零售

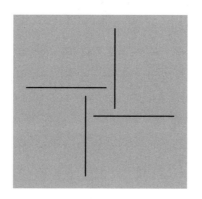

时来易失,赴机在速——良品铺子领跑新零售时代

创新物种,赋能零售——盒马鲜生商业模式探索之路

世事如棋,局局如新——新零售时代的企业创新浪潮

网红升级,自强不息——林清轩的品牌创新之路

门外悠悠,星移几秋——索菲亚的营销升级之路

时来易失,赴机在速

——良品铺子领跑新零售时代*

摘要: 2017年,良品铺子依旧保持强势的线上线下能力,已成为中国中部地区最大的休闲零食连锁零售企业。几年前,公司全力打造"线上+线下+物流"的全渠道体系,总结"双11"促销经验、精心准备营销活动,极大程度上缩小了线上、线下两个渠道在销售额与品牌塑造方面的差距,成功跻身2016—2017年中国坚果十大品牌排行榜前三名①,实现了公司"一个品牌,两线发展"②的战略意图。无论是线上布局,还是线下用户体验升级,良品铺子都探索出了新零售时代的本质,是实体零售创新转型的最佳案例。

关键词: 良品铺子 新零售 全渠道 价值网模型 商业模式创新

---

* 本案例由青岛大学商学院王崇锋教授,青岛大学商学院学生刘欣荣、晁艺璇撰写,作者拥有著作权中的署名权、修改权、改编权。本案例授权中国管理案例共享中心使用,中国管理案例共享中心享有复制权、修改权、发表权、发行权、信息网络传播权、改编权、汇编权和翻译权。由于企业保密的要求,在本案例中对有关名称、数据等做了必要的掩饰性处理。本案例只供课堂讨论之用,并无意暗示或说明某种管理行为是否有效。

① 详见网页 http://nb.sina.com.cn/rw/2018-01-04/detail-ifyqincu0438627.shtml,访问时间:2018年3月。

② "一个品牌":良品铺子品牌;"两线发展":线上与线下。

引　言

截至 2017 年 8 月 24 日，武汉的高温天气已经持续了好一阵子，湖北良品铺子食品有限公司（以下简称"良品铺子"）常务副总裁杨银芬跟往常一样提前来到办公室，桌上呈放着《2017 年中国休闲零食行业研究报告》。

报告显示，根据市场公开数据和上市企业财报信息，良品铺子在 2016 年以 60 亿元的年销售额，成为休闲零食行业销量排名第一的企业。这样骄人的成绩对他而言，来之不易，更是至关重要，这意味着他终于实现了几年前自己定的"小目标"——将良品铺子经营为休闲零食行业的第一位。

墙上戴着小黄帽、舔着嘴巴、张开双手求抱抱的卡通形象"良品妹妹"似乎也感受到了自己蹭蹭上涨的"热度"，笑得可爱而自信。

公司发展及行业现状

良品铺子的创业故事

2006 年 8 月 28 日，良品铺子在湖北省武汉市武汉广场对面开立了第一家门店，定位于集休闲食品研发、加工分装、零售服务的专业品牌连锁运营。

十几年前，杨红春从湖北工业大学毕业，应聘进入科龙电器工作，当时科龙电器是国内最大的白色家电制造企业，也是内地第一家在香港上市的乡镇企业。在这家"敢用新人"的企业，杨红春工作了八年，先后担任过总部广告部科长，广西、广东、湖南分公司的总经理。2005 年 7 月，一直想创办属于自己的企业的杨红春毅然辞去高薪工作，拉上大学同窗杨银芬一同创办了良品铺子。

从决心开始创业的那刻起，杨红春用了将近一年的时间在全国做产品调研，统计下来，他先后考察过 150 家食品生产企业，了解食品生产制作过程。在深刻地认识到"吃的东西品质第一"的原则之后，他为自己的品牌取名"良品铺子"——"良心的品质,大家的铺子"。

但成立一个品牌从来都不是一件容易的事。

成立之初,良品铺子门店里只有60余种产品。为了在创业之初就树立好口碑,吸引消费者,杨红春亲自带着店员在门口邀请行人免费试吃。营业的第一天,门店的营业额仅为1 300元,但是当天免费品尝的产品价值就达到了1 400元。据良品铺子元老级员工回忆,良品铺子成立的前四个月都处于亏损状态,一个月最多亏损2万余元。尽管如此,杨红春也没有放弃良品铺子,而是满腔热情地继续前行。

公司成立以来,不断发展壮大,从单一线下门店发展至线上线下一体化,从武汉本地企业发展至全国知名零食品牌,其发展历程大致经历了以下三个阶段:

第一个阶段是初创时期(2006—2008年)。

2006年,良品铺子在湖北武汉开了第一家门店,上柜商品只有60余种,全部为散装食品、称重销售,至2006年末,总共在湖北开了6家门店。

2007年12月,门店数量达到28家。

2008年12月,门店数量达到88家。

第二个阶段是成长时期(2009—2012年)。

2009年4月,良品铺子进驻江西南昌;12月,门店数量增至168家。

2010年,良品铺子线下门店业务继续发力,门店数量达到360家,实现年销售额2.8亿元。

2011年,良品铺子荣获武汉民生十大贡献品牌奖,门店数量增至716家,年销售额突破6亿元。

2012年,良品铺子成立电子商务有限公司,专门负责公司网上平台的销售和管理;同年进驻四川成都,门店数量增加到972家;分装加工物流中心正式投产,物流配送能力得到进一步加强。

第三个阶段是提升时期(2013年至今)。

2013年,良品铺子的业务进一步拓展,全国连锁门店数量超过1 200家,员工数量近4 000人,年销量额接近16亿元,获得"第六届中国高成长连锁企业50强"的荣誉称号。

2014年年初,良品铺子正式提出"良品五年,百亿有我"的战略目标,公司进入战略发展新时期。

2015年,良品铺子与全球最大的企业咨询服务公司IBM及全球排名第一的ERP软件供应商SAP公司签署合作协议,加速企业线上线下全渠道扩张。

2016年,良品铺子以60亿元的年销售额,成为全国休闲零食行业销量排名第一的企业。①

2017年,良品铺子的发展前景更是被业界一致看好,被评为"消费者最爱逛的智慧门店品牌"。②

发展至今,良品铺子产品品种多达1 500种,主要分为坚果炒货、果干果脯、肉类零食、海味零食、素食山珍、饼干糕点、糖果布丁、饮料饮品等,主要销售渠道包括线下实体门店和线上电子商务两大类。

经过一系列的探索和发展,良品铺子已经成为具备加工分装、物流配送能力的休闲零食连锁公司,也逐渐形成了富有特色的企业文化。

行业分析

随着人们对绿色健康生活和新奇产品的不断追求,休闲零食对于人们而言不再只是填充空闲生活的调剂品,而日渐成为日常生活的必需品。

据不完全统计,2016年,良品铺子、三只松鼠、百草味等品牌的销售额共计达到了200亿元左右,这显示了消费者对于休闲零食市场的庞大需求。基于CNPP品牌数据研究部门的统计,中国十大品牌网、买购网联合重磅推出了"2017中国零食十大品牌排行榜",三只松鼠、百草味、良品铺子稳稳地占据前三名③。

从产品层面看,休闲零食指的是一类非正餐、充饥性需求较弱、强调消费场景化、满足更多维度的需求(包括重视健康和更多功能延伸、融入更多情绪价值)、单品或多品类创意融合、可散售的即食类食品,如图1所示。

---

① 详见网页 https://www.cbndata.com/report/982/detail? isReading=report&page=1,访问时间:2018年3月。

② 详见网页 https://www.sohu.com/a/203936649_463967,访问时间:2018年3月。

③ 详见网页 http://www.maigoo.com/best/15320.html,访问时间:2018年3月。

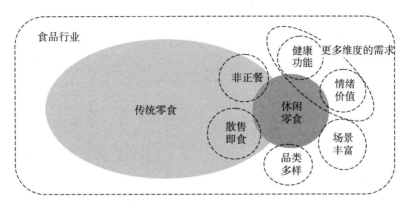

图1 食品行业休闲零食的概念

资料来源：http://www.iyiou.com/intelligence/insight53538，访问时间：2018年3月。

根据中国产业研究报告网定义，休闲食品是以果蔬、谷物、肉、鱼类等为原料，采用合理工艺加工制成的快速消费品，是人们在闲暇、休息时食用的食品。[①]

自改革开放以来，中国食品行业一直在曲折中发展，到2008年才迎来本土零食新业态。受宏观经济大环境的影响及传统食品行业消费需求的减少，食品行业长年增速下行；而随着产业升级与消费升级等进程的推进，自2015年起国内食品行业增速缓慢回升。

从政策、经济、社会、技术四个方面（宏观环境角度）分析对休闲零食发展的影响：①政策方面，食品安全规范促进行业向标准化、品质化、品牌化方向发展；②经济方面，人均可支配收入与消费意愿持续提高，消费拉动经济增长；③社会方面，收入信心指数、品牌忠诚度和健康理念共同指向"消费升级"；④技术方面，信息化基础设施建设与工业化体系日臻完善共同赋能"产业升级"。

国民消费观念和习惯的转变，使得休闲零食渐渐转变为一种时尚消费，成为一种生活方式的象征，为越来越多的大学生和年轻一族所喜爱。同时随着中国电子商务行业迅猛发展以及互联网迅速渗透大众生活的方方面面，休闲零食也因此进入了不断创新和发展的阶段。

"规模大、增长快、潜力足"是中国互联网发展的特点。根据《2016年中国

[①] 详见网页 http://www.chinairr.org/report/R07/R0704/201412/09-172700.html，访问时间：2018年3月。

互联网产业综述与2017年发展趋势》报告,2016年中国互联网用户以7.1亿人位居世界第一,互联网消费则以9 670亿美元位居全球第二。

扩展线上市场,兼顾线下利益

线上初体验

2013年可谓良品铺子转型最为关键的一年。

纵观良品铺子自成立以来的销售额(见图2),不难发现,2014年公司突破20亿元大关,2016年突破60亿元大关。这不禁让人发问,只卖零食就能有数十亿元的销售额,这是怎么做到的?良品铺子在保持线下门店强劲发展势头的同时又是如何发现并决定尝试线上零售的呢?

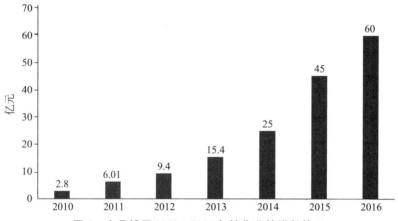

图2 良品铺子2010—2016年销售业绩增长情况

资料来源:作者根据良品铺子历年财报数据整理。

2012年3月,百草味入驻1号店挂牌营业,当月店铺销量突破100万元;3个月后,三只松鼠正式上线,65天后就在天猫商城同类销售中排到了第一……零食互联网品牌的兴起,引起了杨银芬的注意,他敏锐地感觉到这可能是个新机会,一定不能错过。于是,良品铺子成立了一支只有几个人组成的小团队,先进行了小规模的尝试。

做电商,除了缺乏人才和经验,还有更为严峻的产品问题。

相较于三只松鼠的前身壳壳果、百草味等品牌,良品铺子的坚果品种更全、供应链更有优势。线下销售,良品铺子始终是以散装零售的方式进行,虽然方便,但将这种形式应用到线上电商平台就使其有些捉襟见肘,良品铺子依旧是硬着头皮通过线上渠道卖了一年多的散装零食。2012年10月,良品铺子专门成立了电子商务公司,独立开展线上业务,当年线上销售额达到1 800万元。

积累了一年做电商的经验,公司已经逐步形成了相对稳定的出货规模,但是小包装的发货速度着实严重制约了电商业务的发展,改革势在必行!

顶着市场和消费者对产品成本增加的预期的压力,良品铺子用三个月的时间,硬是把散装零食改成了标准小包装,又从小包装改到合适的分量包装。这一改使良品铺子2013—2015年的线上销售额逐渐从8 000多万元、4.2亿元增长到12亿元。

开展电商业务后,良品铺子当时一共拓展了包括京东、淘宝、1号店等在内的37个渠道,几乎打开了所有互联网销售平台,但是当平台全部打开后,有些产品的供应能力受到了极大的挑战:在遇到类似于天猫"双11"等重大活动时,电商平台一天涌进的订单量相当于以往一个月的订单量,而线下仓库的储备、物流无法及时消化这些订单需求。

此外,基于门店业务运行的信息系统、仓储能力都渐渐暴露出不足。最后,公司决心重新开发线上交易系统,并规划电商物流仓储体系。

数据化物流体系

众所周知,新零售并不是新概念,而是"线上+线下+物流"的融合,是O2O(Online to Offline)商业模式的进化版,致力于提高商品社会化流通、降低库存甚至实现零库存,进而提高企业整体销售额,达到节能减排与推动中国智造的社会进程的效果。

做电商不易。

与传统线下门店销售不同,做电商意味着从基本的公司运营思维到全系统的业务流程都得改。期初,良品铺子将线下商品原封不动地放到线上销售,发货也不区分线上线下,统一在一个仓库里进行(见图3)。但是由于散称的方式用于线上销售时出货效率太低,极大地影响了仓库的合理布局及到货速度,良品铺子便专门成立了单独的物流部门负责配送线上销售订单(见图4)。

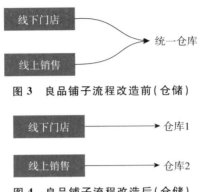

图3　良品铺子流程改造前(仓储)

图4　良品铺子流程改造后(仓储)

业务拓展到了线上,用户也从有限的有门店分布的几个省份扩大至全国,想要让全国各地的用户在48小时内收到包裹,仅仅依靠原有在湖北的总仓库是远不能满足这样日趋庞大的需求的。

2013—2014年,公司先后在杭州、北京、广州设立分仓库,此后又在成都、西安和沈阳三地布局。这些仓库距离下订单客户的配送半径不超过500千米,位置方便供应商就近送货,还考虑到了覆盖范围内快递公司的数量。得益于有效的物流仓库分布,良品铺子实现了全国85%以上的订单,能够在隔日送到用户手上。

发货效率的提升一方面与仓库的合理布局有关,另一方面也有赖于仓库内作业的高速运转。按照良品铺子的内部规定,订单在仓库停留的时间不应超过4小时。

2014年,良品铺子为了提高门店库存周转率,上线自动补货系统,并将原来的整箱配送模式改为实时库存动态预测的拆零拣选模式。当时物流基地仓库里最令大家发愁的就是拆零拣货,这个过程需要将整箱打开,依照需求进行单个门店的订单配货。员工采取接力的方式,一个人负责四个货位,一个拣完了推到下一个。

这种方式存在两个弊端:一是不容易计件;二是出错率高。另外,由于拣选之后还有复核、封箱,动作烦琐,很难查到是谁出的错。一旦出错就需要不断返工,加班就在所难免。

矛盾不断归根到底是作业模式未能匹配企业的发展速度,为此应该紧随着公司物流强度的推进而革新作业模式。看到屈臣氏已经大规模利用 RF 拣选①设备进行门店商品拣选,并且效率很高,良品铺子决定拆除原来花了数万元建成的流水线,果断更换新系统及设备。

使用 RF 拣选的一个好处是,员工完成的任务量都会记入信息系统。这为薪酬体系改革奠定了基础。为了鼓励员工提高效率,良品铺子实行了计件工资制度,将工作量划分为五个阶梯,每个阶梯对应不同的工资水平。制度施行后,即使遇到加班员工也不抱怨了,有的员工甚至午觉都不睡,吃过饭就跑到仓库里拣货。干得多的员工,月收入 9 000 元,平均水平也超过了 4 000 元。

电商业务铺开后,良品铺子原有的作业模式受到了业务量暴增带来的冲击。早期仓库只有一条拣选线,一个 SKU② 一个托盘,一字排开。每个托盘长度为 1 米,如果是 300 个 SKU 排下来就有 300 米。员工完成一个订单,需要在 300 米长的拣选线上找到订单中包含的品种。显然这种单线拣选的方式很难出量,所有员工的每天出货量最多也就是 1 万份订单。

为了提高员工效率、减轻员工的工作强度,杨银芬带队考察了不少像京东、亚马逊这样的大型电商企业的仓库。最后,受到一家供应商的启发,良品铺子设计改变了拣选的方式,最主要的变化是增加拣选线:一条线就是一个货架,上下四层,分为两面,一面出货,一面补货。一条线上大概四五十个货位,员工推着车从一头到另一头的距离大约是两米,走的路变少了,在相同的时间里能找到的产品变多了。在高峰期,实行两班制的仓库员工每天可以处理 15 万份订单。

在数据技术时代,良品铺子对自己的全渠道体系进行了大整合。成立电商部门后,为适应全新的业务模式,良品铺子和 IBM 合作对信息系统进行了全面升级。为了支撑门店供应、保证出货速度,良品铺子引入了全新的全渠道系统,打通了所有的线上平台,将各个平台抓取的订单,统一到仓储,再由无线仓库管理系统进行集中处理。目前,上线的全渠道信息化系统可以按时段汇集订单,然后由人工进行拣选生产。

这个系统的核心意义在于打通良品铺子的会员、商品、物流、订单等全部

---

① RF 拣选,即 Radio Frequency,是物流中心广泛采用的一种自动分拣系统,该系统已经成为发达国家大中型物流中心不可缺少的一部分。良品铺子使用 RF 扫描指环进行拣选。

② SKU,即 Stock Keeping Unit,它是库存进出计量的基本单元,可以件、盒、托盘等为单位。一个 SKU 配一个托盘。

环节,将数据收集起来,并且将最初的非结构化数据进行清洗、整合、建模,使其结构化。

有了大数据的支持,良品铺子无论是在产品上还是在服务上,都能够做到有的放矢,直击客户痛点,从而形成竞争力。也因为有了系统基础,公司可以根据不同时间段的订单量安排人员。此外,系统还可以按照区域、快递公司、平台等多个维度集单。选择哪一个维度,要根据具体的情况来定。以急单为例,聚美优品和唯品会的订单通常时限较短,要求快速发货,就先通过系统筛选出这一部分订单,确保发货不超过时限。人与系统的配合,保证了订单的处理速度,提高了仓库的出货速度及利用效率。

对此,良品铺子董事长杨红春说,经营的核心环节将是数字化,所有跟良品铺子发生交易和互动的客户的行为和环节,全部都会记录下来:商品卖给了谁;他为什么感兴趣;回头率有多少;有多少利润贡献;以及核心会员对美食、健康、旅游的评论,良品铺子的系统都会记录,并对抓取的数据进行精准分析。

截至2017年5月,良品铺子的线上线下会员人数已达到3 000万。3 000万会员积累起的消费数据和用户画像非常可观,无疑是一个数据富矿。这种用全渠道的模式挖掘会员价值的方式正在为打通会员、商品、物流、订单等信息渠道奠定了坚实基础,对于未来的精准营销、智慧物流、门店选址甚至是新口味零食的开发都会有非常重要的作用。

截至2016年年底,良品铺子的全国门店数量已经突破2 000家,2016年度全渠道销售额突破60亿元。新零售模式在良品铺子的发展历程中可谓展现得淋漓尽致。

全场景电商

"一个品牌,两线发展"的战略意图被良品铺子实践到了实处,可以说,良品铺子是新零售时代破茧而出的电商典范,它与创业早期的家电巨头苏宁、国美的全渠道发展轨迹异曲同工。同时,着力发展"线上+线下+物流"的模式,以及其产品特性和塑造的品牌形象,描绘出了新零售时代良品铺子的发展蓝海。

做消费品的都知道消费为王,谁拥有终端渠道,谁就拥有了天下。良品铺子在线下拥有庞大的门店网络,在线上则有优质的电商渠道,还有不断更新发展的物流引擎。

世界上唯一不变的就是变化,优秀的企业是当互联网大潮来袭时,能够深挖自己的护城河,主动拥抱互联网带来的变化。如果一家企业因循守旧,这种企业就永远不值得投资。

深谙这个道理的良品铺子,在营销层面也围绕新零售和全场景电商一一展开。比如,良品铺子与墨迹天气合作"与天对赌":只要手机屏幕上显示当天的气温低于7℃,就可以领取一份免费的良品铺子零食。又比如,良品铺子提出了"沉浸式星座零食体验店"的概念:在这间以星座为主题的店铺内,设有12星座主题房间、IP人物玩偶、星座墙绘、星座会员卡等,充分融入同道大叔设计的 IP 形象,打造出一个主题休闲生活空间。

良品铺子不断强化场景营销:边看综艺边吃零食。在《爸爸去哪儿 3》播出当晚,良品铺子百度指数飙升至近 9 000,直超《爸爸去哪儿 3》冠名品牌伊利近 6 000 点。同时段冠名的《中国好声音》,UV[①] 点击量高达 2.8 亿,总曝光量达到 9 亿。

可以说,对赌营销、明星效应、跨界合作等丰富的营销形态,也是良品铺子探索与拥抱新零售的核心一环。随着技术日新月异、商品越来越丰富多样、营销不断创新,良品铺子无疑探索出了新零售的本质,即利用渠道、商品、营销优势,为用户打造全渠道、全场景、全终端的优质体验。

方兴未艾的"互联网+"体现在良品铺子身上就是"零食+",休闲零食的概念已被"互联网+零食"重新诠释。

零售即服务

"我一直想把它做成时尚有趣、代表年轻消费者的首选品牌。"杨银芬说,"我们打算聚焦人群,只服务于挑剔和讲究的人"。

良品铺子坚守"吃的东西品质第一"的原则,为实现"成为全球休闲食品

---

① UV(Unique Visitor),即独立访客。访问网站的一台电脑客户端为一个访客。

零售服务业的领导品牌"的企业愿景而不断努力。既然发展了线上营销渠道,那如何解决线上的品牌定位问题呢?答案是:既要靠独特、差异化的产品打动人,又要重视消费者的选择和沟通方式。

创始人杨红春曾提到,之所以取名"良品铺子",就是想打造出"良心的品质,大家的铺子"。在电商自有品牌上,如果能围绕"良品"这个概念深度挖掘,可以增强话语权,形成品牌的差异化,以在消费者心中占领一个特殊的位置;区别于竞争品牌的卖点和市场地位,相对于树立子品牌,先做好某个细分产品对良品铺子来说可能更有用,良品铺子的六大品质保证如图5所示。

实体零售遭受了电商多年的冲击,两者并非水火不容的关系,双方各自拥有优势和短板。但其实无论是线上电商还是线下门店,单一的渠道是任何一家企业的死穴。

即使在电商时代,杨银芬仍旧非常看重门店,他认为零食品类有冲动消费的特性,而门店的价值在于能为消费者提供及时和面对面的服务,这种即时体验是电商无法替代的。

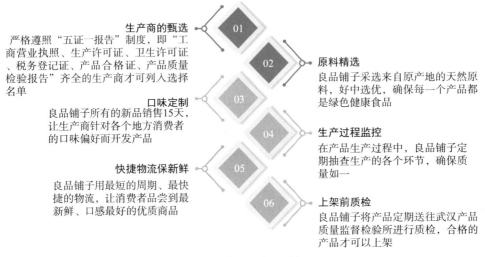

图5 良品铺子六大品质保证

资料来源:详见网页 https://baijiahao.baidu.com/s? id = 165599556967693 2129&wfr = spider&for = pc,访问时间:2018年3月。

全渠道转型

"全渠道"就是企业采取实体渠道、电子商务渠道和移动电子商务渠道整合的方式进行销售,提供给客户无差别的购买体验。

良品铺子早早启动并不计成本地推行全渠道战略,不仅得益于管理层的高瞻远瞩,还在于很好地依托了原有的线下优势,并在技术、社交电商、跨界合作等多方面的创新、整合及协同。而所有这一切,是基于用户驱动——行为互联网化和消费品质升级。

对良品铺子这一类O2O企业来说,无论如何进行变革、改造,都必须紧紧围绕"消费者价值"这一核心,把客户看作价值的共同创造者,即让价值流动由客户开始,把客户纳入价值创造体系,并把他们的需求作为企业开展活动和企业获取价值的最终决定因素。

良品铺子的全渠道,有哪些表现形式呢?

第一,社交电商与媒介信息联动(见图6)。

在杨银芬的设想中,良品铺子的2 000多家门店差不多有一半可以安装显示屏。第五代良品生活馆更加注重用户体验,应用显示屏,可以营造各种不同主题的氛围。

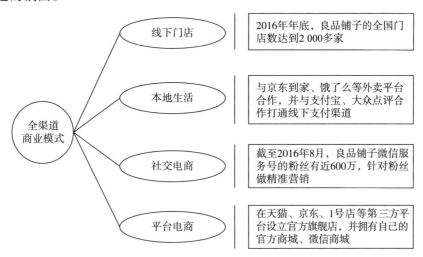

图6 良品铺子的全渠道商业模式

资料来源:作者根据相关资料整理。

非常注重营销的良品铺子一直在尝试运用各种不同的营销手段,比如,良品铺子与神州租车合作,在微信推出试吃及在线抢红包的互动游戏,还有与腾讯的自媒体视频合作……

第二,构建360°用户视图。

良品铺子线下的门店在改造前,其后端管理需要大量人工。而在门店订单统一处理之后,少量运营人员就可以管理大量店铺、处理操作繁杂的业务。

通过此次全新电商平台的上线,IBM帮助良品铺子成功整合了分布在不同渠道的用户数据和交易信息,将1 000万会员数据融合,建立统一客户视图,实行统一的会员及数据管理。

通过整合各渠道的用户个人信息及其历史购买信息,运用大数据分析工具构建360°用户视图,对用户进行有效分类,对会员实行标签化管理,实现灵活定价、个性化产品定制和促销,从而为普通用户和会员提供差异化服务。

第三,打造物流供应链平台。

2015年9月,国内食品零售行业首个全渠道平台在良品铺子成功上线。作为良品铺子的战略合作伙伴,IBM帮助良品铺子打通了前、中、后台,整合了十余个系统中共计33个线上平台,从而成功打造了"六大中心"——商品中心、价格中心、会员中心、营销中心、订单中心、库存中心。[①]

"现在我们在各个电商平台都有店铺,订单统一管理之后,可以将订单集中到同一套订单管理系统管理,根据用户地址就推送到相应的仓库管理系统发货。"良品铺子信息技术副总裁徐明说,"线上线下的商品供应链体系整合为一套后,就能实行统一管理"。

通过线上线下渠道整合并基于数据分析相关工具,IBM帮助良品铺子实现了全渠道会员管理、创新型商品供应链和电商运营三大模式的协同,给消费者带来了全新的消费体验。其实,在实际运营管理中,想要做到上述三个模式的协同可以说是大部分品牌试图做全渠道的难点。

接着,良品铺子打通了第三方的本地生活平台。线下门店覆盖的城市,只要当地的配送有合作的服务商,所有的线下门店都可以直接搬到线上。库存

---

① 详见网页 http://www.pinlue.com/article/2018/09/1012/367009723220.html,访问时间:2018年3月。

信息与线下门店实时共享,用户可以选择就近配送和门店自提。

此后,良品铺子开始尝试一些此前想都不敢想的玩法。比如,提高门店的供货配送频率,让其成为电商物流的一部分,或是通过门店来退换货。"线上+线下+物流"的一体化,让"良品粉"有了更切实的方便体验。

第四,推进门店的数字化。

2016年,良品铺子将"用户体验导向、产品创新驱动、组织行为变革"定为自己的三大核心战略。8月,良品铺子与IBM达成新的合作,双方基于已成功搭建的全渠道平台,聚焦优势业务领域,以设计思维为核心,利用IBM大数据分析等先进技术,推动良品铺子实现业务、技术和数据三方面的集团数字化升级与转型,为零售行业的全渠道转型树立标杆。

为了更好地实现高效的商品配置,良品铺子进一步优化全渠道品类管理体系,整合线上线下各门店商品品类数据、陈列空间数据、消费行为数据和库存数据,并利用大数据分析技术进行分析,根据大数据分析结果,管理者可以预测不同季节各个门店的热销产品,指导货品陈列与打折促销活动,让门店更智慧,让消费者随时都能买到心仪的零食。

综上,良品铺子全渠道零售的模式,核心出发点在于想让消费者通过自己喜欢的方式来接触到产品和服务,无论是供应链整合还是线下门店智慧化,都是以消费者价值为核心的,旨在提升用户的消费体验和幸福感。

"我们也在跟支付宝合作,做自己的客户关系管理系统,消费者带着手机,可以认得他是谁,对什么产品感兴趣,对什么优惠方式感兴趣,有什么权益。"杨银芬说,"我们按这个思路去做,从消费者维度把商品的信息打通"。

打通之后,五大渠道既保持独立发挥自己不可替代的价值,又彼此联通和协同。比如,门店实现功能终端服务化、服务区域化,并逐步实现数字化;本地生活可实现引流、推新、时段销售,成为门店流量入口;社交电商可实现社群跨界链接、粉丝平稳发展、品牌进一步传播等;平台电商主要是获取流量,实现规模销售。

全渠道实现之后,可以实现六大经营价值,包括O2O闭环、产品创新、大数据营销、粉丝发展、品牌传播、消费者体验提升等。而最大的价值是全面提升消费者体验,包括产品的个性化和品质、物流效率、服务质量,都因此有一个跨越式提升。

国内新零售发展

2016年10月的杭州·云栖大会上,马云预言:"未来的十年、二十年,没有电子商务这一说,只有新零售。"

在马云看来,未来将没有电子商务,线下线上融合的新零售才是商业的新方向。"新零售"这一概念一经提出,立刻掀起一股全民讨论的热潮,每家企业,无论是线下门店还是线上电商,都在思索如何在这个时代变革的路口抢抓先机。

2016年11月,国务院办公厅印发《关于推动实体零售创新转型的意见》(以下简称《意见》),明确了推动我国实体零售创新转型的指导思想和基本原则。同时,从调整商业结构、创新发展方式、促进跨界融合三个方面明确了创新转型的9项主要任务;从优化发展环境、强化政策支持两个方面提出了7类政策措施。《意见》第四部分"促进跨界融合"中提出要促进线上线下融合,"建立适应融合发展的标准规范、竞争规则,引导实体零售企业逐步提高信息化水平,将线下物流、服务、体验等优势与线上商流、资金流、信息流融合,拓展智能化、网络化的全渠道布局"。

新零售的本质是线上线下的跨界、效率的提升、覆盖面的扩大。良品铺子作为一家零食企业,直接整合门店、社交电商、平台电商等多个渠道,这种做法可以说适应了多个消费场景。而早在2013年就着力打造"线上+线下+物流"的良品铺子,可以说是站在了新零售时代的前端。

越来越多的电商平台和零售商正在积极采用全渠道模式,应用大数据、人工智能和增强现实等新技术,以提升客户体验。

未来与挑战:拥抱新趋势、新技术、新零售

不同于以往的变革,新零售时代对任何行业的革新将是空前的。面对技术的迅速更迭和竞争的日益激烈,品牌商们的"不为"将意味着淘汰。如何避免陷入"看不见—看不起—看不懂—学不会—跟不上—动不了"的恶性循环?对于品牌商而言,机遇与挑战并存。

我们有理由相信,以消费者价值为核心的商业模式必定是新零售的未来,

而数据和技术将是连接消费者和品牌商的核心。时来易失,赴机在速!因此,品牌商们需要重新建立年轻的视角来审视这一由来已久却又焕然一新的行业,主动积极地去拥抱新技术、新零售。

思考题

1. 线上渠道的拓展为良品铺子创造了哪些价值?
2. 在新零售背景下,良品铺子是如何进行商业模式创新的?
3. 高层管理人员应如何带领企业转型新零售,建立全渠道体系?

参考文献

[1] 张志学,张建君.中国企业的多元解读[M].北京大学出版社,2010.

[2] Wiboon Kittilaksanawong, Aurelia Karp. Amazon go: Venturing into traditional retail. Ivey Product Number: 9B17M092(Ivey Publishing, Publication Date: 6/28/2017).

[3] David W. Conklin, Danielle Cadieux. The transformations of Wal-Mart: Experimenting with new retail paradigms. Ivey Product Number: 9B11M024(Ivey Publishing, Publication Date: 4/08/2011).

[4] Stelios Kavadias, Kostas Ladas, Christoph Loch. The transformative business model[J]. Harvard Business Review, 2016: 94.

[5] 王宝义."新零售"的本质、成因及实践动向[J].中国流通经济,2017,31(07):3—11.

[6] 赵树梅,徐晓红."新零售"的含义、模式及发展路径[J].中国流通经济,2017,31(05):12—20.

[7] 胡左浩,孙倩敏,赵子倩.良品铺子:如何构建品牌体系?.中国工商管理案例库案例编号8-820-311(北京:中国工商管理案例库,2020年4月12日出版).

[8] 王崇锋,刘欣荣,晁艺璇.觉客纺织:"海量陈列、店货分离"引领零售新范式.案例编号:MKT-0476(中国管理案例共享中心,发布日期:2018.05.07).

[9] 科特勒营销战略.O2O:良品的铺子,门店的逆袭[EB/OL].(2014-10-17)[2018-10-31].https://mp.weixin.qq.com/s/nQQQBHlFAY6RWrfjKQCLQA

[10] 阿里研究院.良品铺子:全面在线[EB/OL].(2018-12-11)[2018-10-31].http://www.aliresearch.com/ch/information/informationdetails?articleCode=21630&type=

新闻.html

[11] 中欧商业评论.零食铺子还是科技达人?看良品铺子如何用大数据玩转新零售[EB/OL].(2018-05-15)[2018-10-31].https://www.sohu.com/a/231663746_99997057.html

[12] 新零售商业评论.良品铺子:"种豆子"种出的增长力[EB/OL].(2019-04-28)[2019-08-31].https://baijiahao.baidu.com/s?id=1630395819524365289&wfr=spider&for=pc.html

创新物种,赋能零售

——盒马鲜生商业模式探索之路*

摘要:"新零售"概念由阿里巴巴集团前董事局主席马云于2016年10月召开的杭州·云栖大会上提出。自此,零售新物种层出不穷,盒马鲜生作为生鲜领域近年来迅速崛起的一匹黑马,一直被产业界和资本市场广泛关注和讨论。其崛起和盈利是否经得起推敲?其商业模式及经验对行业发展有何启迪?本案例以生鲜企业的商业模式为焦点,重点阐述了盒马鲜生创始人侯毅在创业过程中探索盒马鲜生在生鲜领域的商业模式创新、构建竞争优势等过程,引发学生对盒马鲜生商业模式的深入思考,对其他生鲜企业发展也具有一定的参考价值。

关键词: 盒马鲜生 商业模式 线上线下一体化 极致体验

引 言

"侯总!物美超市的大白菜三毛八一斤,很多大叔大妈都早起排队去买,

---

* 本案例由青岛大学商学院王崇锋教授,青岛大学商学院学生巩杰、杨箫、晁艺璇撰写,作者拥有著作权中的署名权、修改权、改编权。本案例授权中国管理案例共享中心使用,中国管理案例共享中心享有复制权、修改权、发表权、发行权、信息网络传播权、改编权、汇编权和翻译权。由于企业保密的要求,在本案例中对有关名称、数据等做了必要的掩饰性处理。本案例只供课堂讨论之用,并无意暗示或说明某种管理行为是否有效。

"侯总,盒马鲜生的白菜也会这么便宜吗?"2018年11月16日,微凉的冬日,清华园内人头攒动,为了对刚刚结束的热闹又紧张的"双11"做一个总结,也为了展望全球宏观经济的未来发展,阿里巴巴和清华大学共同举办的"2018看中国"高端思想论坛正在清华园中火热进行。中国连锁经营协会副会长武瑞玲向盒马鲜生创始人侯毅先生提出的问题瞬间吸引了大家的目光。

众人瞩目之下,侯毅回答道:"盒马鲜生定位的是消费升级下富裕起来的消费阶层,所以三毛八一斤的大白菜盒马鲜生不会卖,我们卖的是三块八一斤的有机白菜……"话还没说完,全场哗然。"天呐,这也太贵了吧!三毛八的就不错。我们穷学生还是老老实实去物美超市吧!"一名参会学生对身边同伴耳语道。

站在清华园的讲台上,面对顶级学府学子与零售界商业精英,侯毅眉头紧皱,陷入深思:盒马鲜生来北京落户已经一年半有余,看来依然没有做出自己的特色,就连这样一群商业警觉性极高的人都以为盒马鲜生与物美超市一样,只是卖"大白菜"而已,其他人又怎么会在这样的对比下选择盒马鲜生呢?盒马鲜生的特色必须要让大家知道!

"咳咳……"侯毅清了清嗓,会场渐渐安静下来,他一改平日慷慨激昂的画风,带着众人走进了那段纯粹的回忆……

盒马鲜生的创立及背景

何方神圣——侯毅

在创立盒马鲜生前,侯毅已经在零售业界摸爬滚打多年。

1999年,计算机专业出身的侯毅加入上海可的便利店。此后,他率领团队在深入分析调研的基础上结合可的物流的特点,选址筹建了自己的物流中心,并做到了供应链总经理的位置。2009年,积累了深厚的传统零售业经验并对物流供应链有独到见解的侯毅接受刘强东抛出的橄榄枝加入京东,先后担任京东物流的首席物流规划师及O2O事业部总裁,带领团队一手搭建起延续至今的京东物流体系的基础架构。

2015年,在"线下零售的尴尬局面是由电商造成的"这种论调最为激烈之时,侯毅敏锐地洞察到零售业的发展趋势,认为可以利用移动互联网的技术和特点去拓展线下门店。同时,侯毅注意到:生鲜每日三餐都可以吃,具有强大的复购率,生鲜行业发展潜力巨大,但生鲜货品高损耗、非标准化、高冷链物流成本、品类不全、无法满足消费者对生鲜的即时性需求等特点使得生鲜电商举步维艰,一度被寄予厚望的 B2C 和 O2O 都未能解决这个品类固有的顽疾。

基于生鲜行业的发展潜力和痛点,侯毅想做线上线下一体化的生鲜超市,并把模式做重①。但是作为典型的电商企业,京东并不想做重资产,对侯毅的想法自然也不认同。于是,2015 年年初北漂多年的侯毅毅然从京东辞职回到上海老家准备大干一场。

然而创业谈何容易?开启线下门店需要资金支持,侯毅东奔西走拜会了很多投资者,但赞同者寥寥无几。屡次遭拒后,侯毅并没有灰心,反而愈挫愈勇,更加坚定了做线上线下一体化的决心。

终于皇天不负有心人,一次与阿里巴巴集团 CEO 张勇的会面中,侯毅提出线上线下一体化超市的概念。他认为,借助线下模式,用户可以在线下直观体验,更符合目前人们购买生鲜产品时"挑选购买"的采购习惯,一旦用户对该品牌电商的线下生鲜商品品质建立起信任度,再逆向推进线上生鲜电商发展,更加水到渠成。张勇听了侯毅几分钟的构想说明,就对其产生了极大的认同和兴趣,在之后的数月内,两位一见如故的商界精英频繁见面,谋划着一场新零售剧变……

"生鲜"能否"生鲜"?

对于传统生鲜零售业来说,随着我国社会的发展,乐于接受新鲜事物、追求健康和高品质生活的 80 后、90 后群体正逐渐成为商品的消费主力。而如今年轻白领的生活节奏越来越快、工作压力越来越大,每天下班后没有精力花费大量时间去超市购买生鲜食品,他们更爱利用碎片化的时间上网浏览商品并购买,消费者对采购生鲜原材料省时的诉求十分强烈。同时,随着"互联网+"行动计划于 2015 年全国两会被写入政府工作报告,互联网思维日渐兴起,瞄准了"互联网+生鲜"领域的良好发展前景后,诸多生鲜电商创业企业如雨后春笋

---

① "把模式做重"即做重资产模式而非传统电商的轻资产运营模式。

般涌现出来。因此,受新一代消费者生活方式和消费价值的改变以及网络零售电商的影响,传统零售业逐渐萎靡,线下实体店寻求转型势在必行。

就电商行业而言,大众对日用品、服装等品类产品的网购习惯已经形成,但是生鲜产品这种高频次消费品的网购习惯还处于培养期,可待开发的市场空间较大。2012年被誉为中国生鲜食品电商的"元年";2013—2014年生鲜电商行业出现井喷式发展,自提、宅配、B2B、B2C、C2B、B2B+B2C等各种模式涌现;2015年"互联网+"的高速发展又促进了生鲜电商行业的繁荣时期。但由于生鲜食品属于易耗品,具有较强的易损性,因而对时效性要求高;而且温度、环境、配送条件等对生鲜食品的新鲜程度影响较大,这给产品生产、储存、配送等方面也提出了较高的要求,要求企业构建完备的冷链、配送设施,从而带来较高的运营成本与技术要求;同时由于生鲜食品具有非标准化特点,导致仅靠电商平台的模式难以建立消费者对食品品质的认同,加上目前我国的生鲜行业呈现一定的区域性,一线城市的生鲜网购比例要明显高于二线城市,并且不同的生鲜电商在不同的城市表现也不同。

因此,尽管国内生鲜电商众多,但整体渗透率不高、盈利能力不强,且大多数电商企业在2016—2017年迎来洗牌期,大量中小型生鲜电商或倒闭或被并购,市场遇冷:2016年4月,上海本地生鲜电商平台上海美味七七网络科技有限公司宣告倒闭,这家曾经获得亚马逊中国2 000万美元入股的明星创业项目,最终死于资本断裂;7月,以售卖半成品净菜为主的O2O电商企业才俊青年(北京)科技有限公司因投资跳票陷入崩盘困境;8月,生鲜电商品牌深圳果食帮科技有限公司宣布正式倒闭……

国家出台了一系列政策支持农产品"触网",2017年"中央一号"文件①明确提出:推进农村电商发展。促进新型农业经营主体、加工流通企业与电商企业全面对接融合,推动线上线下互动发展。加快建立健全适应农产品电商发展的标准体系。支持农产品电商平台和乡村电商服务站点建设。推动商贸、供销、邮政、电商互联互通,加强从村到乡镇的物流体系建设,实施快递下乡工程。深入实施电子商务进农村综合示范。鼓励地方规范发展电商产业园,聚集品牌推广、物流集散、人才培养、技术支持、质量安全等功能服务。全面实施

---

① 指《中共中央、国务院关于深入推进农业供给侧结构性改革加快培育农业农村发展新动能的若干意见》。

信息进村入户工程,开展整省推进示范。完善全国农产品流通骨干网络,加快构建公益性农产品市场体系,加强农产品产地预冷等冷链物流基础设施网络建设,完善鲜活农产品直供直销体系。推进"互联网+"现代农业行动。

一系列利好措施的出台势必会加快生鲜电商行业的蓬勃发展。

盒马鲜生诞生:阿里系新零售的试验田

合久必分,分久必合,单纯的线上或者线下的模式已经满足不了日益精明和挑剔的消费者,生鲜行业进行线上线下融合的趋势越来越明显。在此环境下,盒马鲜生这种新零售业态应运而生。

2015年3月,盒马鲜生项目正式成立。"线上有优势的线上做,线下有优势的线下做。"这是投资人张勇向侯毅及其团队提出的战略要求。随后,在不断地交流和思想碰撞中,张勇和侯毅在很多方面达成了一致:线下超市做生鲜已经得到验证,关键是线上毛利能否覆盖物流成本;超市品类能够满足日常消费所需,做线上同样成立;基于超市做3公里物流配送,可以用常温配送替代冷链物流,成本可控,该商业模式可行。

但是,在线下要不要做前置仓①的问题上,侯毅和张勇产生了分歧。侯毅坚持超市本身就是仓,完全可以容纳货品并完成配送,没有必要耗费大量资金去打造前置仓。"做前置仓有几个弊端:第一,损耗无法控制,尤其是海鲜水产类,一只螃蟹养三天就算不死,也得瘦二两;第二,租金高昂,上海的老工厂都改造成了创意园区,租金一平方米七八块,而且上海也没有仓库可租;第三,没有流量,孤零零一个仓,怎么汇聚流量,如果靠地推、靠买别的平台流量,跟传统电商就没区别;第四,超市是可以盈利的,我本来就是传统商超出身,没有什么好怕的。"侯毅分析劝说道。

最终,两人终于达成一致:做超市,以生鲜为特色,线下重体验,线上做交易,大方向确定为"超市+餐饮+物流"。

---

① 前置仓,指以仓为店,将仓库建立在社区周边三公里的范围内,商品由骑手从仓库配送至消费者指定地点,与传统电商相比,前置仓由于距离消费者更近,因而具有更快的响应速度和更高的配送效率。

同时,张勇向创始团队提出了四个原则:第一,线上交易需大于线下;第二,线上每天需做到单店5 000单以上;第三,APP能够自己独立生存,不需要其他流量支持;第四,在冷链物流成本可控的范围内做到30分钟内送达。

顶层设计有了,下一步就是具体细节的落实。

首先,就是要给公司取名。众人结合阿里巴巴旗下众多项目以动物命名或做标志的习惯和自身的盒饭外卖业务进行头脑风暴,一番探讨后,众人均对头大嘴大、性情温顺的河马充满好感。"河马好,嘴大,'大嘴吃四方嘛'!"作为资深吃货的侯毅笑着打趣道。在经过一番商榷后,众人最终敲定以河马的谐音"盒马"为名,以河马为标志。

接下来就是选址的问题,盒马鲜生创始团队认为一定要找人流多的,要不然失败了,都不知道是业务模式的问题,还是选址不对的问题。按照这个思路,盒马鲜生选中了上海市浦东新区张杨路3611号金桥国际商业广场。该商场日均人流量可达3万人次,周末可达5万人次,吸引了众多商家前来开店,竞争很激烈。当时,盒马鲜生默默无闻,远不像如今一样受到上海商业物业哄抢,因而没有太多选择。为抢占新零售的时间点,盒马鲜生最终以高于上海商业物业均价2倍有余的价格在该商场盘下了第一个门店。

2016年1月15日,在足足花费9个月的时间筹备后,盒马鲜生首家门店在金桥国际商业广场开门营业,盒马APP也同步上线。开业当天,门店销售额并不亮眼,5 300人进店仅带来十余万元的销售额,但到4月,该店已经有日均七八千的人流量,尤其是周末,销售额是开业时的近10倍。[①] "具体怎么做,我们也是摸着石头过河,不过有了清晰的目标和顶层设计,具体的系统和流程,我们就去创造。其间就是要不断地去想,去摸索怎么使那六个字(超市、餐饮、物流)融为一体。"

经过一年半的摸索成长,2017年7月14日,阿里巴巴前董事局主席马云和CEO张勇等人现身盒马鲜生上海金桥店,并在店内品尝刚刚出炉的海鲜,公开确认了其阿里系身份。由此,这个不为人知的阿里"亲儿子"瞬间被推到了聚光灯下,并作为阿里系新零售的试验田正式成为阿里"动物园"继天猫、菜鸟、蚂蚁金服之后的新成员。

---

① 详见网页 https://www.sohu.com/a/240343105_100135859,访问时间:2018年3月。

脱颖而出：盒马鲜生如何走入消费者的心？

只有新的消费价值观才会激发新的消费需求和消费潜力。侯毅及其团队依据新消费环境，通过对盒马鲜生的定位、商业模式以及市场进入策略不断地调整与试错，为消费者提供超越他们预期的极致体验，重构消费者价值观，最终使得盒马鲜生在生鲜零售行业中脱颖而出，成功走入数百万消费者的心。

线下体验店：给线上客户"超级充电[①]"

张勇提出，用户体验是第一位的，要为消费者提供极致体验，占领消费者心智，使其形成消费黏性。基于此，侯毅及其团队致力于将盒马鲜生打造成一家以"吃"为核心，为客户提供完美购物体验的线上线下融合企业。

"门店的本质是流量收集器，它是交易的起点，而不是终点。交易的终点应该在电商。只要在线下完成交易，就会受到坪效[②]极限的制约，只有把交易放到互联网上完成，才能突破极限。所以，线下门店的任务，就是收集流量，把方圆3公里内的人群，通过非常好的体验，吸引到门店来，然后将他们转化为线上会员。消费者周末有时间，就来线下体验；工作日没有时间，就在线上购物。"侯毅说道。

为了给到店客户提供良好的购物体验，吸引客户线上购物，盒马鲜生从外部货架设计到产品服务都煞费苦心。基于人体工学设计，盒马鲜生门店的货架高度都不超过1.5米，让客户抬手就能取到商品；货架上摆放的价签都是电子价签，除了显示品名、价格、有情怀的文案，还有商品专属的二维码，打开盒马APP扫一扫，就能在手机上将它加入购物车。产品上，盒马鲜生强调为客

---

① 超级充电，指的是客户在零库存体验店对产品进行充分感受，然后从该品牌某个高效运营的分销中心进行初次购买以及重复购买。

② 坪效，是指门店每平方米每年创造的收入。传统零售中，坪效=线下总收入/单店总面积；新零售中，坪效=（线下总收入+线上总收入）/单店总面积。

户提供最新鲜的食材,大力推广"鲜"的消费理念,其自营品牌"日日鲜"只卖当日生鲜,隔夜产品均会下架处理。"消费者买到的商品都是新鲜的,每天吃的商品都是新鲜的!"盒马鲜生致力于满足客户每一餐的需求,所提供的产品都是预包装、小包装的食材,消费者每次采购只考虑当餐需求。

同时,为了增强消费者体验,被员工称为"资深吃货"的侯毅提出做餐饮的想法。他认为少了餐饮,体验就少了。但平台起家的阿里巴巴是非常不喜欢重资产模式的,"按照现在的设计,盒马鲜生开店面积至少在4 000平方米以上,加之全品类、高品质产品的提供,开店成本至少要在千万元,做超市就够重资产模式了,为什么还要做餐饮,这不是更加重资产吗?"面对投资方的质疑,侯毅没有退缩,他坚定地说:"关于餐饮化,在我看来,这是必须做的多元化创新策略。餐饮的占比虽然不高,可能占整体业绩的不到10%,然而餐饮的配置可以拉动人气,让更多人进入盒马鲜生门店消费。同时,生鲜是损耗率极高的商品,如果配合餐饮一起经营,现场加工可以降低生鲜商品的损耗率。集团觉得做餐饮模式重,那我们就把餐饮外包出去,在店内招商做餐饮,但海鲜这一块我们必须要自己做……"

在侯毅的坚持下,餐饮化的模式最终被采纳并得以落实。如今,进入盒马鲜生线下门店,不仅会看到商品陈列区,还会看到一个大大的就餐区(约占1/3的营业面积),以及若干食品加工的档口。客户在盒马鲜生买了海鲜,可以送到档口,支付加工费请师傅加工成菜品,现场享用,这种"边逛边吃"的体验无疑是非常棒的,极大地激发了消费者进一步购物的欲望。

盒马鲜生通过给客户创造与众不同的良好体验,打消客户线上下单可能存有的疑虑,获得客户对其生鲜产品的信任和偏好。生鲜产品和可乐、薯片不同,它不是标准品,很难保证客户每次体验生鲜产品的感受都是一样的。在传统生鲜超市,客户至少可以现场挑,但是在互联网上买,会送来什么样的产品,客户完全不知道。所以,客户对在网上购买生鲜缺乏一份信任感。通过让消费者亲自在现场吃,感受"盒马鲜生品质",强化客户体验,打消顾虑,建立信任,实现线下客户向线上的转化。所谓众口难调,为满足不同客户的任何一种对"吃"的需求,盒马鲜生线下门店通过最优产地直采提供来自全球100多个国家和地区的超过3 000款商品,从2元/斤的蔬菜到1 000多元/斤的帝王蟹,满足消费者对不同价位、不同品类的消费需求。

大数据赋能：推广使用 APP

盒马鲜生上海金桥店开业当天，侯毅一大早就来到现场督战，原因在于侯毅前一天晚上做了一个噩梦，他梦见很多大爷大妈来找他理论盒马鲜生店铺为什么不收现金——盒马鲜生的店铺不收现金，到店的客户只能下载盒马 APP，绑定支付宝，才可以购物消费。提出这种"霸道"的支付方式，侯毅自己也有些"心虚"。幸运的是，梦境中的闹剧并没有出现。虽然到店的老年人对这一方式很不适应，很多人不会下载和安装 APP，甚至没有支付宝，更不懂如何绑定银行卡，不少人为此生气走掉了，但一直到晚上闭店都没有引起大的风波，上海的大多数消费者还是接受电子支付这一新的方式。

只支持支付宝付款，不接受现金、银行卡等任何其他支付方式，提出这种"霸道"的支付方式，侯毅有着自己的考量——通过大数据挖掘助力线上线下一体化。通过使用盒马 APP 与支付宝，盒马鲜生团队把线下门店和线上销售的数据进行汇集处理，依靠阿里巴巴在大数据方面的积累，通过深度挖掘消费者数据，将数据不断沉淀，反向导入平台化体系，进而分析数据之间的交叉网点，去构建用户画像，理解消费者的具体诉求，利用前端的销售数据去影响后端的供应链生产，随时对店内的商品进行调整，以此形成闭环后可有效地控制成本，并逐渐形成自身的社区商业模式。

"一个创始人对自己要做的事情一定要很确定，因为现在信息很繁杂，各种各样的人都会有不同的意见，这时候就更要有对商业方向的信心和定力。最怕的就是一个 CEO 今天听这个觉得有道理，明天听那个又觉得有道理，那样企业就惨了。只支持支付宝付款，这是盒马鲜生的底线，这决定了盒马鲜生的模式，肯定不会改变[①]！同时，我们也会加大资金投入，不断维护和更新 APP 及后台运营系统，为我们的消费者提供最稳定、最好用的 APP，提升客户购物时的消费体验。"侯毅坚定地说道。事实证明，侯毅的超前想法是正确的。

一次，盒马鲜生门店里售卖的牛奶保质期还剩一周，但还有 20 箱的库存。为降低损失，店铺采取了前所未有的"买一送一"的折扣力度进行促销。尽管

---

① 由于争议颇大，自 2017 年 7 月以来，盒马鲜生在上海和北京的诸多门店内开始设立现金支付通道，以方便中老年消费者的采购。

如此,半天过去了,牛奶却只卖出了十几瓶。接近傍晚时分,眼看时间一点点流逝,盒马鲜生团队意识到传统零售"守株待兔"式的销售方法行不通,于是从会员信息数据库中筛选出买过临近保质期牛奶的客户,统一推送了打折促销信息,结果几分钟的工夫,20箱牛奶被抢购一空。

"我们不是要开一个传统的以销售为导向的线下超市,而是要做到线上线下一体化运营相互导流。"盒马鲜生通过支付宝这一口径获取客户信息,按需求推送,真正实现了线上线下融合。

全渠道营销:为客户提供极致体验

一次,侯毅在与一位上海消费者进行交流时,该客户提到自己从单位到家的距离是比较远的,有时候特别想在家里吃一顿饭,可是家里没现成吃的,下班后去菜市场不仅要绕路买菜,很晚才能到家,而且菜还可能不新鲜。如果路上能把餐点好,到家之后食物就已经送到家了,这种体验是极好的。

说者无心,听者有意,侯毅知道上海有类似想法的消费者不在少数,如果能解决这个痛点,必然会为盒马鲜生赢得一批忠实客户。因此,在接下来的几天内侯毅一直在思考如何解决这个问题并多次召开会议探讨。

经过一番讨论,侯毅向盒马鲜生团队提出"所想即所得,用户需要的,盒马鲜生必须提供"的战略性要求,并提出采用店仓合一的经营理念,线上与线下统一会员、统一商品、统一价格、统一库存、统一营销、统一结算。

如今,通过盒马鲜生提供的3公里内30分钟内送达服务,消费者无论是想要鲜活的海鲜,还是冰凉的冷饮,抑或是热腾腾的熟食,只要通过盒马APP下单,30分钟内马上送到家,如此一来满足了客户在任何场景的即时性需求,让消费者的生活更加便利。同时,盒马鲜生将线上和线下打通,实现全渠道营销和交易模式,既可以单独线上或线下消费,也可以实现线上线下智能拼单——客户在店铺购买完成后,如果在回家的路上发现不够,可以通过APP加单,系统会自动把两个单拼接在一起,然后一起配送。线上线下的高度融合为消费者提供了随时随地的便利购买、全天候的便利消费,特别是恶劣天气情况下盒马鲜生的线上销售非常火爆。

同时,在产品品质上,盒马鲜生承诺永远无条件退货。生鲜产品很难标准化,所以质量控制非常难,这个不确定性风险必须要有人来承担。在过去,这个风险由消费者承担,消费者虽然有怨言,但也能理解。但是如果总是要赌送货到家的生鲜水果时好时坏,就势必大大降低客户网上购买的热情。为了克服这种靠流程、靠标准无法消除的差异,盒马鲜生做出了一个承诺:永远无条件退货。买到的生鲜产品,只要消费者有任何不满意,都可以免费退货,无须举证,只需预约快递员直接上门取货。生鲜产品一旦退货,基本上就等于货损了,但是为了贯彻消费者获益这个理念,盒马鲜生还是义无反顾地做了。

结果,执行这个政策之后,退货率极低。相反,这个政策打消了客户的疑虑,提高了客户黏性。"盒马鲜生真是太棒啦,第一次使用APP,把门店的定位选错了,但即使烤鱿鱼都做完了,我也可以申请退款,无理由退款的承诺真的不是空头支票,以后就来盒马鲜生买东西啦,买得舒心!"一位客户满意地说道。

科技赋能:货物高效配送

"突然想要,而且还要立刻拿到。快到这个程度,客户才不会觉得在APP上买东西不方便。"侯毅说道。通过对客户的调查,侯毅发现半小时的等待是客户短暂等待的极限时间,大于30分钟到2小时都不属于短暂等待,因此,快速送达对生鲜企业来说非常重要。为了实现"3公里内30分钟内送达",软件工程师出身,拥有多年线上线下和供应链物流工作经验的侯毅及其团队一起完成了盒马鲜生整个供应链系统的设计和开发,实现了供应链、销售、物流履约链路完全数字化,构建起全自动物流模式。

接到客户订单,店员10分钟内完成拣货打包,快递员20分钟内实现3公里以内的配送,实现店仓一体。该流程的实现依靠的是互联网时代的计算机技术,盒马鲜生运用机器学习训练算法,不断复盘优化流程路线。从商品的到店、上架、拣货、打包、配送等,作业人员都是通过智能设备去操作,用计算机进行分拆和组合,这保证了分拣的迅速,也保证了配送时给快递员所分配的包裹的合理性,简易高效,出错率极低,这使得盒马鲜生虽然每天有1万多份订单,但是让拣货员和客户在门店里都不觉得拥挤,效率越来越高,需要的人力越来越少。特别值得一提的是店内的智能悬挂链传送系统(见图1)——盒马鲜生全链路数字化系统的一部分。盒马鲜生的门店分成几个区域,每个拣货员只负责一定的区域,有效地减少分拣时间;店员把本区域的商品拣好、装在袋子里后,挂在悬挂链上,传送到后台汇集;后台打包装箱,交给快递员送货。整个过程不能超过10分钟。快递员接过包裹后,骑上电动车就径直奔向客户订单地址,20分钟之内将包裹送到订单目的地。这样的送货速度,对流水线上的员工速度要求极高,因此盒马鲜生为每位配货员工开出了8 000—10 000元/月的高薪酬。通过上述举措,盒马鲜生不仅让客户体验飙升,同时由于不需要用冷链车配送还降低了物流成本。

图1　智能悬挂链传送系统

开拓市场:打造盒马鲜生生态链

在盒马鲜生单店模型基本迭代成熟后,2018年以来盒马鲜生的扩张速度明显加快。截至2018年7月31日,盒马鲜生已在全国拥有64家门店,覆盖14个城市,服务超过1 000万位消费者;运营1.5年以上的盒马鲜生门店日均销售额超过80万元,单店坪效超过5万元,远超传统实体超市。①

除了快速扩张成熟度较高的标准门店模式,不安于现状的侯毅又开始不断进行其他门店类型的探索,不断推出盒马集市、盒小马等不同面积形态及机器人主题餐厅、盒马云超等不同业态的门店。不同的业态和商品结构,满足了3公里范围内消费者的更多需求;同时又扩大了盒马鲜生的覆盖范围,实现了在广度和深度两方面的补充。至此,侯毅精心打造的包含盒马鲜生会员体验

---

① 详见网页 https://baijiahao.baidu.com/s? id=1611847220625070657&wfr=spider&for=pc,访问时间:2018年3月。

店、盒小马、盒马餐饮、盒马集市、盒马便利店等各类门店的盒马生态链形成，共同助推盒马鲜生走向更高的战略布局。

战略反思：提升核心竞争力

自创立以来，盒马鲜生秉承"为消费者提供极致体验"的原则，通过不断创新，成为新零售的样板和先锋。但是，侯毅非常清楚，沿着目标走下去，还有很多事情可以去做，并做得更好。

精准定位：稳扎稳打，忠实客户核心地位不可动摇

流量、增量和存量①是所有管理者极其重视的指标，从最初的广撒网到现在的精准营销，侯毅也是经过了一番摸索和试错。最初，为了增加流量，盒马鲜生采取了各种促销活动，但这种活动一旦结束，有些客户就不再购买了；在经过一段时间的流量积累后，侯毅开始着手清理"僵尸粉②"，"会员肯定要收费的，不收费的会员不值钱，但是收费我一定不会让你吃亏；让你吃亏，你也不会成为（我们的）会员，肯定是你得到的回报远远大于你付出的费用"。通过对会员收费的方式，侯毅为盒马鲜生筛选出黏性较强的忠实客户，降低了客户维护成本。侯毅认为任何一家企业都不可能做到满足所有的消费者群体，这时就要有所选择，有所侧重。盒马鲜生把目标消费者群体定位于大城市中高端白领阶层，特别是25—35岁已经组建家庭的互联网用户，他们基本上都住在门店周边，消费能力高，闲暇时间较少，对价格敏感度不高，但是对生活品质要求高，这些客户通常忠诚度高，是盒马鲜生电商的高黏度客户群体。同时，基于客户属性，盒马鲜生对于比较便宜的蔬菜、水果，在适当范围内涨价；而高端精致的海鲜却比一般的生鲜电商和市场上便宜，这更加抓住了这些目标消费群体的心理，使其更愿意来盒马鲜生购买生鲜，并促进其他商品的出售。

---

① 流量是指在某一段时间内流入或流出系统的数量；增量是指在某一段时间内系统中保有数量的变化；存量是指系统在某一时点时所保有的数量。本期期末存量＝上期期末存量＋本期内增量。
② 僵尸粉，一般是指微博、百度贴吧还有微信上的虚假粉丝，是花钱就可以买到"关注"、有名无实的粉丝。微信僵尸粉是对微信上不活跃或虚假用户的统称。

经过这一番修正,盒马鲜生客户的黏性和线上转化率已经相当惊人,在2018年阿里巴巴投资日上,张勇首次披露了盒马鲜生的经营情况:每笔交易单价纯线上为75元,纯线下为113元;会员线上月均消费额为279元,线下为228元,线上订单占比超过50%;线上用户转化率高达35%。

娱乐化:客户参与,体验互动

在纯粹的吃之外,盒马鲜生也致力于赋予"吃"更多的内涵和价值,把"吃"做成一种娱乐、一种享受。店里有可爱梦幻的3D背景墙,让女孩们边吃边晒图;也有每个月的客户活动,让家长带着孩子亲手DIY自己的专属粽子。客户还可以在店内选购海鲜食材,在档口加工之后直接现场享用,如果觉得味道不错,还能直接买到制作食物所需要的调料,自己回家进行加工,实现食物的"生熟联动"和"熟生联动"。此外,盒马鲜生还将最新鲜的商品做成小包装及时配送,让家庭按需采购;通过提供精包装后的原料、半成品和成品,并在盒马APP发布五星级大厨的教学视频,让不太懂做菜的消费者喜欢上做菜,并乐于分享自己的作品。

严格把控供应链各个环节

2018年10月10日,青岛海升果业有限责任公司用腐烂苹果加工苹果汁的视频在新浪微博发布并引发广泛关注,盒马鲜生也因销售该品牌果汁而被推上风口浪尖。面对突如其来的舆论压力,侯毅及其团队立刻采取公关措施,于10月16日发布公告通知全国门店下架"清谷田园"系列饮品,同时承诺在盒马鲜生购买该饮料的消费者可以通过盒马APP或者在门店凭小票无条件退款。

此次事件虽未给盒马鲜生造成致命打击,但也给侯毅敲响了警钟。风头正盛的盒马鲜生每一步都要小心谨慎,既然承诺了要为消费者提供健康、安全、放心的产品,那么盒马鲜生就要承担起这份责任,严格把控供应链的各个环节,保证产品质量。

说干就干!直采是侯毅一直以来最为推崇的生鲜策略之一。"盒马鲜生的模式关键是生鲜供应链体系,你的商品的性价比是不是比人家好?商品丰富度是不是比人家强？所以盒马鲜生在生鲜采购方面花了大量的精力，我们基本是通过原产地直采。我是看零售本质的，盒马鲜生的主要竞争力就是在商品品质。把这个做好了，才是持久的生意。如果仅仅是做个APP挂个流量，那么不出三个月，基本上就打回原形了。"买手制是盒马鲜生建立新型零售与供应商关系的重要抓手，供应商提供物美价廉的产品，盒马鲜生减少不必要的渠道费用，双方达成长期合作伙伴关系，并通过买手制明确零售商与供应商的双方责任，加强上游建设，使得满足消费者需求成为双方的共同目标。另外，通过基地建设和商品联合开发等手段，与供应商共同研发，共同成长，整合供应链资源，从而提升核心竞争力。针对不同的单品，盒马鲜生采取不同的模式来加强供应链体系建设，如标品和知名厂商深度合作，开发独家联名款等。生鲜品类深入产地直采，与当地农村合作社、商业协会、个体户等合作，依托阿里巴巴的资源进行采购，通过包机等形式快速供应至门店，保证食材新鲜度。

有了直采，侯毅接下来打造的就是供应链。侯毅认为，零售的终局是渠道，如今，谁实现了最高的供应链效率，谁拿到了最好的商品，谁就掌握了商品的定价权和议价权。因此，盒马鲜生花了大量的力气去建品牌、供应渠道、物流体系。现在盒马鲜生已经有自己的中央厨房和加工中心来配合渠道和供应链的建设，并通过线上和线下渠道和供应链的建设提升了供应链效率。

内部管理：做业务的"加减法"

盒马鲜生含盒马鲜生会员体验店和盒马鲜生外卖（简称"盒马外卖"），初期以盒马外卖作为吸引客户的途径，然而随着业务的发展，侯毅意识到尽管盒马鲜生的模式延展有很多可能性，但一时不可能全部跟进，面对资源有限的情况，盒马鲜生需要做一次减法。由于外卖主要依靠中午时间运营，资源不能充分利用，很难做大，反而会分散精力，而会员体验店已经步入正轨，所以当下最好的选择便是砍掉盒马外卖业务，专心把会员体验店做好。再三考虑后，侯毅做出了暂时取消盒马外卖的决定。

"2018年盒马鲜生会在APP上大幅度地拓展商品品类……盒马鲜生计划以一个APP跨界融合的方式经营，实现整体业务多元化。"侯毅还透露了正在进行中的与星巴克的新零售合作，这是星巴克携手阿里系进行互联网化的一步，也是侯毅专心做好并做大盒马鲜生的战略性举措。

未来与挑战:盒马鲜生如何跑得更高更远?

"这就是盒马鲜生的定位——不忘初心,不忘创新,走进消费者的心,我们一直在路上。很显然,盒马鲜生在北京的影响力还不够,大家还不熟悉盒马鲜生,我真诚地希望,今天我如此有幸地能在论坛上发现这一问题并把盒马鲜生推荐给大家后,大家能走进盒马鲜生看一看,打开APP逛一逛,感受全新零售!"侯毅深鞠躬后,全场掌声雷动。

离开论坛的路上,侯毅心想:"高投入之下,若非依靠阿里系的资源,盒马鲜生的导流和实体店开设也不会这样高效率",面对业界对盒马鲜生的整体盈利能力、高投入的回报等质疑,侯毅和盒马鲜生面临不小的压力。零售业新一轮的变革再一次悄然而至,这一次竞争中如何塑造盒马鲜生独立的运营和盈利能力,如何告诉消费者盒马鲜生"长大了"?

思考题

1. 盒马鲜生与传统生鲜零售超市以及生鲜电商的区别是什么?
2. 什么是商业模式,商业模式的构成要素有哪些?试分析盒马鲜生的商业模式。
3. 新一轮零售变革悄然而至,盒马鲜生应该如何塑造独立的运营能力,告诉消费者盒马鲜生"长大了"?

参考文献

[1] 舒雍.生鲜电商的新零售之路[M].北京:电子工业出版社,2020.
[2] 亚历山大·奥斯特瓦德,伊夫·皮尼厄,格雷格·贝尔纳达等.价值主张设计:如何构造商业模式最重要的环节[M].余锋,曾建新,李芳芳,译.北京:机械工业出版社,2015.
[3] 徐芬,陈红华.基于消费者需求的生鲜电商新零售模式研究——以"盒马鲜生"为例[J].湖南社会科学,2020(05):64—72,5.
[4] 韩彩珍,王宝义."新零售"的研究现状及趋势[J].中国流通经济,2018,32(12):

20—30.

[5] 方颉,杨磊."新零售"背景下的生鲜供应链协调[J].中国流通经济,2017,31(07):55—63.

[6] 王崇锋,赵潇雨,晁艺璇.零售涛来势转雄,盒马永辉舞长风.中国工商管理案例库案例编号 0-718-531(北京:中国工商管理案例库,2018年12月31日出版).

[7] 刘润.一篇文章,讲透盒马鲜生的4大战略[EB/OL].(2020-06-18)[2019-08-31].https://mp.weixin.qq.com/s/BOESHQ2gAv2sESVOyqIuwQ

[8] 身边的经济学.盒马鲜生"走红的秘密"[EB/OL].(2020-03-27)[2019-08-31].https://mp.weixin.qq.com/s/5CRSt5Msmop9ltA6mcsL4g

[9] 中欧商业评论.新零售:"化学反应"正在进行时[EB/OL].(2018-05)[2019-08-31].http://www.ceibsreview.com/show/index/classid/10/id/4160

[10] 中欧商业评论.盒马鲜生:正在进行的新零售试验[EB/OL].(2017-03)[2019-08-31].http://www.ceibsreview.com/show/index/classid/4/id/3798

世事如棋，局局如新

——新零售时代的企业创新浪潮*

摘要： 自2016年"新零售"这一概念提出以来，零售行业的新零售布局自此展开。通过大数据的支持，从品牌数字升级到家电数码、食品百货、家具服饰、本地生活服务、社区小店等各方面，结合物流体系及金融服务的发展，"线上线下+技术+金融"的新零售业态逐渐形成。本案例以新零售企业的发展特色及面临的问题为主线，阐述了在传统零售和电子商务发展疲软的背景下，新零售这一新商业模式的产生、发展及其特点。本案例旨在为零售行业在新零售的潮流之下如何有效地制定企业商业模式及创新策略提供良好的借鉴。

关键词： 新零售　商业模式　新零售之轮

引　言

清晨走进熙熙攘攘的菜市场，在摆满新鲜蔬菜的小摊面前细心挑选、讨价还价；路过小区的夫妻便利店，向熟悉的邻居打声招呼顺便买一袋孩子们爱吃

---

* 本案例由青岛大学商学院王崇锋教授，青岛大学商学院学生赵潇雨、马心雨撰写，作者拥有著作权中的署名权、修改权、改编权。本案例授权中国管理案例共享中心使用，中国管理案例共享中心享有复制权、修改权、发表权、发行权、信息网络传播权、改编权、汇编权和翻译权。由于企业保密的要求，在本案例中对有关名称、数据等做了必要的掩饰性处理。本案例只供课堂讨论之用，并无意暗示或说明某种管理行为是否有效。

的零食；邀上三五姐妹到大卖场逛街购物，试穿喜欢的衣服、试用看中的美妆产品；与家人一起到超市采购，将需要购置的小物件补齐；到家具大卖场挑选款式下单订购，更换家里坏掉的家具；晚上打开手机淘宝，看一看自己喜欢的商品有没有折扣；下载电子书阅读器，购买自己喜欢的电子图书……传统零售与电子商务的发展已然给人们的生活带来了巨大的便利，但零售行业仍在不断地演进发展，为消费者带来更多的惊喜。

零售行业的发展现状

19世纪60—70年代，零售行业开始萌芽。随着工业革命、信息革命的推动，从最初的大批发商到百货商店、超级市场，又发展出自动售货机、便利店、品类专业店及购物中心，再到如今电子商务、移动购物的普及，购物的形式不断丰富。以线下零售门店为代表的传统零售模式，以及以线上零售为代表的电子商务零售模式，两类零售模式在消费者、技术等多方面因素的影响下各自逐渐触碰到发展的天花板。

传统零售，发展疲软

伴随零售行业百年来的发展，传统零售以各种各样的形式渗透在我们生活的方方面面，从清晨的早市到街角的便利店，从连锁超市到超级大卖场……传统的零售门店给消费者带来了体验式的购物乐趣，也在一个多世纪以来不断地满足着消费者的购物需求。

但是随着互联网在全球的普及，经济与社会的价值被逐步释放，全球化进程不断推进，数字化程度也不断提高，中国消费者的消费模式不断发生转变，消费者购物渐具全渠道特色，对新购物方式的接受程度不断提升，消费偏好及价值主张也不断升级，这给传统零售企业带来了巨大的冲击。根据中国互联网络信息中心发布的第41次《中国互联网络发展状况统计报告》显示，截至2017年12月，我国互联网用户规模达到7.72亿，互联网普及率达到55.8%。同时，我国互联网购物用户数量为5.33亿，全年互联网交易额为7.2

万亿元,互联网购物在社会消费品零售总额中的渗透率达到19.6%,中国消费品部分品类的线上渗透率高达50%以上。

在电商时代的红利时期,传统零售行业饱受线上渠道的挤压。相比于线上零售,传统零售行业的品类管理与陈列展示过于单一,并且选址辐射范围受到时间与空间的限制,无法与品类灵活的线上零售相竞争,促使其在快消品与耐用品市场持续丧失市场份额。

在这一冲击下,全球实体零售行业发展放缓。与发达国家相比,我国实体零售行业发展整体呈现"先天不足"的特征:中国近三十年间才相继出现百货商店、购物中心和连锁超市业态,实体零售行业正处于追赶式发展的初级阶段,人均零售设施面积远不及发达国家,地区发展不均衡,超级城市供给过剩与低线城市供给不足并存,大量消费者无法享受高质量的零售服务;同时中国零售行业"租赁柜台+商业地产"的盈利模式偏离零售服务的核心,自身就存在问题,盈利模式不可持续。上述结构性矛盾进一步限制了国内实体零售行业基础设施的供给效率,传统零售行业的发展进入其"困境期"。

电子商务,红利渐失

电子商务的发展得益于流量红利,由于它是虚拟经济,凭借灵活的品类管理及较少的流通环节,使得线上的零售价格具有明显的价格优势,因此在早期出现了惊人的井喷式发展。然而,根据艾瑞咨询的调查数据显示,全民网购的热度已经进入冷却期,我国的线上购物交易规模增长率已经开始逐年下降,增长率从2009年的150%下降到2016年的24%。随着电商流量红利的减少,线上零售企业竞争加剧,不少线上零售商出现了各种问题:首先是以货物爆仓、包裹损坏、配送延时为主的各类物流问题;其次是线上零售品牌的假冒伪劣问题;最后,由于其虚拟性,客户无法实际触碰到商品、无法通过感官来揣摩商品、无法方便地试用或体验,凡此种种都阻碍了消费者对商品的接受度,始终代替不了线下购物带给消费者的体验。

得天独厚的流量红利,移动互联网基础设施与终端的普及,为国内互联网购物的发展提供了可能,可是网购模式终究无法成为客户消费体验的唯一路径,电子商务亟须寻找到新的利润增长点。

世事如棋，局局如新
——新零售时代的企业创新浪潮

新零售，巧破局

在"互联网+"浪潮的推动下，互联网企业不断崛起，伴随着电子商务迅猛的发展势头，新的问题和挑战也不断出现，电子商务逐渐步入发展的瓶颈期。与此同时，实体零售行业也同样面临着发展的窘境：大量实体零售店由于缺乏灵活的转变机制近几年来被迫关门停业。在传统零售与电子商务双双陷入困境期与瓶颈期之际，全球技术与数字化的发展推动新商业基础设施初具规模，人工智能的研究不断取得突破，大数据与云计算的应用已逐渐渗入各行各业，移动互联网基础设施和终端带来无限便利，智慧物流与互联网金融也重塑着零售局面，平台化的商业模式逐渐统一了市场。技术的革新为零售业态变化提供了原动力，新零售之轮[①]开始"转动"，新零售商业模式应运而生。

2016年10月，阿里巴巴集团前董事局主席马云在杭州·云栖大会上基于其近年来对零售业的探索，提出"新零售"的概念。第二年，苏宁与京东分别将这种未来零售命名为"智慧零售"与"无界零售"。自此，各互联网企业与传统零售巨头企业展开了疯狂的创新与布局。

在众多企业之中，阿里巴巴率先发力，在新零售领域频频进行探索，从盒马鲜生到"饿了么+口碑"再到天猫，阿里巴巴从各个维度对新零售的落地进行尝试。利用天猫对品牌和消费者双端的连接，在服饰、汽车、食品、快速消费品、家装、商超、百货等全行业推进新零售技术与方案的大规模商用（见图1），在上海、北京、深圳、杭州等城市进行了新零售升级，打造新零售商圈和智慧

---

① 新零售之轮理论，最早是由日本学者中西正雄在1996年基于"零售之轮"理论（Manair, 1958）和"真空地带"理论提出的（Nielsen, 1966）。它解释了新型零售业态产生的原因与时机，并从产业经济学的角度分析了日本零售业的发展过程和发展规律，为其他国家的新型零售业态的产生提供了借鉴与理论依据。在新零售之轮理论中，中正西雄（1996）从技术边界、效用无差异性、零售价格与零售服务这四个角度来阐述零售业态的演化与革新路径。首先，技术边界由零售价格与零售服务的关系构成，零售价格与零售服务有正向关系，技术边界确定了在一定零售价格下能实现的最大零售服务，这是因为零售价格与零售服务的替代是由于零售商对零售成本与零售收入的权衡，这种权衡受到了产业技术效率和技术进步的影响，比如信息化、供应链创新、内部管理系统、客户大数据等。其次，消费者对零售价格与零售服务的效用无差异曲线是相互替代关系，即消费者愿意以更高的价格购买更好的服务，也愿意牺牲部分服务水平以换取更低的零售价格。最后，由技术边界线与效用无差异曲线的切点决定了零售业对零售价格与零售服务的选择，在切点上实现了零售商利润与消费者效用之间的最优化配置。

门店,帮助百万门店打通线上线下,为消费者创造无缝购物体验,即线上下单到店取货,到店下单在家收货,由此形成新购物习惯;对于商家品牌而言,大幅加速数字化转型进程,产品创新、品牌建设、渠道管理被整合到一起,对内效率得到提高,对外客户离店却不离线,会员成为资产,效益得到提升。阿里系新零售逐渐渗透消费者生活的每一个角落,新零售的说法也逐渐成为消费者们对于线上线下融合的未来零售形式的最广泛表达。

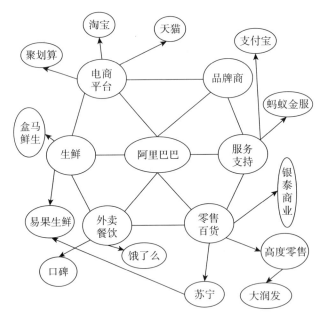

图 1　阿里巴巴网络结构

资料来源:作者根据相关资料整理而成。

生鲜市场,盒马鲜生领跑

"妈妈,我从网上买些海鲜、水果吧?"

"从网上买了寄来都坏掉了,你想吃什么我明天去超市买。"

过去提起生鲜,人们想到的是堆积着水果蔬菜与水产肉品的大卖场与摆放着油盐酱醋的自家厨房,以及从网上下单购买、经过长距离递送后损坏或腐烂了的生鲜产品。但现在提到生鲜,很多人首先想到的是现选现制、配送到家,提供极致客户体验的线上线下一体化运营的全新零售门店。这朵在"生鲜电商"这块难啃的骨头上生长出的逸丽奇葩就是盒马鲜生。

走进盒马鲜生线下门店,在超市区选购质量好、品种多样的精选商品,如日日鲜生鲜等,海鲜可拿到餐饮区选择喜欢的口味现场加工;在餐饮区再买一些烤鱿鱼类的特色小食,一饱口福;下载盒马APP后在门店通过扫码收款机自助快速支付,免去排队苦恼;回到家后通过盒马APP下单购买超市里的商品,3公里内30分钟内送达;外卖商品通过智能悬挂链传送系统传输到物流区快速发货;关注盒马微信公众号,了解盒马最新产品与活动,通过线上互动赢取小福利……

集商超、外卖、餐饮及电商于一体的盒马鲜生在消费升级的背景下诞生,采用纯互联网思维的经营模式,完全不受传统零售的限制和约束。"盒马鲜生是一个线上线下一体化运营的生鲜电商,一个被门店武装了的生鲜电商。"侯毅这样说道,"门店的本质是流量收集器,它是交易的起点,而不是终点,交易的终点应该在电商。只要在线下完成交易,就会受到坪效的制约,只有把交易放到互联网上完成,才能突破极限。盒马鲜生要成为具有实体门店的电商,将所有商业模式围绕流量来经营,并不是把APP作为一个单纯的销售渠道"。得益于其线上线下高度整合的能力,盒马鲜生赢得了大量消费者的青睐。运用大数据、移动互联、智能物联网、自动化等技术及先进设备,实现人、货、场三者之间的最优化匹配,搭建从供应链、仓储到配送的完整物流体系,盒马鲜生改写了百年来生鲜零售业的面貌。

2018年4月,盒马鲜生进行了品牌升级,推出了美容、美发、修理、洗衣等便民服务,通过解决客户的日常紧迫需求,打造3公里生活圈服务,不限于生鲜,盒马鲜生将发展的触角延伸到全产业链内部,给消费者带来了超过想象的服务体验。

传统百货,银泰焕活

"我们去逛街买件新衣服吧?"

"从网上买不更方便吗,价格低,品种多,还节约时间。"

"去购物中心买还能试一试,从网上买,没有试穿也不知道真实的效果。如果试到合适的衣服我们也可以再从网上找同款更便宜的买呀。"

随着电商兴起带来的网络购物的普及,去实体店消费已经不是消费者的必然选择,而更多的是带给消费者体验,注重体验的消费对于购物中心和百货商场这类大型消费场地提出更高的要求。在体验之余,消费者还是首选打破了时间和空间限制、价格更低、品种更多、配送方便、各项服务也越来越完善的线上渠道进行购物。为了满足消费者的体验需求,给消费者提供一站式的购物体验,老牌企业银泰商业集团(以下简称银泰)从客户价值出发进行更新,重构"人、货、场"的零售新逻辑,开启了传统老字号的焕活。

加入银泰数字化会员,通过自动记录的购物记录就可以被推送相关店铺的活动和感兴趣的产品以及各种优惠、福利;下载银泰喵街APP,会员享受电子卡支付、地图导航、停车缴费、咨询投诉、洗养修护、开具发票及各类商品服务推荐等服务;走进银泰商场,通过店铺门口的电子液晶屏幕上的云货架,查阅店内商品详情,甚至包括店内没有陈列的相关商品;喜欢的美妆产品和相关服装也不用再麻烦地反复试用,直接通过商城内的虚拟美妆与服装试装屏进行智能试用,免除卫生困扰和时间成本;购物支付则有统一收银台、自助收银台、云POS系统、自主支付、无感支付等多种方式可以选择……

银泰通过与阿里巴巴的合作全面打通会员体系和支付体系,同时实现商品体系对接,构建起一套打通线上线下商业的基础体系,实现了线上线下的商品交易、会员营销及会员服务的无缝连接。同时,银泰将自己新零售转型的中心思想定位在让线下拥有线上级别的便利和选择、线上拥有线下级别的服务和体验,重构人、货、场的零售新逻辑,并利用大数据规模化放大零售本质。

个性品牌,OLAY塑造

"这个牌子是明星代言的,买他们家的护肤品肯定好用。"

"明星代言的也不一定适合你,而且代言人自己还不一定用!"

名人效应下被代言产品一抢而空的现象随着消费者的消费水平日益提高、消费理念不断升级而逐渐消失了。在竞争激烈、货品丰富的护肤行业,消费者的护肤需求越来越追求个性与功效,护肤类品牌的营销方式日益创新,运营战略日渐高效。作为一个人群资产庞大、触点繁多的品牌,OLAY通过数据银行的科学规划迎接人群运营的机遇与挑战,也借此在2018年"双11"创造了出色的销售成绩。

浏览美妆护肤达人的推荐文章、视频,就可以看到关于OLAY产品的推广内容,吸引消费者的注意,使其关注相关品牌活动;打开小红书、微博、B站(哔哩哔哩)等内容平台,消费者可以看到OLAY针对不同系列产品推出的细分场景内容,还有真人对系列产品的实测,从而提高消费者对产品功效的认可度。当消费者产生兴趣并从线上购买OLAY产品后,他们将接收到OLAY每月主题活动的推送信息,进一步了解其品牌价值观与关怀女性的理念,引发持续的共鸣。

通过使用数据银行这一强有力的工具,OLAY依托科学的人群运营理论与方法,将人群运营落到实处,从认知、兴趣、购买、忠诚四个维度分阶段运营人群,挖掘消费者的巨大潜力。OLAY不断创新营销策略,与天猫深度合作,将新技术引入内容营销,通过品牌直播、达人"种草"、穹顶搜索和品牌推送相结合的方式吸引大量消费者,最后将全部数据导入数据银行,为人群运营提供参考。

新零售的发展满足了消费者购物、娱乐、社交等需求,在它的推动下,人们的购买日常变成了打开小红书、微博、微淘、抖音等APP,看达人好物推荐;到生鲜超市购买新鲜海鲜,当场制造海鲜佳肴;从手机等移动客户端购买生鲜日用品,外卖极速送到家;到门店进行智能试用,选好商品快速刷脸支付;在家具广场进行AR(增强现实)智能试用,连接线上平台定制家具;接收线上商品服务推广,随时随地掌握感兴趣产品的折扣信息⋯⋯

新零售商业模式通过倡导有关企业做到线上、线下全渠道整合,促进价格消费向价值消费全面转型,以大数据和人工智能等新技术驱动零售业态与供应链重构,以互联网思维促进实体零售业的转型升级,以新物流为支撑提高流通效率和服务水平。此外,不断强化用户体验,持续改善消费环境和物流现状,为消费者提供超出预期的服务。

矛盾丛生,何去何从

2017年被大家称为新零售的元年,在新零售兴起的并不长的时间里,它的发展模式为越来越多的企业所效仿,它的发展前景也被很多人看好。这种零售模式区别于以往任何一次零售变革,新零售将通过数据与商业逻辑的深度结合,真正实现消费方式逆向牵引生产变革,它将为传统零售业态插上数据的翅膀,优化资源配置,重塑价值链,孵化新零售物种,创造高效企业,引领消费升级,催生新型服务商并形成零售业的新生态,为中国零售业创造了大发展的新契机。

然而,对于很多企业来说,向新零售的转型之路并不是一帆风顺的。

生鲜企业,纷纷落水

2018年11月15日,盒马鲜生"标签门"事件登上新浪微博热搜榜。以新鲜著称的盒马鲜生门店被消费者发现胡萝卜外包装的日期标签被更换,经查看,被换下的胡萝卜标签日期为2018年11月9日、11月10日、11月11日,被换上的标签日期为2018年11月15日。事件引发巨大轰动,同时受到当地市场监管局的立案调查。这一事件引起了消费者对盒马生鲜产品的强烈质疑。为此,盒马鲜生CEO侯毅公开发布致歉信并招聘盒马鲜生监督员,对门店产品进行突击检查,以重新赢取消费者的信任。

但就在一个月后,2018年12月11日,国家市场监督管理总局公布了2018年第45号关于11批次食品不合格情况的通告。在组织抽检糕点、薯类和膨化食品、水产制品、粮食加工品、乳制品和食用农产品等11类食品1 781批次样品中,不合格样品有11批次。其中,盒马鲜生广州第一分公司销售的鲫鱼中恩诺莎星不符合食品安全国家标准规定。[①] 2019年4月,盒马鲜生广州第三分公司销售的黄金贝、花甲王等海鲜产品在广州市市场监督管理局的质量抽检中检出国家禁用的氯霉素。盒马鲜生再次被推上风口浪尖。

不仅是盒马鲜生,互联网巨头主打的"生鲜+餐饮+即时配送"的一些新业态已集体"哑火",或停业整改,或开店遇阻。2019年4月,由美团于2018年5月在北京创立的小象生鲜关停其在常州与无锡5家经营表现不佳的门店,进行战略调整;由苏宁打造的苏鲜生北京门店则很长一段时间都在停业整改;而

---

① 详见网页 https://www.cfsn.cn/front/web/site.bwnewshow? pdid = 158&newsid = 5661,访问时间:2019年1月。

京东旗下的 7FRESH 在 2019 年经历高管调动、开店停滞等情况。①

同时在"融资难"的背景下,资本"寒冬"持续加剧,在部分生鲜零售电商企业急需新的资金进行周转时,往往会缺乏新的风险投资"接盘"跟进,导致烧钱补贴价格的模式无法维系。

超市改革,阻碍重重

2017 年 1 月 1 日,永辉超市结合新零售概念的兴起,以及永辉会员店将线下会员向线上 APP 引流的经验指导,推出了集高端超市、高端餐饮与永辉生活 APP 于一体的超级物种。但是作为传统零售企业衍生出的新业态,其不可避免地带有传统零售企业的特点,线上业务的建设处于劣势。通过线下门店折扣优惠来推广 APP 抬高了其生产成本;APP 较低的使用频率也使其线上 SKU 远低于线下门店,客户需求的覆盖度也无法与竞争对手盒马鲜生匹敌。新战略的实施及相应的企业文化变革,既需要巨大的投入,也面临着很大的风险,超级物种等永辉云创品牌的亏损已经严重影响到了永辉超市的净利润,在 2018 年造成了永辉超市 7 年来利润的首次下滑。

其他传统百货商店及超市的转型发展也受到传统模式的牵绊,缺乏互联网思维运作的快速响应团队与相关的电商人才,没有与互联网巨头企业建立合作的传统百货商店及超市的新零售商业模式的尝试成为烧钱游戏。同时,在本地百货商店及超市的地缘优势下,其他商店及超市品牌的入驻和发展受到极大阻碍。

品牌塑造,竞争不断

新零售下新营销方式的传播速度与宣传能力为许多品牌创造了发展的机会,但其低门槛、多元化的战略形势加剧了相关品牌的竞争。此外,在营销内容快速传播的同时,一些恶意的负面评价也快速传播,对品牌的塑造带来困扰。

---

① 详见网页 https://baijiahao.baidu.com/s? id = 1638190176184082874&wfr = spider&for = pc,访问时间:2019 年 7 月。

在 OLAY 大力借助小白瓶系列产品中烟酰胺成分的美白功效进行宣传的同时,其他美妆品牌(如 HomeFacialPro)通过主打"简单、有效"的品牌理念,推出烟酰胺原液,同时借助小红书、微博、微淘、微信公众号等多个内容平台进行宣传推广,同样积累了大批对护肤品有美白提亮需求的客户。

同时,美妆护肤达人对 OLAY 的推荐能带动其产品的销售,反过来,他们对 OLAY 产品的负面评价也能轻而易举地影响消费者的购买欲望。一些关于使用 OLAY 小白瓶后皮肤不耐受、皮肤汗毛增长的评价虽经官方辟谣但仍然成为许多消费者放弃购买 OLAY 小白瓶系列产品的理由。

未来与挑战:未来零售业态如何发展?

新零售商业模式的发展已是大势所趋,但很多零售企业都存在转型前后的困扰,未来的发展将如何破除阻碍尚不可知,而新零售这一商业模式的未来发展也必然千变万化、超乎想象。数据计算与智慧物流的结合,共享经济的发展,社交网络形态的多元化发展,智能场景的构建,平台生态圈的发展……未来多元化业态的发展都将与新零售商业模式相结合,超越全渠道[①],以全新的形式与消费者接触。

未来零售业态的发展会出现怎样的新局面?又会有怎样的"黑科技"和它一起玩转出新花样?而它又该如何应对面临的种种挑战?想来这一切都是尚未可知的。在这么多的未知面前,各传统零售企业及互联网巨头企业又会有怎样的"大动作"?零售业态的发展值得我们拭目以待……

思考题

1. 新零售与传统零售和电子商务相比较有什么区别和优势?
2. 请梳理新零售的发展过程,并分析典型的新零售企业如何进行战略布局。

---

① 新零售时代的商业模式并不是简单的线上线下联动和物流的相互结合,还要通过大数据、云计算和人工智能等创新科技的支撑,并发挥互联网的先进思维,通过改良和创新传统零售,将超值的服务和优质的货物销售给消费者,这既是全渠道销售,又是超越全渠道;既要打破所有边界,又要不断构筑新的边界。

3. 你认为新零售企业应如何创新以适应未来的零售环境？

参考文献

[1] 刘润.新零售：低价高效的数据赋能之路[M].北京：中信出版社,2018.

[2] 马浩.战略管理[M].北京：北京大学出版社,2015.

[3] Vincent Chang, Qiong Zhu. Freshippo：Business model evolution in alibaba's new retail platform. Ivey Product Number：9B19M093(Ivey Publishing, Publication Date：09/13/2019).

[4] 吴晓波,白旭波.从PPG到VANCL网络服装销售的商业模式演进[J].管理案例研究与评论,2010,003(005)：403—414.

[5] 梁莹莹.基于"新零售之轮"理论的中国"新零售"产生与发展研究[J].当代经济管理,2017,39(09)：6—11.

[6] 王坤,相峰."新零售"的理论架构与研究范式[J].中国流通经济,2018,32(01)：3—11.

[7] 王崇锋,赵香凝,刘慧卿,韩丰宇.商业模式创新：小米之家.中国工商管理案例库案例编号：0-318-331(北京：中国工商管理案例库,2018年12月31日出版).

[8] 泰和资本.新零售的模式变迁与投资机会[EB/OL].(2019-03-30)[2019-08-31].https://mp.weixin.qq.com/s/U6SrFWARgtWc2qz_Oe1_EA

[9] 中国经营报.阿里云新零售创世记[EB/OL].(2019-12-21)[2019-12-31].https://mp.weixin.qq.com/s/RLbhrUFBof-tnIyz91WeAg

[10] 亿欧.新零售的组成：线下体验零售和线上效率零售[EB/OL].(2017-10-27)[2019-08-31].https://www.iyiou.com/p/57849.html

[11] 阿里研究院.零售业是如何赚钱的？[EB/OL].(2019-05-30)[2019-08-31].http://www.aliresearch.com/ch/information/informationdetails? articleCode = 21808&type = 新闻.html

[12] 阿里研究院.阿里研究院崔瀚文：新零售的上下左右前后[EB/OL].(2018-04-02)[2019-08-31].http://www.aliresearch.com/ch/information/informationdetails? articleCode = 21465&type = 新闻.html

网红升级,自强不息

——林清轩的品牌创新之路*

摘要:本案例聚焦于中国中高端护肤品品牌林清轩的成长之路:从传统的线下发展到线上尝试的成功,再到如今形成线上线下一体化的新零售模式。案例着重讲述林清轩在新零售浪潮的冲击下如何通过品牌创新成功升级,帮助学生了解品牌传播及创新过程,引导学生认识新零售下企业进行品牌创新的环境以及如何管理好企业的品牌创新,为相关企业提供借鉴。

关键词:林清轩 新零售 品牌传播 品牌创新 创新管理

引 言

2017年"双11"期间,淘宝和天猫的线上商家各显神通,推出各种优惠活动,吸引了众多消费者的关注。在这段掀起全民网购热潮的日子里,各化妆品品牌商也都在拼命地抢夺客流量,铆足了劲冲销量。

2017年11月11日凌晨12点,林清轩的老总孙来春还在公司与成立不久

---

* 本案例由青岛大学商学院的王崇锋教授,青岛大学商学院学生张旭、许艳雪撰写,作者拥有著作权中的署名权、修改权、改编权。本案例授权中国管理案例共享中心使用,中国管理案例共享中心享有复制权、修改权、发表权、发行权、信息网络传播权、改编权、汇编权和翻译权。由于企业保密的要求,本案例中对有关名称、数据等做了必要的掩饰性处理。本案例只供课堂讨论之用,并无意暗示或说明某种管理行为是否有效。

的新零售部的员工共同奋斗着。虽然表面上云淡风轻,可孙来春自己心里也没有底。林清轩品牌进驻天猫还不到5年,名气、会员数量远远比不过那些大品牌。孙来春坚守岗位不仅是为了给员工打气,也是为了让自己深入了解这个新零售时代。自从2016年马云提出"新零售"概念以来,电商企业都在积极创新,希望领先他人一步,谁都不想在这个激流勇进的时代被率先淘汰。

"新零售要创新啊。"孙来春不禁暗自低语。

企业发展

公司建立

2000年前后,国内护肤品市场的中高端品牌大部分是欧美品牌,如兰蔻、雅诗兰黛、迪奥等国外品牌占据了中国大部分的中高端化妆品市场,中国本土品牌却大多集中在低端市场,且品质良莠不齐。中国低端化妆品品牌声名狼藉,导致中国国民对于本土化妆品品牌有很大的偏见,中国本土化妆品只能依靠低廉价格立足市场。但孙来春却觉得中国本土化妆品拥有巨大的利润空间,尽管国人一再地贬斥本土化妆品,但心中也期待中国化妆品品牌能走出一位领军者。孙来春下定决心创立一个真正的中国本土品牌,做一个让国人放心、可信赖的天然化妆品品牌。

2003年,孙来春创立林清轩,其产品以提取中国传统植物精华为主,反对一切化学提取物,希望用天然、简单、循序渐进的护肤理念来吸引消费者,致力于打造安全的天然化妆品。可是由于自身产品的品类单一,孙来春迟迟不敢开店,而是不断加大科研投入力度,要打造出一批属于林清轩自己的产品。2006年6月成立上海林清轩环保护理品研发小组,开始对产品进行深入开发。

2008年,林清轩以品牌直营专卖店模式进军市场,在上海中山公园龙之梦开设了第一家门店。开店的第一个月,吸引了200多人,月销售额超过10万元。这对孙来春来说不得不说是意外之喜,一个新兴品牌在这么短时间内就可以取得如此不错的成绩,让孙来春对林清轩充满信心。

明星产品,塑造品牌

随着林清轩的不断发展壮大,孙来春发现了一个问题,尽管销量不错,但客户都是生面孔,很少有回头客。他明白,林清轩缺少一种能够打动人心的核心产品,没有能留住客户的产品,林清轩就无法获得很大的进步。

为此,孙来春经常在全国各地调研,想找到一款专属林清轩的品牌产品。那是一次偶然的机会,孙来春发现客家人当地女性老者的皮肤与同龄人相比更加有光泽,经过一番调查发现当地有一个习俗:女子从小便会使用当地盛产的山茶花油来保养皮肤,这使得她们的皮肤一直保持紧致水润,即使到了老年皮肤也不会衰老得很快。这让孙来春意识到其中的商机,这也许就是林清轩的未来。回去后孙来春便组织科研团队进行研发,经过700多天的试验,终于研制出第一批以山茶花为原料的产品。2014年2月,林清轩向市场推出了"山茶花润肤油"这一核心产品。孙来春为了确保产品质量,特地自建8 000多亩农场种植山茶花树,提取茶籽、加工,并且选择合适的农林场合作种植山茶树。此外,林清轩经常邀请消费者参观山茶花园,让消费者能放心购买。

有了"山茶花"的撑腰,孙来春也开始打起了品牌的主意。孙来春认为,中国的高端化妆品市场还有很大的增长空间。另外,对于消费者而言,他们的选择不再局限于国际品牌,优秀的国产品牌在新时代获得了良好的发展机遇。林清轩据此定位于中国化妆品的中高端品牌,以雅诗兰黛和兰蔻为竞争对手,提出五年内实现"雅诗兰黛品牌在中国市场35亿元的业绩"[①]。

稳步发展

林清轩先后两次进行品牌定位与升级,最终聚焦于"山茶花焕肤修复专家"这一定位,林清轩从山茶花焕肤修复系列产品切入,定位于中国高端护肤品牌,客单价超过500元,并且将用户群体锁定在25—35岁的白领女性。虽然发展缓慢,但是林清轩始终坚持直营店模式,孙来春这样说:"曾经有人说我傻,只要开加盟店就可以赚更多的钱。但我还是坚持直营店,老老实实守住林清轩,哪怕慢一点。我们从不随意打折,不随意把这个品牌做死。"加盟店虽然

---

① 详见网页 http://www.linkshop.com.cn/web/archives/2017/382460.shtml,访问时间:2018年3月。

能够给品牌带来更多的宣传力度和自主性,但加盟店容易各自为政,不便于统一管理和运营;而直营店虽然缺少创造性和主动性,但对于新品推广、人员管理及日常运营,易于发挥整体性管理的优势。大家只看到林清轩短短几年就取得了如此大的成绩,可谁又知道林清轩走过的那段艰难的时光呢?

进军淘宝,时代末潮

　　在品牌创建之初,孙来春就把林清轩视为传统的零售企业,从不做推广也不做线上,所有的业绩全部依赖于线下门店的销售,在线下低调地过着自己的小日子;对于线上电商这一块,林清轩完全不碰甚至有抵触的态度,还禁止淘宝上其他商家出售林清轩的产品。可是由于电商时代的到来以及移动互联网的发展,淘宝的风生水起如同一拳重击狠狠地击碎了林清轩的信心,淘宝上许多欧美化妆品品牌快速进入中国中高端化妆品市场,还有诸多外来低价化妆品在争抢客户资源,加之林清轩又禁止淘宝商家出售自家产品,林清轩的产品一直处于滞销状态,难以形成竞争力,发展并不理想。而且孙来春经常发现在林清轩导购员悉心服务客户时,客户往往不是进一步询问产品性能,有没有优惠,而是立刻去手机淘宝搜索类似的产品,有时候当着面就提出网上有同款销售且价格更低。导购员对于这种情况也无可奈何,只能耐心解释,可客户并不理会。孙来春对此十分头疼,可一想到进驻淘宝,谁能保证产品的质量、解决运输流通环节的安全问题,到头来一切责任还是得自己来扛,其中的不确定因素太多了,孙来春迟迟下不了这个决定。

　　这几年,孙来春看着周围的店家都跟随着淘宝更上一层楼,而林清轩只能缓步前进,有时还会遭到挤压,孙来春越来越怀疑多年的"坚持"究竟是对还是错。孙来春有次看到马云演讲的视频,里面有一段这样说道:我们都是平凡的普通人,并没有太多的青春可以浪费。过了 25 岁,如果还没有找到一条自己确定要一直走下去的路,那么往后你的试错成本将越来越大,甚至超出负荷,最后碌碌无为一生也不是没可能,人要敢于试错。也许是一语点醒梦中人,孙来春觉得自己还有试错成本,还有精力和机会去发展林清轩。哪怕是失败,自己还能重新再来。而且,经过这几年的发展,随着淘宝购物环节的完善,物流配送的全方位覆盖以及运费险的推出,这些都极大地打消了孙来春心中的疑虑。终于,孙来春下定决心进军淘宝。2011 年 6 月的一天,林清轩正式入驻淘宝。这对于林清轩来说,是一个时代的结束,也是新挑战的开始。

林清轩进军淘宝后,会员人数与产品销量的增长远远超过林清轩开业时的速度。这让孙来春惊喜地认识到淘宝上开店的巨大潜在价值。2013年,孙来春决定让林清轩入驻天猫,创立天猫旗舰店,加强与淘宝的合作。乘胜追击,孙来春于2014年3月正式成立电商部,全面负责网上业务。至此,网上销售正式成为林清轩的一个业务。

是危险,还是机遇?

可是,就在一切都如孙来春预料发展时,意外发生了。

2016年10月13日,阿里巴巴集团前董事局主席马云在杭州·云栖大会发表了演讲,让大家记住了"新五通一平"(新零售、新制造、新金融、新技术和新资源,是否能够提供一个公平竞争的创业环境)。马云提到,纯电商时代很快会结束,未来十年、二十年,只有新零售这一说,线上线下和物流必须结合在一起,才能诞生真正的新零售(见图1)。在2017年4月2日的中国(深圳)IT领袖峰会上,马云再次提及新零售。他说,电子商务在未来五年内依旧高速增长,但是我们要思考十年以后会怎么样。十年以后,纯电商会很艰难,线下零售也会很艰难,所以新零售实际是把线上、线下和物流整合起来思考,以后的零售不是学会如何卖东西,而是学会如何服务好你的客户,传统零售花样百出的促销手段就是想方设法地卖东西,而从卖东西转向服务客户将是巨大的变革。

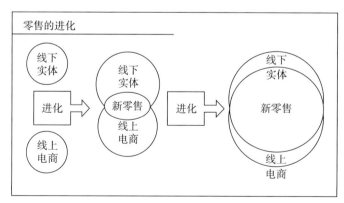

图1 新零售的来源

孙来春了解到，整个线上电商红利增速逐步放缓，纯电商收入增速逐步下降。随着网购用户渗透率的提升，线上获客的成本也大幅度增长。而且以前线下零售的成本，可转移一部分给消费者，而如今互联网的发展，使得产品价格更加透明，转移这部分成本更加困难。这无疑给发展势头正劲的林清轩泼了一盆凉水，也让孙来春警醒起来。真正的成功，不仅仅是现在的成功，更是未来的成功。孙来春不得不开始重视新零售。

可是，新零售不仅仅是口头上说说而已，还需要一系列针对公司的改革。新零售对于技术方面的要求是很高的，全渠道系统、连锁门店系统、互联网平台、会员管理系统等都是必需的，没有一个较为全面先进的系统，无法支撑起整个零售环节的沟通反馈；新零售不仅仅是电商部门或者线下门店一个部门的问题，而是牵涉到诸多部门，这就促使林清轩不得不组建新的部门专门管理运营新零售。另外，新零售势必会引进新兴技术和高端产品来服务客户，这就导致需要相应地提升林清轩工作人员的能力，这对林清轩来说又是一个难题。新技术、新人员、新架构，每一项都是要对公司大动筋骨的。如果新零售没有产生预期的成果，这对于林清轩而言就是一个巨大的损失。

孙来春犹豫了，难道自己还是跟十几年前一样，等到这个所谓的"新零售"有起色之后，再去做决定吗？孙来春心想：自己已经错过很多机会了，如今的林清轩也在不断进步，适应新时代，不就是弥补自己曾经的错误，追赶其他人的步伐吗？如今的新零售未尝不是一个机会，一个让林清轩飞速发展的机会。

最终，孙来春最终决定"林清轩全力投入新零售"。

品牌创新，转型新零售

为了迎接新零售的到来，孙来春也在公司推行了组织架构创新。

系统创新

2017年，孙来春在上海10家门店进行智慧门店试点运营，拉开了林清轩的新零售序幕，成为第一个试水并取得不错成绩的国产护肤品牌。相比2016

年"双11",2017年"双11"期间,林清轩10家智慧门店平均新增用户340%,老客户回购率增长115%,客单价增长53%,销售额增长330%,更是创下了16天新增80万粉丝(最多一天新增10万粉丝)的历史纪录。[①] 而林清轩天猫旗舰店从2013年成立到2017年的四年间,总共才累积了40多万粉丝。这让孙来春十分高兴,他决定增加智慧门店的数量。可是智慧门店需要有一个系统来沟通线上线下,之前的智慧门店数量较少,一般的小型系统就可以完成基本操作。可数量一旦猛然递增,系统支持不了太多的数据,对于线上线下的销售会有很大的影响。孙来春咨询多年的合作伙伴百胜软件创始人兼CEO黄飞,深刻理解到新零售时代需要3T(IT、DT、OT)[②]赋能。IT战略赋能企业中台,任何品牌都需要打造一个核心的企业中台,实现资源整合分配。DT战略赋能平台资源,利用大数据精准洞察消费者。OT战略则赋能平台运营能力。孙来春决定做一个全渠道中台——一个超前的中台系统驱动林清轩的全渠道零售运营。

为了组建新的平台系统实现跨渠道资源融合和分配。2018年1月,孙来春与百胜软件负责人召开了E3全渠道中台项目启动会,双方展开深入合作,进一步升级系统,打造面向未来的新零售信息系统,以进一步支撑林清轩的业务升级、品牌升级。

在经历了几个月的研究与探索后,一个超前的中台系统诞生了。这个超前的中台系统堪比上海的虹桥枢纽,进行及时、密集的资料交换工作。当客户下了一个订单后,中台系统能够快速判断减掉相应的库存数,并且能够及时地通知线下门店进行发货。当有新会员注册时也能及时把会员资料以秒为单位反馈到CRM系统。中台系统的诞生使线上线下的渠道得以打开,也让孙来春意识到自己身上的担子越来越重。

以人为本

仅仅是技术上的进步是不够的,孙来春也清楚地明白,未来的赢家绝对不仅仅靠的是这些小手段,真正能满足客户需求的商家才能笑到最后。为此,孙

---

① 详见网页 https://www.sohu.com/a/294433440_117373,访问时间:2019年7月。
② IT:基础建设;DT:大数据洞察与应用;OT:品牌运营。

来春特地召开公司大会,重申公司原则、理念。一千个读者就有一千个哈姆雷特,一千个消费者就有一千个需求。满足客户需求,以人为本,才是公司未来发展的正确方向。孙来春还特地要求技术部门加紧研发新产品,更新老产品,并且不断听取消费者意见,做出让广大消费者心仪的产品。

组织创新

自从"新零售"概念提出,它的热度一直不减。各行各业都在推进自身企业新零售部的建立,并高薪争夺人才。孙来春也不甘落后,对于林清轩来说,仅仅依靠电商部不足以支撑起整个林清轩的新零售计划,之前线上经营以及线下销售都是分开进行的,对于林清轩来说还是相对轻松的,做一项工作或者签署一份文件,往往在本部门内就可以完成。可是现在线上线下全方位结合,智慧门店数量的增加让林清轩的员工十分烦恼,工作有时候既要去销售部沟通,还得去市场部签字,最后还要去电商部签订协议,这样的流程大大降低了林清轩员工的工作效率。

为了适应管理,孙来春特地将市场部、电商部、新媒体部、信息部、销售部整合到一个部门——新零售部。孙来春给新零售部定位:"叫作研究性单位,研究怎么干、谁来执行,然后组织跨部门团队落地执行。"听上去,新零售部是个权力极大的部门,但在孙来春看来还不够。于是,孙来春将 CRM 部门划归新零售部,有了 CRM 部门的支持,真的是让新零售部总监能够"挟数据以令诸侯"了。对于什么样的人可以负责新零售,孙来春有自己独到的看法:这个人要会做项目,最好是学数学或化学的理科生,懂不懂 IT 不重要,但必须是具有极强理性思维的人,因为数据是没有感情的,"一是一,二是二"。孙来春还空降人员出任新零售总监,直接对孙来春负责。此外,孙来春还罗列了几个"不用":做过电商的不用、纯做线下的不用、公司的内部员工不用。林清轩的新零售部正式接下重担,成为林清轩的先锋和导向。

人员创新

但最让孙来春放心不下的还是导购人员,林清轩曾经做过一个调研,从会员数据中抽取 1 000 位只在天猫旗舰店购买产品的纯线上消费者,想尽一切办法将他们导流到线下门店,最终有200位消费者去店里进行了体验,不论他们最终在店里是否购买了产品,这200位消费者再次回到线上购买时,他们的客单价比过去增加了一倍。如今淘宝店的销量激增,在这个过程中,线下导购功不可没,然而在现有利益分配体系下,线上的销售业绩与导购没有关系。对此,孙来春也十分纠结,门店不能没有导购,可是线上线下的结合又把销量集中在线上,线下的工作对于导购是没有效益的,如何确保线下导购的利益,彻底解决线上线下的重重矛盾,成为孙来春首先要解决的问题,并且线上线下的打通,对于导购员的能力也提出了新的挑战,合格的导购员不仅语言能力要强,对于基础的流程操作、新技术的介绍也要有很大的加强,有时候导购员还要手把手地教客户如何去做。

阿里巴巴又向林清轩提供了一条锦囊妙计,阿里巴巴的新零售提出了"钉钉+手淘"——让线下导购员引导进店的消费者手机扫码成为林清轩品牌号的粉丝,同时形成导购员与消费者之间的唯一绑定关系。这个方案主要面向终端一线店员、店长、督导,让原本松散、无系统管理的线下门店人员在线化。品牌商在钉钉除了基本的OA办公①,还可以将线下门店的客户、会员数据沉淀在钉钉里,建立长期的互动沟通通道。通过钉钉,导购员可以跟上线的客户沟通聊天,提供售后咨询,推荐新产品、新活动等。客户也可以通过手机淘宝的消息功能收到来自"专属顾问"的消息,直接在手机淘宝里回复、咨询(见图2)。要是在以前,这些动作通常需要互加微信好友后才能进行。这样既减少了客户的担忧,也赋能于导购员,导购员凭借自己的能力招揽客户,能力强的,绩效也高,并且也不耽误线下的工作。

2018年3月,孙来春让导购员在钉钉上推活动,扫码成为智能导购,打响林清轩使用钉钉的第一场战斗。但结果并不尽如人意,林清轩内部爆发了激烈的争执,争执的焦点在于,线下导购与线上平台竞争十多年了,经常爆发矛盾,客户来门店看中一款商品,导购员给客户贴心服务,但客户回过头又到网上去购买。症结还是在利益方面,如果没有相应的利益激励导购,所谓的绑定关系形同虚设。林清轩高管对于四六分还是五五分实在拿不定主意。最终孙来春拍板,客户如果在线上购买了林清轩的产品,与其形成绑定关系的导购员和电商客服一样,均可拿到百分之百的提成。线上销售额近亿元,平均8%的

---

① OA,Office Automation,即办公自动化,是现代利用电脑进行全自动的办公。

网红升级，自强不息
——林清轩的品牌创新之路

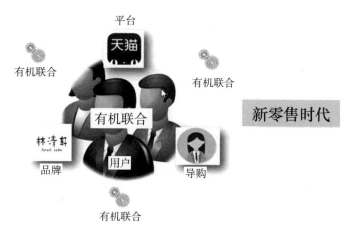

图 2　林清轩人员创新

提成，意味着林清轩至少增加了上千万元的支出。孙来春这一壮举无疑增强了导购员的归属心和好胜心，导购员可以充分发挥自己的能力，施展自己的十八般武艺，由此也塑造了林清轩第一批全渠道的导购员和电商客服。这样一来就打通了线上线下的权益，激活了线上和线下平台门店之间的关系。另外，网红经济的蓬勃发展也让不少商家看到了商机，每天几十万、几百万的浏览量，几十万的在线观看无疑都是商机。孙来春也注意到了这一点，积极派人与主播、网红沟通，让他们先试用林清轩的产品，试看效果。最后让他们依据效果来给观众推荐，这帮助林清轩开发了一批新用户。

未来与挑战：林清轩如何创新，更上一层楼？

截至2018年11月10日晚上12点，入选天猫榜单"潮流精华液榜①"的冠军产品——林清轩山茶花润肤油，在天猫等平台预售量超过30 000瓶，累计预售金额超2 000万元。"双11"当天，林清轩线上全平台销售额达4 600万元，业绩增长超3倍，客单价达500元，活动开始65分钟就已破上年同期成交总额。2018年3月8日到11月10日，林清轩仅用了8个月就轻松实现新零售粉丝总量破150万（以往每年增加粉丝30万），林清轩的全国300家门店已全

---

① 榜单是经过天猫六维大数据论证，50家权威媒体评审团推荐。

部接入智慧零售运营。新零售使得如今的林清轩发展势如破竹,但能否一直保持这样的趋势呢?林清轩在各个方面的不断创新,会不会更上一层楼呢?

思考题

1. 林清轩是如何确立品牌定位的?
2. 选择与电商平台合作,林清轩尝试从哪些方面进行创新以适应新的销售环境的?
3. 在新零售模式下,林清轩应采取怎样的运营方案控制风险?

参考文献

[1] 克里斯·布拉德利等.突破现实的困境:趋势、禀赋与企业家的大战略[M].上海:上海交通大学出版社,2018.

[2] 陈劲,郑刚.创新管理:赢得持续竞争优势[M].北京大学出版社,2009.

[3] Vincent Chang, Qiong Zhu. Freshippo: Business model evolution in alibaba's new retail platform. Ivey Product Number:9B19M093(Ivey Publishing, Publication Date:09/13/2019).

[4] Philip Zerrillo, Sarita Mathur, Caroline Lim, Marcus Lee. BreadTalk: Continuous innovation to keep the brand fresh[J].Ivey Product Number:SMU247(Ivey Publishing, Publication Date:01/29/2016).

[5] 齐严.商业模式创新与"新零售"方向选择[J].中国流通经济,2017,10:3—11.

[6] 赵树梅,李银清.5G时代"新零售"服务的创新发展[J].中国流通经济,2019,9:3—14.

[7] 许晖,单宇,王亚君,张娜,周明月.转"危"为"机":宇通校车领导品牌创新之路.案例编号:MKT-0514(中国管理案例共享中心,发布日期:2018.10.11).

[8] 亿邦商学院.天猫力推的新零售代表林清轩原来是这样玩的[EB/OL].(2019-01-14)[2019-08-31].https://mp.weixin.qq.com/s/yAJ0DCflI5XZN86pX7oNjw

[9] 中欧商业评论.林清轩的品牌突围战[EB/OL].(2019-01)[2019-08-31].http://www.ceibsreview.com/show/index/classid/28/id/4315

[10] 化妆品报.一年新增167万粉丝,林清轩这样玩转新零售[EB/OL].(2019-04-10)[2019-08-31].https://mp.weixin.qq.com/s/2fa1lUrOGp6v0HC83PnJ-g

[11] 美数思享会.林清轩品牌创始人孙来春:林清轩的创新运营实践[EB/OL].(2019-12-13)[2019-12-31].https://mp.weixin.qq.com/s/DR7FqyiJHKyFrXgyMsZomA

门外悠悠,星移几秋

——索菲亚的营销升级之路*

摘要:近年来,随着经济水平的提高与电商平台的迅猛发展,消费者的需求及习惯已经发生了不少变化。面对消费市场的重新洗牌,各大家居品牌纷纷调整营销策略,开始打出"定制家居"牌。本案例描述了江淦钧如何秉持"定制不是高大上"的理念,带领定制家居领军企业索菲亚家居股份有限公司(以下简称"索菲亚"),从创立之初就不断尝试新的营销模式,以极具远见的洞察力率先依托大数据挖掘并激发用户的潜在需求,领跑定制家居的发展历程,进而改变了家居行业的原有格局。本案例展示了索菲亚在生产与营销模式上的升级过程,引导学生理解传统企业谋求升级的策略、挑战及解决方案。

关键词:营销策略 升级 大数据 电商平台 客户黏性

引 言

2018年4月15日,法国衣柜著名品牌索菲亚携手天猫打造的全国首家全

---

* 本案例由青岛大学商学院的王崇锋教授,青岛大学商学院学生秦文静、马肇晴撰写,作者拥有著作权中的署名权、修改权、改编权。本案例授权中国管理案例共享中心使用,中国管理案例共享中心享有复制权、修改权、发表权、发行权、信息网络传播权、改编权、汇编权和翻译权。由于企业保密的要求,在本案例中对有关名称、数据等做了必要的掩饰性处理。本案例只供课堂讨论之用,并无意暗示或说明某种管理行为是否有效。

屋定制"智慧门店"正式落地北京。在这之前,索菲亚创始人江淦钧打算先去门店体验一把。

一进门,映入眼帘的是一台导购屏,导购员立即在一旁解释道,"按照提示进行面部信息采集便可生成自己的购物账号并绑定淘宝账号。这样一来最直接的好处就是,我们的客户可以随时随地下单。我们的消费者数据库也在一步步庞大起来"。江淦钧满意地点点头,走向下一场地——"3D 场景漫游",还没等导购员解释,江淦钧便伸出手指滑动屏幕,瞬间整个场所的家居风格焕然一新,每滑动一次,风格就变换一次——北欧风、新中式、小美式、古典式、地中海、简约式……沉浸式体验、逼真的效果,着实让江淦钧眼前一亮。

"这样一来,消费者便能更好地比较挑选自己喜欢的装修风格了。"导购员在一旁补充道。

江淦钧接着又来到了家具区。"这里的家具不全,在我们的云货架里面有所有的家具种类供客户挑选。如果没找到喜欢的,还可以和设计师当面交流改动,都是非常方便的。"导购员细致地讲解道。

江淦钧盯着店里陈列的琳琅满目的家具出了神,思绪飘回到 1999 年刚刚放弃了安稳工作选择创业的时候……

索菲亚的前世今生

索菲亚的成立

1999 年,江淦钧从国企跳槽、下海经商,他看中了国内炙手可热的地板行业,成立了广东汇高贸易有限公司,做起了地板经销商的生意。江淦钧最初用的材料是从欧洲引进的品质优良且外观精致的材料,也一度卖出了每平方米 400 元(不负责安装)的好价格。

但好景不长,这种高标准化的产品在国内被大批量复制生产,大部分商家为保住竞争力打价格战,甚至将价格降到每平方米 40 元还负责安装。江淦钧深知打价格战始终不是长久之计,准备挖掘一些标准化没那么高的产品。

他和合作伙伴从日常的装修场景入手,最先锁定了市场火爆的橱柜业务,并迅速着手建起了小型加工厂。橱柜业务虽然火爆但竞争也是十分激烈,仅广州一带便有200多家大大小小的橱柜品牌,江淦钧不久后就意识到,自己并没有独特的竞争力。

下海这条路,的确是困难的,好在江淦钧并没有后悔走上这条路:"我觉得下海很适合我,家居建材行业也适合我,这块业务虽然'肉'少一点、'啃'得辛苦一点,但是这块'肉'的滋味很好。"

2003年,已经39岁的江淦钧更沉稳谨慎了些,权衡利弊后他重新回到了自己熟悉的海外代理之路。江淦钧在反复考察后发现,优质家居品牌索菲亚在海外声名鹊起,竞争力很强,在国内还没有正规代理商,他觉得这会是个很好的选择。做出决定后他立刻动身,联系法国方面并洽谈合作问题,达成一致后,江淦钧便联合几个合作伙伴创立了广州市宁基装饰实业股份有限公司,也就是现在的索菲亚家居股份有限公司。

一向低调务实的江淦钧没有急于求成:"说实话,在2003年的时候,我还没想到能有今天的规模,也不敢去想那么大。公司销售规模从0做到1个亿,用了5年的时间,经历了很长的产品导入期,逐渐培养起消费者的消费习惯。"

瞄准衣柜

公司成立之初只是照着旧路线,做地板、橱柜等产品,业绩迟迟没有达到江淦钧的预期。他看着专卖店里的产品,细数产品种类,一个念头在他的脑海中闪过——"感觉,专卖店里除了这些还可以卖点其他的。"

"随着行业竞争的增加,一线城市购房送地板、送橱柜、送卫浴的现象已十分普遍,送衣柜的现象却极少,但无论是精装修还是毛坯房,衣柜都是必需品呀!橱柜行业已经发展起来了,一线橱柜品牌在全国现在已经有600多家门店了,如果改做衣柜的话,是不是可以避开与同行激烈竞争的赛道……"经过一番思考,江淦钧决定试水一下衣柜这个新鲜行业。

专卖店里添上衣柜之后,索菲亚连续做了几个月,生意还不错,尤其是衣柜销售额剧增,甚至超过了之前地板和橱柜的销售业绩。江淦钧已然看到了衣柜行业发展的大好前景,权衡之后便果断做出将业务重点转移到衣柜销售的决定。

当时的江淦钧也不知道,自己这样的选择对公司的发展影响如何。

从"定制衣柜"到"定制家"的营销策略转移

首创"定制衣柜"

彼时,中国早期房地产开发野蛮扩张,粗糙而"不拘小节"的开发设计之后直接带来的问题是户型不合理,当时家居行业销售的标准规格的成品家具无法恰当拟合摆放区域的尺寸,客户常常为空间的浪费而心疼,并且为由此带来的装修效果达不到自己的期望而烦恼。因此,解决空间利用及家具归置等消费者的痛点成为索菲亚要在衣柜行业崭露头角的第一要务。

尽管当时的江淦钧及其他联合创始人给索菲亚的衣柜类型定义为仅生产装有"滑门"的衣柜,但为提高自有品牌在同行业中的区分度,一个颠覆性的想法在江淦钧的脑海中浮现——"定制衣柜",即根据中国的房型特点及消费者的生活习惯,创新性地研发集设计、生产、销售于一体的整体衣柜定制系统,推出经典百叶系列衣柜,为消费者在家居领域提供了新的选择,同时也为家居行业提供了崭新的营销模板。

定制家具整个过程包括八个环节,即网站预约、设计师上门测量、设计师设计效果图并给出家具报价、用户确认方案及报价、下单、送货安装、售后服务。针对每一个环节,索菲亚都对员工进行了专门的培训。

"希望我们的员工都能了解到客户的需求,设计好、生产好客户需要的产品。"江淦钧明确表达了对员工培训的目的。"让客户满意,积累口碑,通过口碑宣传,可以赢得未来更广阔的市场。"

在公司内部,江淦钧注重企业氛围,不靠制度约束员工,也愿意给员工们机会去试错并尽可能地给予支持,江淦钧一直被员工戏称为他们的后勤部长。因此,江淦钧一提出员工培训计划,便得到了公司上下的积极回应,员工们精气神十足,积极参与到培训中来。

之后索菲亚的品牌越来越深入人心,定制衣柜销售业绩逐步攀升,成为整个行业中定制家具的领军者。毫不夸张地说,当时很多消费者认为"定制家具"就等于"索菲亚",不少消费者表示,了解到家具还可以拿去工厂定制,还是索菲亚让自己长了见识。这样崭新的产品理念可谓深入人心,索菲亚迅速跻身衣柜品牌前列,吸引了越来越多的忠诚客户,这也为索菲亚此后一路长远领跑家居行业奠定了坚实的基础。

随着时间的推移,至2004年,玛格、好莱客、尚品宅配、维意等众多品牌的加入掀起了定制家具的热潮。但在江淦钧看来,这倒是件好事——越来越多定制品牌的出现,便于培养消费者的定制消费观,当然也对各品牌综合能力提出了新的考量。至于做得怎么样,谁能吸引并留住客户,就要各凭本事了。

此时定制家居行业发展得十分火热,加上家居行业信息透明度较高,研发技术易被模仿,"定制"不再像刚兴起时那样新鲜,且彼时定制衣柜现有的手工生产模式只能够满足小批量定制化生产,如何在保证质量的同时高效率地满足大批量消费者的定制需求,维持利润持续增长,如何在定制已经不是独一份的家居行业里继续独占鳌头,江淦钧心中也有了定论……

数据化漂亮升级,实现"大规模定制"

"目前出现的低价竞争会降低整个行业的声誉,定制质量问题方面频频出丑闻,索菲亚一定要杜绝这浮躁的毛病;第二个问题是个性化与规模化矛盾难以解决,这是制约定制家居行业难以像一般行业那么容易做大做强的根源。"江淦钧找到了问题的关键所在。

一向沉稳务实的江淦钧,在严格把控索菲亚产品质量的同时也开始思考如何提高生产效率,率先解决家居行业中存在的个性化定制与大规模生产的矛盾。

尽管这条未知的道路困难重重,江淦钧还是抱着破釜沉舟的决心,尽快着手生产模式的改革。

从2005年开始,索菲亚开始采用"标准件+非标准件"的复合生产模式,即标准件采用批量化生产,各订单中尺寸、花色一致的板件,可以通过数据中心从订单中抽取出来,统一生产,生产完成后,再重新分配到各订单中。那些订单中独有的、不可以共用的板件(非标准件),则采用柔性化生产,以确保订单的个性化需求。显而易见,非标准件的成本和价格相对较高。由于个性化的定制尺寸带来的单独生产加工成本的额外投入使得其价格比标准件的价格要高30%—50%。

改革的初期,由于非标准件成本过高,索菲亚尚未形成竞争优势。显然,索菲亚在定制方面接下来要做的事情就是使非标准件的价格趋同于标准件，这便要归功于其率先应用的数据化系统。2008—2009年，索菲亚应用条码系统，实现了板材的快速分拣、调取，以及成品的准确储存、拣选、发货，板件也可以通过条码系统追溯查询，并且切实地完成了定制错误与问题可追溯补救的目标。2010年索菲亚应用生产管理系统，实现了订单批次合并、生产计划编排、生产任务单分解及任务单流转跟踪、生产异常处理等环节的系统化管理，既可以最大限度地实现订单批量生产，又可以对订单的生产进度进行实时跟踪，这样一来生产计划的制订更加科学合理，生产现场的执行效率也大大提高。

若说使用数据化系统最直接、显著的效果，用索菲亚前副总经理王飚的话来讲最直白不过："使用信息化系统后，工厂的工人不用加班，旺季也能准时交货，订单进展流程也很清晰。"

可见，无论是在提升企业内部运营效率、降低成本方面，还是在解决定制行业生产与供应链的复杂性方面，数据化都提供了极大的支持和帮助。

2010年12月，索菲亚全国专卖店达到586家，成为网点最多的定制衣柜品牌。2011年4月，索菲亚在深圳证券交易所成功挂牌上市，成为定制衣柜行业内首家A股上市的公司。上市之后，索菲亚在服务方面得到大幅提升的同时其数据化建设也迈入新阶段。

有了数据化的基础，加之资本市场带来的红利，索菲亚迅速进入信息化与自动化齐头并进的阶段。"如今，公司的生产自动化程度已经很高了，信息化建设也比过去有了很大的飞跃，在行业内处于领先地位。"说到这，江淦钧脸上浮现出欣慰的笑容。

索菲亚切切实实做到了使工厂生产制造的数据化去适应客户需求的个性化，然而索菲亚顺风顺水、稳中有进的这几年中，家居行业也在发生着日新月异的变化。

重返橱柜跑道，终点全屋定制

2010—2013年，房地产市场调控政策频出，力度空前，作为其下游的家居市场也难免受到不小冲击，加上定制家居行业逐渐饱和，家居市场已表现出疲软态势——行业产量逐年下降（见图1）。

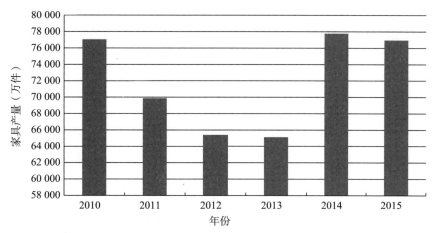

图 1 2010—2015 年家具产量历年变化

资料来源:作者根据相关资料整理。

"当一个行业发展到一定程度时,就会有很多生产资源、服务资源可以做横向延伸。同样是可定制化的产品,我们有了衣柜的生产资源、服务资源,为什么不能再做橱柜和木门、窗帘这些多元化的产品呢?"在江淦钧心里,延伸品类,势在必行。

"只要消费者有需求,我们把握好原来的客户,哪怕衣柜客户中只有50%购买了橱柜或者其他产品,单个客户的消费量就会增加,单个客户的获取成本就会降低,这是一种资源的综合利用。"江淦钧更坚定了扩展品类的念头。

"不做单项冠军,要做全能冠军"是江淦钧对索菲亚下一步升级策略提出的要求。

家居行业中已经出现的"大家居"品牌战略,是指品牌涉及大部分家庭装修会定制的产品。所以可以理解为:至少拥有衣柜(定制家具)、橱柜、木门三大品类的品牌具备大家居属性。

对索菲亚的大家居战略的方向定位及发展过程,王飚将其总结为:"这是一个消费者与企业相互博弈的过程,是消费者的需求与企业的探索不断碰撞、融合的过程。"

由于最初涉足过橱柜业务,考虑到有经验与资源的积累,江淦钧思索之后决定从橱柜业务开始进军。

索菲亚于2013年7月正式布局"定制家"的大家居战略,这一年注定是不平凡的、里程碑式的一年。

是自己做橱柜,还是联手其他品牌？如果自己做,多品类产品从研发到生产都需要投入大量资金和经验,索菲亚目前不具备这样的条件,这不是最优选择；与其他品牌合作似乎是较为保险的做法。在众多品牌中,江淦钧看中了有八十多年发展历史的法国橱柜第一品牌——司米橱柜。

2014年,索菲亚携手法国SALM集团,签订战略合作协议,以"SCHMIDT司米"作为品牌名称,进军中国橱柜市场。

刚入驻国内市场,司米橱柜便以"谁要了司米的第一次"的悬念广告口号轰动整个广州城,"四大法国男神大派玫瑰"、"幸福专列"驾临公车站、维多利广场快闪、巨型钻戒献"女王"等一系列出其不意的活动打动了消费者,将其"爱到极致,便是细微"的品牌形象植入人心。

在中国消费者对生活环境的反应日渐敏感的消费大背景下,司米橱柜顺应索菲亚的营销策略,满足消费者多样化的需求,重点打造口碑效应,致力于不断提升消费者的体验。最终司米橱柜不负众望,仅仅用3年的时间就实现了6亿元的销售额,开设了600多家门店。"速度还是很快的,我们衣柜从0做到6个亿还用了10年的时间。"拿到司米橱柜的成绩单,江淦钧欣慰地点点头。

提出"定制家""全屋定制"诸如此类的概念并不难,但要真正做好却不容易。全屋定制几乎涵盖了家装中的一切,包括可变参数较多的柜子、玄关、榻榻米,以及窗帘、餐桌等,这都很考验生产模式。

随之而来的是,工厂里原有的靠衣柜积累下来的生产能力远远满足不了全屋定制的柔性化需求。这个难题落到了时任分管供应链的副总裁王兵手里。

两化融合,打破信息孤岛

"我基本上前面半年不敢出差,待在工厂一步不离,大部分时间守在机房。因为业务增长很快,但系统又天天出问题,经常被电话叫起来。"王兵回想起当年的焦灼状态,描述道。

即便如此,那段时间生产出错率还是很高,最高的时候达8%。生产出的这些次品如果卖出去,将直接影响索菲亚的品牌声誉,长此以往,客户黏性势必会大受影响。不仅王兵焦虑,公司上下也紧张起来。

问题出在生产信息系统上。索菲亚现有的系统是从法国引进的,然而它无法满足国内个性化板材大规模生产的需求。王兵将问题反映给江淦钧,江淦钧意识到互联网与科技的发展可以支撑的数据化、信息化系统或许对生产模式有极大帮助,便指示王兵带领团队,推进生产过程的数据化、信息化,实现两化融合。

之后,索菲亚经过了企业资源计划系统(ERP)的改造,以确保人员、物料的及时供应,并且对生产制程进行监控,以确保不会出现停机待料的问题。有了新的 ERP 系统,可使一般用户的库存周转率提高 50%,库存下降 30%—50%,从而延期交货现象大大减少,销售部门信誉提高,赢得了不少客户的好评。

接着柔性生产线①也投入使用。相比刚性生产线,柔性生产线更加人性化。索菲亚的柔性生产线可以说是备受瞩目,这是全亚洲第一条建成并投入使用的柔性生产线,每块板材都有自己的二维码,成功地打破了信息孤岛,实现了对生产环节的全链追溯;从开料、封边、打孔、包装到入库,直到终端销售,所有信息都记录在二维码上,从而实时跟踪原板材信息,以确保每一块原板材的品质都符合索菲亚家居的生产标准。其极具创新性、系统覆盖面极广的生产模式使整个生产过程富有弹性,生产出错率下降到 5%,此时索菲亚全面实现了江淦钧提出的两化融合构想。

"以实力获得消费者的广泛认可",是索菲亚的一贯追求。可以看到,索菲亚一直致力于该理念的探索和实践。

然而刚步入全屋定制的升级之路,时代的发展、电商平台的兴起引致用户消费习惯和需求进一步变化,消费者更愿意在电商平台上挑选、购买商品,这对采用传统零售形式、处于饱和状态继而走向下坡路的整个家居行业提出了一连串新的挑战。可身处这个满是痛点、与互联网经营看似无法搭上边的行业,索菲亚又该何去何从?

---

① 在柔性生产线中,不再有任何非标准件和标准件的概念,而是以一个板材为一个产品单位。多台可以调整的机床连接起来,配以自动运送装置组成的生产线,依托计算机管理。产品发生变动时,生产线只需做少量改进或做程序调整就能随产品的变化而变化。在面对消费者更多样化的个性需求时可以做到变换敏捷,应对自如。

调整营销策略,拥抱电商和大数据

初遇电商

早在2013年,索菲亚就接到了天猫、京东等电商平台顺应O2O大势主动抛来的橄榄枝。但在当时电商留给消费者的固有印象还仅仅是"价格低",真的要在电商平台上打价格战吗?这行得通吗?如果登上电商平台,会不会削减索菲亚线下的传统业务?家居行业可以说是"浑身都是痛点",仅仅电商平台经营无法实现的服务体验这一点就让江淦钧心里打起了退堂鼓。

正在江淦钧犹豫之时,居然之家卖场率先严词抵制电商平台整合,并宣称凡是与电商平台合作的家居品牌一律会被其撤出居然之家卖场,而后其他家居品牌纷纷响应,电商平台因遭到大部分品牌的联合抵制,不得不宣告停止与家居行业的合作,不容江淦钧再做选择。

但现如今,电商飞速发展,零售业革命悄然而至。索菲亚现有门店的生意虽说"火热",经营业绩在行业中也处于领先地位,可眼下电商平台发展势头迅猛,索菲亚若一成不变地继续维持传统零售的方式,会不会被反超进而落在队伍后面?王飚开始感到不安,他找到江淦钧一起商量对策,思考梳理公司以前致力的传统零售究竟是在做什么。

王飚开门见山:"传统零售有什么核心呢?传统零售都是找各种各样好的店面,去传统的卖场,希望找到特别好的位置,好位置无非是为了好的客流,但好的客流并不等于是好的生意,客流最终还是要变成订单。"

"那么,依然保留传统零售的本质,我们应该将产品放在客流最多的地方,包括电商、超市、购物广场。"江淦钧思索片刻,这样说道。

王飚思索片刻,点头示意。

"电商平台客流很多,只不过我们一般人感觉不到。超市客流很多,所以我们在超市里开店;购物广场人很多,所以我们也在购物广场开店。如果从传统零售意义来考虑,我们做家具的就不会去超市开店,不会去购物广场开店,但是去那里开店是有效果的,因为方便了客户,现在的商家就要怎么样方便客户消费怎么做,这样就会获取更多的客源,所以所谓的新零售,我觉得就是摸准消费者的心理或者行为,能够使他们消费更方便、更有利。"江淦钧看出了王飚的犹豫,接着阐述道。

"我参加了很多会议,他们都提到了消费者升级,跟您刚刚说的内容大同小异。我认为,新零售的核心是扩大销售机会、手段和工具包括大数据、互联网、智能技术等。索菲亚正处在快速发展的阶段,生产工艺方面必须通过实现智能化、数据化来保障质量、提升效率、降低成本;营销渠道方面要从传统的线下营销拓展至线上营销。"

经过反复推演,江淦钧和王飚终于达成了一致。即便是一条全新未知的道路,江淦钧还是决定尝试一下,但为了保险起见,他并没有将筹码全部押在线上店铺,而是采取以线下为主、线上为辅的营销模式。用江淦钧自己的话来说,他愿意试试错。

2014年,索菲亚刚将目标转变为全屋定制没多久,就马不停蹄地开始试水电商,无疑为索菲亚的经营增添了难度。

向线上进军

试水电商的第一步,首先应当选个好位置。线上的最佳位置,毫无疑问,当然是目前点击率最高的天猫。而天猫也希望借助索菲亚这类品牌,摆脱电商只卖"廉价货"的固有印象,双方一拍即合,索菲亚也完成了向线上进军的第一步。

刚刚与天猫牵手,就迎来了天猫"双11"购物狂欢节,江淦钧决定借此机会,检验此次尝试的成果。在天猫"双11"购物狂欢节开始前,索菲亚就早早做好了准备,希望借此机会打开新市场,积累口碑。本着"线上线下同质同服务"的原则,索菲亚线上线下均设置"799元衣柜系列",并不断在机场、高速公路、高铁车站等户外场所进行广告宣传,以期凭借低价战略打入市场。线下实体店、各大卖场也都挂满了与天猫"双11"购物狂欢节相关的广告。一副热火朝天、蓄势待发的景象。

最终在2014年"双11"期间,索菲亚在天猫平台连续10天蝉联家具类销售第一名,最后销售额达1.8亿元,共售出40 000套衣柜。

这样的开头让江淦钧欣慰不已,也给了索菲亚进军线上十足的信心。大受鼓舞的江淦钧定下2015年"双11"的销售目标——2亿元。

2015年，家居行业整体并不景气，很多知名零售卖场渐渐退出市场，"互联网+"的思维越来越多地运用到市场中，线上销售逐渐成为主流。在这场"混战"中，索菲亚并没有乱了阵脚。2015年年初，索菲亚联合天猫发布《服务提升合作意向书》，正式提出"六心服务"承诺，主动请求第三方集团、平台能够对其管理下的索菲亚终端服务工作进行监督，确保服务质量落到实处，这意味着索菲亚通过天猫平台的销售渠道让全国定制家居的消费者获得满意的定制家居体验。

2015年索菲亚天猫官方旗舰店在"双11"活动期间，与1 500多家专卖店实现全国联动，其间线上线下每天进行抽奖活动，结合诱人的大额满减活动，继续延续"799元衣柜系列"活动，并开设部分实惠的卧室套餐价，另外采用送券、发红包等形式再度让利消费者。这些活动切合实际地加大了线上线下各大平台的优惠让利力度。

天猫数据显示，2015年"双11"购物狂欢节期间索菲亚的销售额破2.74亿元，累计售出95 000套衣柜，其中10日及11日的线上访问人数高达50多万，名列行业前茅。

"从年初着手准备，'双11'超额完成目标，是预料之中。"面对骄人的好成绩，江淦钧也依然保持沉着淡然的心态。

华丽的表面，漏洞渐浮现

此时，索菲亚与电商的结合已步入正轨。渐渐地，江淦钧却发现，虽然这两年"双11"为公司带来了新的利润增长点，但利润的上升有明显的放缓趋势。为什么无法维持利润的高增长率，究竟是哪里被疏忽了呢？王飚还注意到目前公司生产的部分产品供不应求，然而也有另外一些产品滞销，只得积压在仓库中。

王飚将情况反映给江淦钧后，二人又是一番分析和探讨，最终发现问题的症结在于索菲亚仍然存在对消费者需求的方方面面把握不准确的漏洞。

究其原因，江淦钧意识到，公司的产品几乎都是经过经销商卖出，索菲亚品牌无法触及最终用户。若开始研发一项新产品，索菲亚的做法往往是召集一群VIP或是有经验的经销商，定出这个产品或那个产品是否好卖，据此形成结论，直接投入研发。

然而这样做的后果是,索菲亚经常会开发出一些用户并不太需要的东西。

"经销商其实很多时候也不知道用户究竟需要什么,我们太缺少用户的反馈了。"江淦钧恍然大悟。

他明白,要真正触达消费者,应对消费者的需求变化,以便提高决策的正确性,需要在数据化上再加一把劲了。

大数据助力,开启新篇章

描绘画像,触达消费者实现精准营销

"我们每天收集的客户数据流非常庞大,庞大到了国内工业制造领域一般企业的水平,这让专业人员特别惊讶。我们对索菲亚未来的定位就是一个大数据公司。"王飚对记者笃定地说道。

基于目前存在的无法触达消费者的问题,索菲亚开发了客户关系管理(CRM)系统,用户和渠道数据的信息都被收集在这个系统之中,这样一来,索菲亚也能知道用户是谁了。但江淦钧也知道,CRM系统收集到的资料还只是具备浅颗粒度的基本资料(如年龄、住址),这些对于索菲亚来说过于有限了。

"我们还不知道用户为什么在那时候选择索菲亚,用户的职业、兴趣这些行为特征数据我们都不知道……"江淦钧在进一步运用大数据的道路上犯了难。

这时候,营销中心副总经理周文明的一番话点醒了江淦钧:"用户的行为、特征数据我们拿不到,怎么办?谁有?阿里巴巴有,腾讯有。咱们的客户跟阿里巴巴的客户重叠率超过80%。只要同步完数据之后,拿到数据银行我们就很清楚地知道,我们的客户到底是谁、从事什么职业、在哪里上班,这些我们都可以知道。之后我们就可以抽象出用户特征,清楚开发的产品面对哪类人群。进一步,我们可以分析出为什么那个群体使用我们的产品频率这么高;为什么那个群体使用我们的产品频率没有那么高;为什么我们的这些广告投放出来的效果不好,为什么那些广告投放出来的效果好。"

这的确为江淦钧如何带领索菲亚运用大数据指明了方向。

周文明接着跟江淦钧介绍道:"我们的客户,50%有'吃货'这个标签,还有30%是家庭主妇,附有标签的客户在买索菲亚之前买过其他哪家的成品家具,甚至哪一款,我们都可以知道,这样一来我们据此可以实现精准营销,包括准确地投放广告和开发产品。"

企业运用大数据的根基,正如周文明所说的:将客户信息标签化,完美地抽象出一个客户的信息全貌。描绘客户画像的核心工作是为客户贴标签,并不断细分标签。为客户贴标签的目的主要是方便计算机规整处理收集到的客户信息,如统计喜欢此款衣柜的用户有多少、这些用户都有什么共同特点等。

有了这些统计数据,就可以继而进行数据挖掘工作:利用关联性规则进行延伸分析——喜欢此款衣柜的用户通常还会关注哪些家具、倾向于购买哪一款家具。

江淦钧拍拍周文明的肩膀,意味深长地点了点头。不久,江淦钧就带领团队着手去做这件事——借助阿里巴巴的数据,完善基于位置信息、终端使用喜好、网络搜索、更换终端时间等维度的客户标签,精确细分客户群及分析客户价值。

索菲亚借助阿里巴巴的数据发现,购买过索菲亚定制家具的客户,下一步大概率会对实木木床投以极高的关注度,并分析出多数客户所喜欢的实木木床的款型。最终,索菲亚将最受客户欢迎的两款实木木床摆放在了门店,并且只做这两款木床,如同单品爆款一般,采购的成本大幅度降低。而对索菲亚而言,获得这批客户的青睐并不需要去额外投放广告,也不需要增加获客成本,因为这批客户原本就是定制类客户。这一举措不仅为索菲亚带来了实木木床销售额的增加,更为索菲亚留住了更多忠诚客户。

接过这张可喜的成绩单,江淦钧在欣慰之余,并没有太大的情绪波动,仿佛一切都在意料之中。他知道,在互联网时代,索菲亚的大数据平台逐步实现了用户数据化、营销精准化,销售业绩再创新高,指日可待。

上下游携手,打通信息闭环

的确,销售业绩没有辜负江淦钧的期望——2016年度索菲亚实现营业总收入45.3亿元,同比增长41.75%;净利润6.64亿元,同比增长44.74%。2017年上半年,实现营业收入24.87亿元,同比增长49%;净利润2.94亿元,同比增长47.16%。目前,索菲亚定制家具、司米橱柜终端门店的规模仍在不断扩张,营业收入预计将继续保持增长态势。

通过大数据平台,用户的潜在需求被索菲亚挖掘出来并被再次激发,这为索菲亚迈入零库存时代推了最后一把,并立竿见影地提升了索菲亚的业绩。其实大数据带给索菲亚的,不仅仅是体现在销售额的漂亮数字那么简单,更重要的是索菲亚自此打通了产品各端的信息闭环。

位于索菲亚上游的供应商也积极跟随索菲亚的步伐,力争实现零库存。小型供应商可以直接登录供应商平台进行合作,大型供应商则在此之前就已经可以直接接入索菲亚的系统。索菲亚的零库存模式,是从整个供应链着手,固定时间点,细分任务。比如客户从下单到收货需等待30天,其中除运输需要5天外,剩余的25天则是索菲亚通过内部的数据系统,将总任务分解成数个工序并分配给生产工厂及上游厂商。如此一来,供应商明确了自己在某一确定时间点应该完成的工作,全产业链实现零库存的目标近在眼前,打通产业链信息闭环胜利在即。

2018年3月27日,索菲亚召开以"同舟共济、扬帆远航"为主题的"2018年度索菲亚家居供应商大会",旨在向合作伙伴们表示感谢,同时传达索菲亚希望与供应商、经销商、员工分享经验、知识与经营成果,保障供应链上各单元利益实现共赢,最终形成更优质的经营生态圈。

与供应商的合作,江淦钧期待的是共同成长的修炼,而非单纯的谈判桌上的利益博弈。本着"创新·分享"的合作理念,索菲亚已与上千家供应商建立了伙伴关系。一路走来,索菲亚也一直被越来越多的大大小小的供应商拥护着。

未来与挑战:索菲亚如何持续为品牌注入活力?

回顾一路走来或大或小的成就,本该笑容满面的江淦钧却长长地叹了口气,他知道,索菲亚同样面临着更艰巨的挑战:一是受市场整体疲软的影响,加之上游房地产行业受到国家政策的严格调控,下游家装行业面临严峻的挑战;二是大批优质的家居企业如欧派家居、尚品宅配、金牌橱柜等纷纷上市,索菲亚的资本市场优势和稀缺性不再;三是全品类布局见效不明显,有人指出索菲亚目前对衣柜过度依赖,其他品类稍显暗淡;四是零库存模式导致索菲亚在接到订单后才能生产,加上家居企业在前端是劳动密集型的服务,需要投入大量人力、物力和时间,难以克服生产模式上的问题。索菲亚遭遇瓶颈期,业绩难再有突破。"中国定制家居行业龙头"的光环在索菲亚身上正逐渐褪色。

市场前景不容乐观的索菲亚怎样保持住品牌优势,为公司发展持续注入活水,江淦钧再次陷入了沉思……

思考题

1. 索菲亚应不应该迎合电商和大数据趋势?
2. 你认为索菲亚具体是如何解决家居行业痛点问题、实现营销战略升级的?
3. 索菲亚如果以后想实现全品类战略,应如何减少对衣柜类产品的过度依赖?

参考文献

[1] 菲利普·科特勒.营销革命4.0:从传统到数字[M].王赛,译.北京:机械工业出版社,2018.

[2] 汪旭晖.新时代的"新零售":数字经济浪潮下的电商转型升级趋势[J].北京工商大学学报(社会科学版),2020,35(05):38—45.

[3] 沈华夏,殷凤.全球价值链视角下零售业效率测度与升级策略——结合"新零售"实践探索的新思路[J].中国流通经济,2019,33(06):3—13.

[4] 索菲亚衣柜.从品牌升级到服务升级,索菲亚联手天猫落地新零售战略[EB/OL].(2017-08-06)[2019-08-31].https://mp.weixin.qq.com/s/wz44j0DRl7rIUcaJzCQqqg

[5] 网易家居.索菲亚钱晔:效率提升是新零售的根本价值[EB/OL].(2017-11-30)

[2019-08-31].https://mp.weixin.qq.com/s/d6RG5PzZTwN-2pn1Xt4YMQ

[6] 众品家具网.索菲亚:新零售对我们来讲就是数据的小溪流汇入大海[EB/OL].(2018-11-08)[2019-08-31].https://mp.weixin.qq.com/s/QuQSj-S6eTaE6aJHU4pzlw

[7] 乐居财经.索菲亚的新零售之道:"新"在高效"零售"本质未变[EB/OL].(2019-03-21)[2019-08-31].https://mp.weixin.qq.com/s/PelBQgcO5dFrJ38605xUWA

新拓展

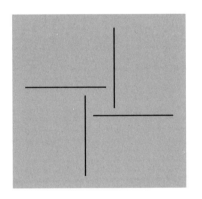

双向引流,拓展疆界——日食记的美食营销创新

质量严控,信息优化——每日优鲜"便利购"的供应链管理

此间年少,静待花开——区块链助力"星贝云链"价值共创

孕育生态,寻求突破——腾讯并购Supercell手游公司

传情达意,引爆社交——连咖啡的创业蜕变之路

双向引流,拓展疆界

——日食记的美食营销创新*

摘要:"日食记"是国内最早的美食内容IP①,也是尝试时下炙手可热的OMO(Online-Merge-Offline)商业模式的典型代表。本案例以日食记的发展历程为主线,对其在OMO商业形态下的线上IP打造、发展电商、线下实体店赋能的营销策略组合进行描述,并分析日食记在OMO商业模式下面临的机遇和挑战。通过对本案例的阅读和分析,引导学生学习自媒体IP化的路径,分析OMO视角下的营销策略组合。对于国内的自媒体内容创业者,以及尝试OMO商业模式的线上品牌,本案例具有一定的借鉴意义和启示。

关键词: 日食记　美食IP　营销策略　OMO

引　言

热爱美食的年轻人,大概没有人不知道"日食记"。2013年年底,《日食记》第一季上线,第一回《圣诞姜饼人》片尾的小故事收割了一大批粉丝。截

---

* 本案例由青岛大学商学院的王崇锋教授,青岛大学商学院学生熊懿、邵洁、杨箫、刘欣荣撰写,作者拥有著作权中的署名权、修改权、改编权。本案例授权中国管理案例共享中心使用,中国管理案例共享中心享有复制权、修改权、发表权、发行权、信息网络传播权、改编权、汇编权和翻译权。由于企业保密的要求,在本案例中对有关名称、数据等做了必要的掩饰性处理。本案例只供课堂讨论之用,并无意暗示或说明某种管理行为是否有效。

① IP(Intellectual Property),吴声在《超级IP:互联网新物种方法论》一书中指出,IP是具有高品质内容的知识产权。

至2018年12月,日食记全网粉丝超过3 500万,集均播放量2 000万。

而已成为自媒体头部IP的"日食记"并不满足于此,为了让更多的人体验到日食记中令人向往的生活方式,日食记终于开出了首家线下体验店"日食记生活馆"。2018年11月初,前前后后筹备了一年,经历了十多天试营业的"日食记生活馆",在上海市南京东路829号世贸广场正式开业。与此同时,日食记的微信小程序和天猫旗舰店也正式上线,实现了从内容输出到实体变现的良性循环。

从原创视频内容到电商再到线下店,在商业化的过程中,日食记一直在探寻IP的未来价值。无论是原生广告还是电商,抑或是线上线下的零售,在罐头场[①]创始人姜轩的思考中,这并不是其终局,核心是罐头场要成为年轻生活方式的IP,通过横向扩容与供应链的深耕,将IP延伸到更广阔的空间。

实际上,对于"日食记"这样的自媒体头部IP来说,走线上电商和线下实体店相结合的商业之路,是内容、流量寻求变现的必然结果。过去两三年,凭借强大的品牌和IP效应,不少发轫于内容创业的自媒体品牌,纷纷选择从线上走向更广阔的线下,优质内容转战线下的趋势也已非常明显。

一个优秀美食IP的发展历程

2013年,姜老刀(姜轩)偶然坐到了PGC[②]短视频的桌前,彼时他还是一名影视制作公司的创始人,因为爱给公司小伙伴做饭,便用视频记录做饭过程和公司的猫——"酥饼"大人。"酥饼"在这个只有8个人的工作室里被照顾得很好,优雅、自在、不惧怕人。

2013年年末,工作室搬了新址,在一个120平方米的工作室里,有随意垒着书与模型的置物架、低矮的圆木桌、红色的英伦电话亭、高高低低晃动的灯泡,还有摆放着瓶瓶罐罐与厨具的料理台,窗外有轻轨驶过,这些也是视频中

---

① 罐头场是日食记所属的上海罐头场文化传播有限公司,"日食记"是罐头场的成熟头部IP,除日食记,还开设了多个围绕美食、生活、旅行、手作等的细分栏目,包括"去个地方""听饭""深夜一碗面""吃喝少年团"和"做个东西",形成IP矩阵。

② PGC(Professional Generated Content):指专业生产内容。

最常见的画面。

"工作室地方宽敞了,也能按照我们的想法去布置,更重要的是'酥饼'也越长越美了。做了这么多年的视频,我们或许可以拍拍自己。"《日食记》第一季第一回《圣诞姜饼人》便在这样的背景下诞生了。

"上传第一集的时候纯粹就是自娱自乐,没有想过会拍成系列。"姜轩说,"工作室的原班人马、硬件设备让拍摄成本几乎是零。团队一起工作很多年了,他们信任我,就当是陪我玩一下。"姜轩笑称,其实第一集的拍摄很随意。

这时的他,只是个不太具有商业敏感性的人,没有想过"商业"二字,也不知道他随意记录下的做饭视频能带来多大的商业价值。

事实上,自媒体在2013年的爆发式增长为姜轩提供了一个契机,虽然不是刻意为之,但他确实像一个产品经理一样细细打磨着一个互联网产品。有多年视频制作经验的他将《日食记》系列视频的时长控制在5—10分钟,内容以姜老刀烹饪一道菜肴的过程为载体,在食物中讲述一段简单质朴的情感故事,画面明快温暖,是很明显的日系风格。

彼时,姜老刀对"日食记"这一IP的定位是"人格化""状态""故事性"。

人格化

姜老刀在解构自己的作品时,"人格化"这一标签被他归纳成了可能是日食记获得成功最重要的一个原因。"日食记没有固定的内容形式。唯一贯穿每集剧本的固定角色就只有两个:一个是我,一个是'酥饼'。人设本身,已经带有很强烈的人格化标签了。"

姜老刀口中的"酥饼"是一只被他捡回来的流浪猫。因为常年流窜于工作室和片场,"酥饼"几乎每集都会在视频中露脸。这只白猫和姜老刀两个角色都具有非常鲜明的特征:姜老刀是一个留着胡子、穿着衬衫、手臂文身的大叔,喜欢在做菜的时候叼着一根烟;"酥饼"是一只干净的大白猫,负责提供一切"高冷萌"的元素,而"高冷萌"本身就是一种鲜明的人格。

日食记的核心是"人格化",但不是打造网红。"人格化"的角色,带来的好处是视频内容的高辨识度,这在习惯了碎片化消费的时代里尤为重要,因为它决定了观众能不能花最少的注意力成本,成功记住你的作品。因此除了两大主角,姜老刀在每集的配角选取上也尽可能根据"人格化"的原则操作。

"其他出场的人物,我们在拍摄的时候,尽可能希望不要有表演的痕迹。比如这集要加一个设计师的角色,我就会希望演员本身就是一个设计师。"姜老刀如是说。这种不露痕迹的表演,一方面是使视频拍摄更加自然,另一方面是让人设尽可能地"人格化"。

状态

"我们虽然是制作美食的视频内容,但其实并不是为了抓住一批观众让他们天天学怎么做菜。人格化的标签是为了让观众能更直接地喜欢内容的本质,喜欢上这些会在视频里出现的角色。"姜老刀说。

在他看来,《日食记》相较于《舌尖上的中国》等纪录片,最大的不同是:《舌尖上的中国》是上帝视角,以第三方的观察角度,收集尽可能多的素材,然后用纪录片的手法呈现一种更宏观的食物与生活的联系;而《日食记》更像是在厨房里边支了一个摄像机做直播,想要传递的更多的是一种状态。而这种状态恰好是通过人格化的元素堆积出来的。

当你每天下班后拖着疲惫的身躯,回到几平方米的出租屋里,一边端起刚叫的外卖,一边看着视频里姜老刀在明朗的橙色灯光下做着一道精致的菜,旁边还躺着一只睡着了的白猫——你会感觉,屏幕里面的那种生活状态很美好。如果《一人食》[①]是用简单的方式表达一种城市的孤独感以及架构在这种孤独感上热爱生活、积极生活的态度,《日食记》更多的就是在用人格化的角色表现手法,来叙述美好的生活状态本身。

《日食记》现在的受众有很大一部分是95后,这是姜老刀自己事先都没有预料到的。"他们可能对自己未来的生活都是有一个预期的,他想要一个什么样的生活状态他自己会很清楚。《日食记》表达的那种生活状态,也许刚好满足了他们那种具象的生活预期。"

---

① 《一人食》是一部做菜类影片,重新定义了"不孤独的食物美学",展现了一种独立的生活方式。

故事性

从商业层面的逻辑来看,更多故事性的内嵌,对《日食记》来说也是一件很自然的事情。"'人格化+状态'的组合拳,对视频来说终究还是太单薄了一些,故事和剧情才能产生更有黏性的连续性内容消费。"姜老刀说。

《日食记》从第二季开始,有意加强了故事在美食之外的延展,更多地开始把食物当作一种媒介,用这种有温度的媒介触发着人们内心激荡出各种不同的感受、记忆和情绪。

而这时姜老刀进行视频创作的空间也变得更大了,他镜头下的食物能够承载的东西更加丰富立体——除了生活状态,故事本身具有的情感、价值观、世界观等元素都能配合美食的气味揉捏进去。

"人格化""状态"和"故事性",这三种元素组合成的《日食记》,在视频内容里实现了恰到好处的平衡:它既能借助人格化让自己在碎片化消费时代拥有极高的辨识度,又能通过美好状态的表达吸引大家喜欢上这部片子,最终依靠故事性打造经受起观众连续反复的内容消费。

《日食记》治愈系的温暖调性牢牢占据了用户的心智,其拥有的正向生长能力,收割了一大批粉丝。最终,《日食记》走上了专业化、工业化的制作流程,在美食视频中拔得头筹。"日食记对我们最大的改变是公司从乙方逐渐向甲方转变,我们有了自己的品牌,有了话语权。"而现在日食记所要去检验的是这一 IP 的延伸可能性有多大。

为 IP 赋能

"厨房可摇滚,文艺可商业",日食记逐渐积累品牌影响力,工作室的规模越来越大,姜老刀决定走上商业化的道路,围绕日食记本身做孵化,打造线上淘宝店和线下体验店结合的商业形态。

电商变现

"我想让日食记更接地气,你会发现这些器皿、工具并没有想象得那么贵。这些拍摄的故事就是你身边的事,故事里的美食你也能够做到。"2014年,淘宝店铺"姜叔的日食记"上线,日食记开始试水电商,以售卖自有产品为主,拍摄使用过的餐具或料理工具都变得品牌化,并实现线上销售。

日食记的自有产品主要以食品为主,包括酱料(咖啡酱)、主食(深夜一碗面)、咖啡茶饮(冷萃咖啡)、厨房用具(雪平锅),最聚焦的是酱料线。一来酱料和《日食记》系列视频的内容有强关联性,二来还能和它们的主打产品手延素面搭配销售。

2016年年初,日食记上线了一个专门做面的栏目《深夜一碗面》,两周一期,每期会用不同的浇头做一碗面。栏目的推出也是为了配合罐头场的商品手延素面,形成一个更深度的场景体验。

前期,罐头场更多考虑的是如何打响自有品牌。因此,罐头场不仅在所有商品包装上加注日食记的形象标志,还会参与商品前期的开发和策划。2016年年底,日食记推出的新年礼盒套装,包括围裙、咖啡、日历等周边产品,以及之后推出的手延素面、冷萃咖啡等复购率都很高。日食记还将继续开发新商品、细分已有商品,包括升级包装。"现在无论是上新还是更新包装,都能带动商品的销量。"

2018年,内容出身的罐头场正式成立电商团队,日食记天猫旗舰店和微信小程序相继上线。从内容矩阵到涉足电商变现,这是"内容—电商—线下"三级跳中最重要的一环。

作为美食视频类内容,《日食记》系列视频集均播放量约2 000万,其中贡献量最高的是微博平台。微博用户可以通过橱窗链接的功能直接跳转到淘宝平台购买。而微信小程序则可实现微信端的直接购买,不用再去淘宝或其他平台搜索,一定程度上减少了跳失率。姜老刀说:"小程序在微信端带来了非常大的销售增长,之前推产品都是通过淘宝,最后引流到淘系,效果不如小程序。"

截至2018年第三季度,日食记电商业务较上年全年销售额增长200%。电商规模已经和广告规模持平,预计未来将远超广告收入。

电商之路势态良好，但日食记团队也面临着巨大的压力。"要对公司负责，你必须得赚钱。"罐头场 COO 陈竹聿说道。"干电商这行，节奏很快，压力很大。而且现在不光是收入的问题了，你要成为一个实实在在的品牌，还是得有实实在在的产品。"

启动 OMO 商业模式，进军线下店

线上内容已经成熟、拥有鲜明 IP 形象的罐头场，决定从快闪店做起，逐步走向线下。2018 年 11 月，前后筹备一年多的日食记线下体验店正式开业，同时启动 C 轮融资。

开业前一天，日食记在公众号发布线下体验店开业的消息后，瞬间就达到 20 万+的阅读量。日食记线下体验店的工作人员对不远千里而来的客户，以及开店半天内被抢光的葱油面感到既雀跃又惊讶。这些慕名而来的粉丝，追随日食记，追随"酥饼"与姜老刀数年，日食记对他们而言，已经超出了商品买卖的层面。

日食记的首家线下体验店位于上海市南京东路的世茂广场，这一区域覆盖了游客及本地化的流量。日食记所在的第三层被商场划归为生活方式体验区，此外日食记的店铺空间分为零售体验区、水吧区、面档区、互动体验区四大板块。其中，水吧区和面档区基于自主 IP "日食记"与《深夜一碗面》进行延伸，主要做 IP 节目内容的线下体验。而零售体验区与互动体验区主要用于展览、合作和用户活动；目的就是打通线上和线下，并通过线下为线上引流。结合不同的区域，围绕早餐、下午茶、深夜一碗面等主题，经营团队配备了酱料、面等直营产品，也有优选的餐厨用品，保持每月更新。

开业当天中午 11 点，两位女生拉着拖杆箱来到了日食记线下体验店，进门前先在门口与"酥饼"的雕塑合影，再环走整个体验店，来到日食记的厨房打卡点，摆弄厨具，拍照、合影……等到面档区开锅，立即凑过去占了座。这两名 90 后女生从天津专程坐动车来上海，仅仅是为了来日食记的线下空间打卡(见图 1)。

这一空间并不是以销售为核心的，而是将日食记"一日食，一月记，一季事"的品牌精髓通过以上四个板块，以及定期更换不同主题的活动进行输出，在陈列中将视频中的生活美学场景化，试图在这个 380 平方米的空间里，传达好好吃饭的生活方式。

图 1　日食记线下体验店

"零售店不会是我们的商业核心,对于它的设定也并非是卖货层面,而是制造场景将我们线上的品牌以及 IP 认知进一步深化,让用户从看到到体验到。"姜老刀说,线下的作用在于赋能 IP,让 IP 拥有更大空间的商业化。

品牌合作

除了自身 IP 打造方面的品牌营销,日食记还积极与知名品牌合作来整合可见范围内的市场资源,扩大品牌影响力、赋能 IP。

2017 年,日食记与上海又伊鲜食品有限公司联合推出一款酱油,两瓶装售价达到 168 元,限量发售 500 件,并被迅速抢购一空,而在又伊鲜的官方店铺中,年末促销同等品质的酱油买二赠一,核算下来两瓶需 91 元,而月销量不过 40 瓶左右,由此可见品牌合作与再包装在这过程中起到的重要作用。

2019 年 1 月,日食记联手统帅电器,在上海世茂广场的日食记线下体验店打造了"新年心味治愈所"主题快闪店,引导年轻人用不一样的方式过新年。

统帅电器作为年轻化的家电品牌,用优质产品为用户打造时尚简约、悠闲舒适的生活,主张"轻时尚、悠生活",与日食记"温暖、治愈"的调性不谋而合。

统帅电器依托"撩拨"大众情绪从线上延续到线下,现场定制场景,在场景中渗透家电功能。

快闪店内开展"用故事换美食"的创意玩法,吸引了众多年轻人前来书写自己的故事,换取的奖品则放置在统帅的冰箱和冰吧中,用于饮品的DIY制作,这样一来,在为用户营造新鲜、有趣体验的同时,也可以使用户直接触达产品,获得产品使用的直观感受。最终收集到的近千张饱含美食回忆的温暖故事卡片,都在诉说着年轻人的态度。

一系列营销活动通过"线上聚客、线下体验、终端引爆"三部曲,成功将口碑反馈到线上,最终形成完美的营销闭环,从方式、情感上响应年轻人的诉求,满足年轻人对于新年的期待以及对于生活的愿景。

OMO 的机遇和挑战

日食记线下体验店作为线上IP的延伸,是优质内容近距离接触用户的桥梁,能够与用户建立直接的责任感。同时,对于商业地产来说,自带流量的内容品牌也能给项目本身带来一定的更新升级,吸引更多的年轻消费者。

虽然理论上看似并没有什么问题,这个模式从逻辑上也经得起推敲,但仔细想想,自媒体变现的模式那么多,哪条路上都有不少先行者在做;而到目前为止还没有出现一家特别成功的,所以日食记的这个做法也算是一种冒险的探索。这条路能走多远、走多宽,对团队整合线上线下资源、良好应对面临的机遇和挑战,仍是巨大的考验。

OMO 的机遇

粉丝经济[①]的优势

作为全平台推出的视频内容,《日食记》每周同时在微博、微信公众号、

---

① 张嫱在其著作《粉丝力量大》中对粉丝经济的定义:粉丝经济以情绪资本为核心,以粉丝社区为营销手段增值情绪资本。粉丝经济以消费者为主角,由消费者主导营销手段,从消费者的情感出发,企业借力使力,达到为品牌与偶像增值情绪资本的目的。

YouTube、B 站等各大视频分享网站发布,粉丝受众范围广泛。《日食记》高度生活化的叙事,为观众提供了自我代入的空间,观看视频成为一个情感交流的过程。正是这种情感的交流,使得粉丝们围绕"日食记"这一主 IP,形成了紧密的社群,社群内形成一种紧密的情感上的互通和认同,在传播过程中自动实现为品牌增值。有的粉丝甚至自发成立了"稽查小组",搜寻内容侵权者,并加以警告。日食记也会经常在微博等社交分享平台与粉丝互动,利用微博抽奖等活动给粉丝送福利,同时会不定期举办征集评比活动增强粉丝黏性。

日食记广泛的粉丝群(也作为 IP 的潜在消费者群)在增大 IP 传播量的同时也大大缩减了传播周期,使得流量变现不需要持续的大投入,因为在互联网上每个潜在使用者都可以成为再传播的发起者,凭借这种自主传播势能,IP 可以在实现快速且可持续的传播同时有效地降低后期传播成本。

OMO 最大的优势在于线上部分,依靠优质内容积累起的线上声量和追随者,是日食记敢于走到线下最宝贵的资本。对于刚落地不久的日食记线下体验店,罐头场不需要做出太多额外的宣传,只需要保持《日食记》正常的每期更新,通过互联网线上自媒体的扩散作用,维持稳定的粉丝数量增长,其 IP 便可以保持有效的传播。

IP 形象得到深化

IP 作为互联网传播下的产物,鲜明的个性是其最大的魅力所在,如迪士尼的米奇、日食记的"酥饼"。"人格化"的特点自带流量,在引爆后,可以同内容相互成就。

日食记最开始作为线上活跃的网红美食账号,传播当下饮食文化。通过食与情的结合,这种颠覆传统的美食节目本身就刺激了消费者个性化、人格化的发展,而在粉丝的呼声中日食记的"落地"进一步强化了这种需求。

日食记线下体验店中部的体验区用来播放《日食记》等罐头场内容矩阵中的视频内容,"一日食,一月记,一季事"的品牌精髓将通过空间区域以及定期更换不同主题的活动进行输出,在陈列中将视频中的生活美学场景化。对粉丝而言,以前只能通过视频感受到的美好生活方式如今可以在这个 380 平方米的体验空间获得零距离的情感交流和价值体验,这不仅让粉丝与日食记的情感联系更紧密,日食记的温暖调性、IP 形象也进一步被强化。

线上线下流量双向融合

日食记线下体验店的开业,可以帮助日食记微信小程序将线下流量引流到线上,实现从线下消费到线上消费的无缝衔接。

在日食记线下体验店里,凡是线下陈列且在线上有销售的零售产品,都有专属二维码供客户扫描。客户来逛线下体验店的时候,可以选择现场购买,直接带回家,也可以选择线上购买,扫描二维码,把商品加入购物车后送货到家。日食记团队可以依据小程序下单情况,追溯线下引流线上的销售情况。

OMO 的挑战

高昂的运营成本

姜老刀说,在线下体验店一年的筹备中,花费他们最大精力的就是线下选址。线下店有轻餐饮模块,有零售模块,还有社群活动模块,需要一个较大的空间。此外,日食记品牌本身是面向全国客群的,所以需要一个非常中心的位置。最终,上海世贸广场看中了"日食记"的 IP 影响力和线上带来的流量,给到日食记 380 平方米的面积。

上海世贸广场作为"魔都潮流枢纽",是上海的黄金地段,租金高昂。从门店选址、装修、供应链、仓储到服务、租赁等,每一样都需要投入大量的人力和资金。COO 陈竹聿也提到,初次开店的确踩了坑,仅是设计图纸就因为药监、消防等原因多次改版,打通线上线下的收银、库存、营销管理系统更是花费了不少力气。线上优质内容的生产,与线下需要更多的人力物力、面对更多相关部门的监管,这些都是完全不同的商业行为。罐头场团队作为一个视频制作团队进行跨界,可能会隔行如隔山式地步入误区。但如果聘请外部团队的话,又会面临对方无法完全诠释自己品牌理念的问题。

此前罐头场的电商生意势头良好,在供应链、库存方面积累了经验,线下门店相当于分仓,压力不会太大。但姜老刀表示,未来还将深耕食品供应链。

线上特征在线下衍生不足

"日食记"线上 IP 的打造很到位,特质鲜明,温暖治愈,但发展到线下却面临衍生不足的问题。

姜老刀表示,在面档区只提供五个座位是为了给客户提供更好的体验环境,但这却让不少客户失望和沮丧。客户们前来体验,都希望能品尝店内的食物。在用餐高峰期,店内员工不够,客户们需要等待很久才能吃上一碗面,而且经常没有空位,只能排队等候或站着就餐。罐头场作为视频制作团队,在线下体验店的运营管理方面并不专业,很多时候服务不到位,让客户体验极其不佳。

除此之外,还有客户反映面的味道、质感,都不如预期的好。粉丝期待在线下体验店中能体验到《日食记》短片中温暖治愈的食物,而事实却只是吃到几种面食,这在一定程度上也降低了粉丝对于日食记的好感和期望。

大多数慕名而来的粉丝在店内拍照、打卡,人流量一多时,整个环境显得拥挤嘈杂,日食记"温暖治愈"的调性被稀释,不利于品牌文化的传播,粉丝转化率较低。

粉丝经济优势被稀释

线下体验店开张之前,"日食记"作为头部线上美食IP,全网粉丝超过3 500万。粉丝来自全国各地,而线下体验店此前只有上海一家。3 500万粉丝一旦分摊到线下,分摊到上海,再细化到可能光顾体验店的区域就微乎其微,粉丝经济的优势被稀释。

未来与挑战:日食记如何打破天花板?

姜老刀对线下体验店的扩张极为谨慎。线下体验店的坪效、四个功能区的引流程度及用户偏好,都需要不断测试;而线上线下的打通绝非是一套支付体系打通就可以实现的。

如果只是依靠过去的存量客户进行线下导流,这对于日食记的未来增长而言显然过于单薄。这四个板块严格意义上是对四种体验的一场测试。通过在380平方米的体验店中,运营四个板块来搜集数据,为之后开设的体验店的功能性和主题提供参照。

至此,日食记完成了线上与线下的整体商业化。进入到新空间的探索,罐头场面临的挑战会比之前更甚。对于姜老刀及其团队而言,"视频制作"是他们最擅长的领域,但线下体验店的水无比之深,整个"影视"基因的团队将面临一场集体大考。姜老刀将带领团队继续深水潜行,日食记未来的发展能否打破天花板,让我们拭目以待。

思考题

1. 日食记为什么会走 IP 变现的道路?
2. 怎样的初创企业适合走商业化转型道路?
3. 善于内容制作的日食记,应如何将线上流量引流至线下门店?

参考文献

[1] 菲利普·科特勒,加里·阿姆斯特朗.市场营销:原理与实践(第16版)[M].楼尊,译.北京:中国人民大学出版社,2015.

[2] 马浩.战略管理:商业模式创新[M].北京:北京大学出版社,2015.

[3] Andy Rohm, Fareena Sultan, David T. A. Wesley. Brand in the hand: Mobile marketing at Adidas. Ivey Product Number: 9B05A024(Ivey Publishing, Publication Date: 09/26/2005).

[4] Sayan Chatterjee. Airbnb: Business model development and future challenges. Ivey Product Number: 9B16M186(Ivey Publishing, Publication Date: 11/24/2016).

[5] Deborah Compeau, Israr Qureshi. Molson Canada: Social media marketing. Ivey Product Number: 9B08A014(Ivey Publishing, Publication Date: 10/23/2008).

[6] 杨红.消费主义视域下的美食短视频研究——以《日食记》为例[J].新媒体研究,2017,3(16):62—64.

[7] 李佩佩.美食类自媒体发展路径探析——以"日食记"为例[J].青年记者,2017(32):98—99.

[8] 陈万思,陈昊,沈梅华,杨朦晰.来伊份:电商时代的战略选择.案例编号:0-719-361(北京:中国工商管理案例库,2019年12月31日出版).

[9] 刘雪梅,曹启,刘红,杨阳,董明松,王薇荧.三只松鼠:人格化品牌IP的淬炼.案例编号:8-718-312(北京:中国工商管理案例库,2018年12月31日出版).

[10] 刘辛未.日食记:美食与猫,都只为温暖人心[N].经济日报,2018,17:1—2.

质量严控,信息优化

——每日优鲜"便利购"的供应链管理*

摘要: 本案例讲述了每日优鲜"便利购"在发展无人货架过程中对供应链的管理,引导学生学习针对无人零售这一新兴业态的供应链管理。通过叙述并分析"便利购"在冷链物流和供应商管理等方面的具体做法,掌握供应链成本控制方法,学习如何有效进行供应商关系管理。同时引导学生对现状进行分析和思考,思考无人零售业供应链优化的方向。

关键词: 供应链管理 无人零售 每日优鲜"便利购"

引 言

2017年10月31日,每日优鲜副总裁、无人货架"便利购"项目负责人李漾正在办公桌前忙碌着,仔细敲定"便利购"项目的每一流程。作为"便利购"核心竞争优势的供应链团队也不敢放松,谨慎仔细地梳理着商品上架名单,为即将到来的"百日会战"紧锣密鼓地筹备着。在这场竞争激烈的办公室"无人货

---

* 本案例由青岛大学商学院的王崇锋教授,青岛大学商学院学生许艳雪、刘慧卿、孟星辰撰写,作者拥有著作权中的署名权、修改权、改编权。本案例授权中国管理案例共享中心使用,中国管理案例共享中心享有复制权、修改权、发表权、发行权、信息网络传播权、改编权、汇编权和翻译权。由于企业保密的要求,在本案例中对有关名称、数据等做了必要的掩饰性处理。本案例只供课堂讨论之用,并无意暗示或说明某种管理行为是否有效。

架"战争中,作为具有供应链核心优势的参与者,他们都希望"便利购"能够脱颖而出……

背景介绍

作为2017年的风口之一,无人零售尤其是无人货架受到了资本的青睐。这一针对办公室场景的零售模式一经推出,便引来了"满城风雨"。阿里巴巴投资的盒马鲜生、新兴企业猩便利,无论是电商行业巨头还是传统零售商,没有人希望错过"无人货架"这个万亿规模的市场,在线上市场已饱和的情况下,纷纷瞄准办公室这一"空白"市场,以期在这一办公室大战中争得一席之地。

"便利购"是每日优鲜于2017年6月内部孵化出的项目,目标同样直奔无人货架这一市场而来。不过,李漾并不打算像其他的无人货架玩家一样,将精力过多地放到抢占市场份额上。按他的话来说,"诚然点位资源很重要,毕竟大的写字楼就那么多,每个公司容纳的货架也是有限的。别人进入早不怕,三个月后谁能真正留存下来才是见实力的时候"。而为了顺利留存下来,无人货架背后的供应链管理不容忽视,而这也是"便利购"的优势之一。

借助优势,主动出击

"'便利购'市场扩张在即,分秒必争,大家都快以办公室为家了啊。"短暂休憩之时,李漾顺手在办公室无人货架上拿了一袋面包,边吃边对同事调侃说,"不过我们一定会赢的"。李漾的信心来源正是"便利购"所依托的每日优鲜完善的供应链体系。

会战伊始,李漾就明确表达了目标:借助供应链扩展城市,升级人员。

"我们开始做'便利购'无人货架,但'便利购'不只是无人货架,我们叫无人零售。无人货架只是'便利购''全品类+全场景'的'双全'战略(见图1)里的小宫格,全场景包括办公室、写字楼、社区、园区、公共场所等,全品类包括长保食品、短保食品、早餐热食及其他。'便利购'是基于对建筑物级无人零售业态的打造,无人货架就是毛细血管,这对于我们物流体系、经营体系的打造很重要。"

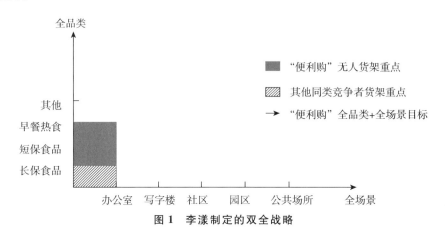

图 1　李漾制定的双全战略

资料来源:凤凰网科技,http://tech.ifeng.com/a/20180509/44985875_0.shtml,访问时间:2019 年 1 月。

其实,在上线"便利购"业务之前,每日优鲜就是做 B2C 的生鲜电商平台。生鲜不同于普通常温食品,由于难储存,其从生产到销售的时间必须尽量减少,因此对供应链管理的高要求不言而喻,而传统的"中心仓"模式由于距离远,在时效和成本方面的表现不尽如人意。

如图 2 所示,为了解决冷链物流问题,每日优鲜采取了"前置仓"模式,建立了"城市分选中心+社区前置仓"的二级分布式仓储体系①。商品经过城市分选中心品质控制、加工等环节,根据智能补货系统提供的补货系数,被分发到各个前置仓。配送员从前置仓提货,不需要冷链来进行低温保鲜,避免货品过度包装,在商品品质、配送速度、仓储成本等方面都具有优势。

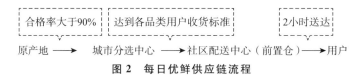

图 2　每日优鲜供应链流程

"借助第三方物流的快递模式不仅做不到'极速达',而且由于是合作关系会导致订单反馈慢。但是我们利用自有的冷链体系,不仅能解决时效问题,

---

① 在华北、华东、华南等地区建立城市分选中心,并根据订单密度在商圈和社区建立前置仓,每个前置仓覆盖周边半径 3 公里。

还能提供多种生鲜产品,这是其他'无人货架'做不到的。"因此,每日优鲜毫不犹豫地成立"便利购"项目,由李漾负责,一个开始主攻办公室无人货架业务的百人团队成立了。

"百日会战":从供应链源头把控质量

业内普遍认为,无人货架领域拓展点位数是决定项目生死的"死穴",而供应链能力是"生穴"。[①] 对于李漾来说,相比纯数量的比拼,每日优鲜"便利购"强调点位质量和服务提升的深耕细作更有意义。供应链能否匹配点位拓展速度,直接影响了无人货架是否具有可持续发展的能力。

同时,在他看来,"客户第一、用户至上"是零售的初心,无人货架的本质依然是零售,更要坚持提供优质的商品。无人货架和供应链的长足发展必须坚持优质,而质量要从源头上把控。"我们更看重高品质的客户留存、高频次的客户复购,这些因素在点位优化升级的竞争中占据了更大优势。每日优鲜要做的是'无人零售领域的优质服务商',从选品、补货方面都要让用户满意,绝不仅仅是摆一个货架,随便放一些商品堆上去就行。"

正因如此,在备战"百日会战"之时,李漾重点强调了要从供应链源头把控商品质量,坚持与优质供应商合作。良好的供应商是良好的供应链的保证。

在"便利购"无人货架中,牛奶、水果等生鲜的比例不小,需求较大,加上原来的每日优鲜市场,其单品采购量极大,因此每日优鲜实施集中采购。平均单品的采购规模在200万单以上,产地的分布除了国内,还在30多个国家(地区)进行海外直采,产地直采比例达到50%。虽然追求优质产品,但是由于采集规模大,相较于其他无人货架企业,"便利购"产品成本并没有提升太多。

为了跟产地建立更好的合作关系,每日优鲜创新地提出了"三0计划":0费用,一次性把价格给到位;0退货,虽然品控要求严格,但只要品质优良、验收合格就不会因为没卖掉、滞销而退货;0账期,给供应商提供更快捷的付款支付,做到T+1的回款。

---

① 详见网页 http://tech.caijing.com.cn/20180510/4450911.shtml,访问时间:2018年7月。

几多欢喜几多愁

借助供应链优势,"便利购"团队成员开始了大规模的点位扩张,"百日会战"进行得如火如荼。

"我们最近进展不错,因为能够在2平方米内布局全温区货架,SKU达到近100个,又能提供优质生鲜,很多公司都看中了我们的商品种类多于别家,而且价格又明显便宜,所以很愿意用我们的货架。"午饭后间隙,"便利购"团队成员小张熟练地从公司内部无人货架上买了几包薯片,一边分给大家一边说道。

"确实,尤其是无人零售讲求科技赋能,而我们的货架可以把所有的数据采集、整理且运用。补货算法依靠用户购买行为,同时依托前置仓,完全做到'日补',用户体验完全领跑行业。优质供应商加前置冷链物流,恰恰是众多无人货架项目所不具备的。"负责物流的小赵接过薯片,附和道。

不远处李漾听到团队员工的讨论,结合这段时间无人货架的使用反馈,心情却不似员工那般轻松。

他知道,零售业态发生从大店到小店,从大仓到小仓等不同业态的转变,它有一个共通性,就是离人越来越近,颗粒度越来越细,给用户提供的即时类消费效率越来越高。所以,尽管"便利购"无人货架的供应链上游和物流方面已经做得不错,但是在靠近用户的供应链尾端,李漾觉得依然有很大的改进空间。

想到最开始要求"日补"的时候,因为快速迭代,人员没有完全补充上,偶尔出现补货不及时而遭到撤柜的问题,李漾仍感到后怕。也因此,"便利购"除了迅速补充人员,还专门建立客户体验团队,提前跟客户做预沟通,提前做供需的预测,并不断改进无人货架后台拥有的库存体系和补货算法,以迅速跟进用户需求。同时,由于大仓、微仓、基础建设设施都是和每日优鲜共用的,补货高峰期结合每日优鲜配送人员的配合,这些构成了"便利购"在无人货架供应链方面的高壁垒。

"配送人员每天5点就要起床进行配送,虽然很辛苦,但是我们却必须这么做。当我们逼着自己做'日补'时,竞争对手会比我们更难受。"李漾这么对自己的团队说。

未来与挑战：便利购如何应对潜在风险？

"百日会战"初战大捷，可李漾并没有感到放松。无人货架是个看起来门槛低、实际门槛很高的行业。随着竞争的加剧，不具备供应链能力、高效运营能力和稳健拓展能力的团队逐渐退出，行业的热度看似在降低，但对于持续发展中的每日优鲜"便利购"团队来说，挑战仍在加剧。"便利购"的供应链体系末端还要继续优化；借助无人货架库存体系算法，还要针对供求信息进行优化……

"下大雨了，站在一楼的人很担心会不会被淹，但是上到五楼的时候你会发现风景好美。"这是李漾最近从管理大师拉姆·查兰的《执行》中所学到的。虽然每日优鲜"便利购"借助完善的供应链优势，目前已取得了很好的市场成绩，不过望着公司的无人货架，想到在"便利购"所在的科技园社区对面大厅里摆着的那台猩便利无人货架，李漾还是颇感压力。面对已打到家门口的竞争对手，李漾闻到硝烟渐浓……

思考题

1. 每日优鲜为何看中了办公室"无人货架"市场？
2. 你认为办公室"无人货架"竞争的核心是什么？供应链管理算不算？
3. 每日优鲜应如何应对其他"无人货架"企业涌入这一市场？

参考文献

[1] 苏尼尔·乔普拉,彼得·迈因德尔.供应链管理(第6版)[M].陈荣秋等,译.北京：中国人民大学出版社,2017.

[2] 刘永胜,杜志平,白晓娟.供应链管理[M].北京：北京大学出版社,2012.

[3] 唐纳德·J.鲍尔索克斯,戴维·J.克劳斯,M.比克斯比·库珀,约翰·C.鲍尔索克斯.供应链物流管理(原书第四版)[M].马世华,张慧玉等,译.北京：机械工业出版社,2014.

[4] P. Fraser Johnson, Ken Mark. Supply chain management at Wal-Mart. Ivey Product Number: 9B07D001 (Ivey Publishing, Publication Date: 01/09/2007).

[5] P. Fraser Johnson, Ken Mark. Amazon. com: Supply chain management. Ivey Product Number: 9B18D017 (Ivey Publishing, Publication Date: 07/26/2018).

[6] Wiboon Kittilaksanawong, Aurelia Karp. Amazon go: Venturing into traditional retail. Ivey Product Number: 9B17M092 (Ivey Publishing, Publication Date: 06/28/2017).

[7] 杨立新,蔡萌.供应链管理模式下产业主体协同创新机制研究——以物美集团果蔬"农超对接"产业主体信息管理协同创新为例[J].科技进步与对策,2013,30(22):70—75.

[8] 杨歌谣,王晓娟.小型电商企业主导型生鲜供应链管理策略分析[J].商业经济研究,2017(05):78—80.

[9] 苗晓娜.供应链管理模式下连锁零售企业采购管理研究[J].物流技术,2012,31(07):127—129.

[10] 王崇锋,郑阳阳,刘欣荣,刘锦鹏.困境中突围:QCM库存优化之路.案例编号:5-519-331(北京:中国工商管理案例库,2019年12月31日出版).

[11] 王崇锋,刘欣荣,孟星辰,刘锦鹏.钢丝上的前行:沃讯特供应商管理的艰难抉择.案例编号:SCLM-0088(中国管理案例共享中心,发布日期:2019.09.27).

[12] 中欧商业评论.红海时杀入、99%同行无法盈利,它凭什么实现了一线城市的全面盈利?[EB/OL].(2017-10-23)[2018-08-31].https://mp.weixin.qq.com/s/9tg0yMws3mvRfEWsk7VIUw

[13] 商业评论.每日优鲜徐正:越是在这样的时代,越要学会用口碑的力量[EB/OL].(2018-03-14)[2018-08-31].https://mp.weixin.qq.com/s/dtNe9tW0G2ACAPA-Zg4Y_A

此间年少,静待花开

——区块链助力"星贝云链"价值共创*

摘要:资本市场对于区块链技术的追捧和拥趸使其尚处襁褓却已然无人不晓,以腾讯为代表的行业巨头对于区块链技术的青睐让一场全新的颠覆行动拉开帷幕,然而,火爆景况下掩盖的究竟是时代的机遇还是庞大的泡沫?本文通过描述基于区块链技术的"星贝云链"供应链金融服务平台的搭建过程,引导学生思考区块链技术对于供应链金融行业的影响以及平台商业模式中连接属性影响价值共创的内在机理。

关键词:区块链技术　供应链金融　平台型商业模式　价值共创

引　言

2018年2月3日,"2017—2018中国区块链风云榜盛典暨第三届中国区块链产业峰会"正火热进行。活动上,腾讯区块链业务总经理蔡弋戈正在发表演讲:"各位嘉宾、各位朋友,早上好。很荣幸有机会在这里跟大家做一次腾讯

---

* 本案例由青岛大学商学院的王崇锋教授、青岛大学商学院学生刘慧卿、晁艺璇、杨谨溪撰写,作者拥有著作权中的署名权、修改权、改编权。本案例授权中国管理案例共享中心使用,中国管理案例共享中心享有复制权、修改权、发表权、发行权、信息网络传播权、改编权、汇编权和翻译权。由于企业保密的要求,在本案例中对有关名称、数据等做了必要的掩饰性处理。本案例只供课堂讨论之用,并无意暗示或说明某种管理行为是否有效。

关于区块链应用的分享……我们目前的定位是希望通过区块链技术,连接企业资产和资金端,降低融资成本,打造普惠金融……传统供应链金融的模式存在诸多痛点,而区块链技术则能够很好地解决这些问题,可以说区块链技术将为供应链金融领域带来翻天覆地的变革……"

事实上,这并非蔡弋戈第一次提出将区块链技术应用于供应链金融领域,在2017年12月19日,腾讯与广东有贝信息科技有限公司(以下简称有贝公司)、华夏银行举办的战略合作发布会上,"星贝云链"——以腾讯区块链技术为底层打造的供应链金融服务平台已经公开亮相。

演讲完毕,回到座位的蔡弋戈心情久久不能平静。活动间歇,又有不少业界同仁与其探讨关于腾讯区块链的发展问题。当谈到"星贝云链"供应链金融服务平台时,其中一位同仁问道:"腾讯为什么要将区块链技术应用于供应链金融领域?基于区块链技术的'星贝云链'将如何创造价值?区块链技术的发展是否已到风口?"同仁一连串的问题将一贯能言善辩的蔡弋戈问得颇有些无奈,他一度欲言又止,"星贝云链将如何创造价值这个问题,自己在推动其建设过程中已经有了答案,但是站在腾讯的立场,我该怎么表达呢?"

初创:宝剑锋从磨砺出

区块链是一种按照时间顺序将数据区块以顺序相连的方式组合成的一种链式数据结构,并以密码学方式保证的不可篡改和不可伪造的分布式账本。从广义来讲,区块链技术是利用块链式数据结构来验证与存储数据、利用分布式节点共识算法来生成和更新数据、利用密码学的方式来保证数据传输和访问的安全、利用由自动化脚本代码组成的智能合约来编程和操作数据的一种全新的分布式基础架构与计算范式。

区块链技术自诞生以来就备受资本市场的关注,作为互联网行业的巨头,腾讯自然不甘落于人后。

2017年4月,腾讯发布了《腾讯区块链方案白皮书——打造数字经济时代信任基石》,旨在打造区块链生态。白皮书称:腾讯区块链在鉴证证明、智能合约、共享经济、数字资产等领域拥有多样化的应用前景,在为合作伙伴提供金融级区块链基础设施的同时,也为用户提供更安全、平等的产品服务。同时,

此间年少，静待花开
——区块链助力"星贝云链"价值共创

腾讯的区块链行业解决方案也于官方网站正式发布，并在同年9月首批首家通过了中国信息通信研究院可信区块链检测标准。2017年6月，中国银行与腾讯共同成立了"中国银行—腾讯金融科技联合实验室"，将重点放在基于云计算、大数据、区块链和人工智能等方面开展深度合作。

同样在2017年6月，腾讯区块链技术上线，相继推出共享账本、数字资产两大业务模型。共享账本用于解决信息共享的场景诉求，比如已经正式运营的公益寻人链；数字资产模型用于进行数字资产的发行、流通、赎回等交易记录，已经落地的数字资产场景主要是供应链金融，目前已经与某上市公司完成了业务测试。

2017年10月，腾讯加入总部位于加拿大的区块链研究所。2017年11月8日，在2017腾讯全球合作伙伴大会上，腾讯云正式发布区块链金融级解决方案 BaaS(Blockchain as a Service)。

2017年12月19日，在有贝公司、腾讯、华夏银行的战略合作发布会上，以腾讯区块链技术为底层打造的供应链金融服务平台"星贝云链"发布。星贝云链是国内首家与银行战略合作共建的基于区块链的供应链金融平台，也是国内首个基于大健康产业构建的供应链金融平台。

对于区块链技术在腾讯的战略定位，腾讯区块链业务总经理蔡弋戈表示，区块链属于腾讯创新业务中的一个板块，未来有可能会在不同领域产生影响。腾讯的目标是立足长远，从底层技术切入，一方面扎实储备技术基础，另一方面积极探索落地更多有价值的场景。自2015年年末以来，腾讯就开始研究区块链底层技术，目前腾讯区块链已进入商业化应用阶段，但是前期暂时不考虑盈利，做深、做透场景，做大影响力，是更重要的目标，未来时机成熟再做盈利的考虑。

作为一名技术人员，蔡弋戈在谈及区块链技术的创新时，可谓是滔滔不绝，他眼中闪烁的光芒和脸上掩不住的喜悦，无一不展示着腾讯区块链技术的突出优势。"我们腾讯区块链技术的核心价值有三点：第一是多中心化网状的结构；第二是信息透明，区块链上所有接触的信息对全网都是透明的；第三是不可篡改，任何技术只要写入以后，是不可改变的，在交易节点之间他们要在数据上、信息上实施欺诈，那是不可能发生的。区块链主要的优势是无须中介参与、过程高效透明且成本很低、数据高度安全，有助于达成信息共享，提升业务效率。有这方面需求的行业都有机会使用区块链技术……"蔡弋戈从自己团队研发的区块链技术中总结出了四个技术创新点：

（1）分布式账本。即交易记账由分布在不同地方的多个节点共同完成，而且每一个节点都记录的是完整的账目，因此它们都可以参与监督交易合法性，同时也可以共同为其作证。一方面避免了单一记账人被控制或者被贿赂而记假账的可能性；另一方面由于记账节点足够多，理论上讲除非所有的节点都被破坏，否则账目就不会丢失，从而保证了账目数据的安全性。

（2）对称加密和授权技术。存储在区块链上的交易信息是公开的，但是账户身份信息是高度加密的，只有在数据拥有者授权的情况下才能访问到，从而保证了数据的安全和个人的隐私。

（3）共识机制。即所有记账节点之间怎么达成共识，去认定一个记录的有效性，这既是认定的手段，也是防止篡改的手段。区块链提出了四种不同的共识机制，适用于不同的应用场景，在效率和安全性之间取得平衡。

（4）智能合约。它是基于这些可信的不可篡改的数据，可以自动化地执行一些预先定义好的规则和条款。蔡弋戈在阐述腾讯在区块链方面的战略思考以及腾讯在区块链方面的愿景时，曾认真地说道："区块链不能只谈概念，区块链真正的价值在于应用于行业，解决行业痛点。未来我们会力推区块链结合供应链金融的方向。信用于金融是根本，通过区块链的共享账本和智能合约能力，保证资金流向可溯源，信息公开透明，信息多方共享，消除很多由于信息不对称导致的不可控因素，重构供应链金融的信用基础。腾讯目前的定位是希望通过区块链技术，赋能小微企业，降低社会融资成本，提升资金配置效率和流动性。通过腾讯区块链技术和运营资源，来链接核心企业资产端和金融机构资金端，实现对小微企业流动性的支撑……"

聚焦：不畏浮云遮望眼

供应链金融就是在供应链中寻找出一个大的核心企业，以该核心企业为出发点，为供应链提供金融支持。一方面，将资金有效注入处于相对弱势的上下游配套中小企业，解决中小企业融资难和供应链失衡的问题；另一方面，将银行等金融机构的信用融入上下游企业的购销行为，增强其商业信用，促进中小企业与核心企业建立长期战略协同关系，提升供应链的竞争能力（见图1）。

虽然供应链金融在我国仍然处于初步发展阶段,不过受益于应收账款、商业票据以及融资租赁市场的不断发展,供应链金融在我国发展较为迅速。蔡弋戈表示,选择将区块链技术率先应用于供应链金融,并非贸然而为,而是和团队一起对多个行业做了详细的行业分析后慎重选择的结果。

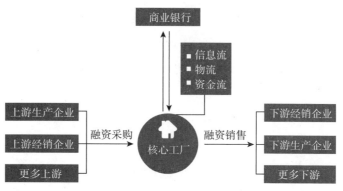

图1 传统供应链金融模式

资料来源:同盾科技,https://www.tongdun.cn/,访问时间:2019年1月。

政策支持

近年来,国家多部委频频发布支持供应链金融发展的政策,在充足的政策支持下,各路产业资本和金融资本踊跃投入到供应链金融大潮之中。供应链金融正在成为企业拓展融资渠道的重要途径。2016年2月,中国人民银行等八部委印发《关于金融支持工业稳增长调结构增效益的若干意见》。文件提到了两点与供应链金融有关的内容:第一,大力发展应收账款融资,推动更多供应链加入应收账款质押融资服务平台,支持商业银行进一步扩大应收账款质押融资规模。第二,探索推进产融对接融合,探索开展企业集团财务公司延伸产业链金融服务试点;支持大企业设立产业创投基金,为产业链上下游创业者提供资金支持。

2017年10月,国务院办公厅印发《关于积极推进供应链创新与应用的指导意见》,文件提出推动供应链金融服务实体经济,鼓励商业银行、供应链核心企业等建立供应链金融服务平台,为供应链上下游中小微企业提供高效便捷的融资渠道。到2020年,形成一批适合我国国情的供应链发展新技术和新模式,基本形成覆盖我国重点产业的智慧供应链体系。

供应链金融模式在一定程度上降低了金融机构贷款给中小企业的风险,中小企业在此模式下得以更便利地融资,而中小企业往往是核心企业的上下游合作伙伴,中小企业顺利融资也助推了核心企业的业务发展,这看起来是个多赢的模式,然而整个过程中的数据真实、风险控制是交易得以顺利进行的基石。

市场广阔

目前,供应链金融产业宏观环境利好、产业生态稳健繁荣。受益于主流金融服务的缺席,应收账款、融资租赁等金融业态的快速发展以及核心企业转型的迫切需求,供应链金融行业正处于高速发展的阶段。2017年8月,国资委发布《关于进一步排查中央企业融资性贸易业务风险的通知》,推动国企退出风险供应链金融领域,给予市场力量更大的空间。据统计数据显示:2017年,中国供应链金融市场规模达到14.42万亿元;预计2020年,中国供应链金融市场规模将达到27.01万亿元。[①]

传统供应链金融的痛点

传统供应链金融的痛点总结如下:

(1)传统供应链金融的逻辑只解决了一级供应商融资的问题,二级、三级……N级供应商的融资问题难以解决。在整个供应链中,各个参与企业间的ERP系统并不统一,有的企业ERP并不能联网,除了核心企业和一、二级供应商,中小企业的信息化程度比较低,信息不对称导致无法共享数据,金融机构难以获得有效的授信支持数据,也难以核实交易的真伪;此外在供应链金融中,最重要的就是依托核心企业的信用,服务其上下游中小企业,但是在多级供应商模式中,一级之后的供应商无法依托核心企业的信用做金融,信用无法传递给需要金融服务的中小企业,造成融资难、融资贵。

(2)供应链金融企业的发展受制于整个供应链行业对外的低透明度。供

---

① 详见网页 https://www.sohu.com/a/236891896_100012102,访问时间:2019年1月。

应链所代表的是商品生产和分配所涉及的所有环节,包括从原材料到成品制成再到流通至消费者的整个过程。目前的供应链可以覆盖数百个阶段,跨越数十个地理区域,所以很难去对事件进行追踪或是对事故进行调查。买方缺少一种可靠的方法去验证及确认产品和服务的真正价值,因为供应链普遍缺乏透明度,这就意味着我们支付的价格无法准确地反映产品的真实成本。

(3)供应商之间以合同方式约定的结算,没有办法通过系统化的方式自动完成,造成金融机构在多环节参与的供应链中没有强有力的回款保障。

(4)在生产制造过程中,大多数产品都是由多个零部件组成,涉及多个供应商。在核心企业支付的过程中,如果核心企业付款方式是商票,由于商票具有不可拆分的属性,只能完整地背书转让,供应商拿到商票后,无法分拆背书转让出去。而一级供应商没有融资意愿去服务其他供应商,因此核心企业的信用无法传递给产业链上的其他客户。

蔡弋戈表示,基于区块链技术不可篡改、不可抵赖的特性,建立基于底层技术的互信机制,连通核心企业、多级供应商、保险公司、银行、资产证券化等相关机构,能够打通供应链金融中的信任传导机制,将原本不可拆分的金融资产数字化,提升资产流动性,降低中小企业的融资成本。

虽然已经确定了率先尝试的行业,但蔡弋戈深知,距离区块链技术真正落地,还有很长的一段路要走,他开始着力寻找合作伙伴,希望借助腾讯的区块链技术,与合作伙伴一起,颠覆传统的供应链金融行业。

合作:同舟共济扬帆起

腾讯

区块链的共享账本和智能合约能较好地解决现阶段供应链金融需要大量透明信息的痛点,掌握区块链技术的腾讯自然希望切入这一领域。斯坦福大学终身教授张首晟在一次演讲中发表了自己对区块链领域的思考:"区块链技术也使得互联网时代到了一个新的分久必合、合久必分的时代。我们正是面临着区块链和去中心化技术给这个时代带来的这场新的革命。"随后,马化腾便转发了其演讲实录的文章到朋友圈,并评论道:"从物理学角度分析及用生命对比很有意思。"同时,他也说道:"按照生命理论,应该很多生命系统会不断演化淘汰。"

在"星贝云链"平台合作的过程中,腾讯负责提供当前最炙手可热的区块链技术。蔡弋戈表示:"星贝云链有来自腾讯区块链的技术支持,双方全方位、多维度共同打造供应链金融平台,通过腾讯区块链的共享账本和智能合约,保证资金流向可溯源、信息公开透明、信息多方共享,有利于重构供应链金融的信用基础,从而为'星贝云链'带来了技术优势。"

在大数据交易信用场景下,区块链在供应链交易场景中扮演资产确权、交易确认、记账、对账和清算的角色,同时区块链技术的防篡改能力,能有效规避舞弊风险。借助于区块链的共享账本和智能合约,"星贝云链"平台能够使交易过程可审计、可追溯,不可篡改,数据本身的安全性得到了保证。

蔡弋戈认为区块链技术具有个性化的特征,其使用的非对称加密和授权技术,使得企业公开哪些数据或者让哪些数据上链的决策,都能够被自定义,这也大大增加了流程中数据的安全性。在这样的区块链底层技术保护之下,大健康产业下游的中小企业入驻"星贝云链"平台的安全性得到了保证,但具体情况如何还需要继续观察。互联网金融平台点融网曾经做过估算,传统供应链金融公司大约仅能为供应链上15%的供应商们(中小企业)提供融资服务,而一旦采用区块链技术,融资服务的覆盖面能够拓展到85%。

华夏银行

近年来由于经济增速下滑、大众理财观念增强、互联网金融快速发展等因素的影响,华夏银行在面临同业竞争和互联网金融发展的双重压力下,不断寻求发展的契机。近年来,华夏银行以"中小企业金融服务商"为战略定位,在多年的经营中坚持与小企业同舟共济、共同成长,已经积累了大量的中小微企业客户信息数据。外部的竞争压力与内部的数据优势使"星贝云链"成为华夏银行弯道超车的绝妙抓手。

华夏银行希望依托产业链,开创积极稳妥的供应链金融服务模式,将金融资源更好地配置于有前景的产业。华夏银行此次对"星贝云链"的百亿级别的授信额度,是其对"星贝云链"运营模式的认可,也为"星贝云链"在资产端提供了足够的资金支持。华夏银行表示希望未来和"星贝云链"开展更深层次的合作,发挥华夏银行账户管理、支付等专项功能的经验优势,携手探索供应链金融创新的方向,真正做好安全、高效的围绕大健康产业实体经济发展的服务。

华夏银行表示,在合作之前,有贝公司也曾接触过其他银行,之所以没有达成合作,主要是因为银行方提出排他性要求,不允许"星贝云链"平台以后再加入第二家银行,而这样就失去了一个平台的作用,华夏银行则承诺"星贝云链"未来还可以吸纳其他商业银行的加入。

有贝公司

有贝公司的母公司益邦控股集团有限公司(以下简称益邦控股)是一家有丰富经验的供应链管理企业,聚焦大健康产业的精益供应链服务,其业务涵盖了精益供应链运营、供应链管理咨询、物流科技与装备、供应链综合金融、大健康产业地产等板块。有贝公司具有独有的产业数据沉淀、高效的外部数据共享及丰富的产业资源、交易场景数据积累。

"星贝云链"定位

"星贝云链"的定位为供应链金融4.0阶段,即在供应链金融3.0线上化社会化协同的基础上,结合内嵌于平台的区块链技术,发展为线上化、协同化、智能化的供应链金融。"星贝云链"依托大数据,解决了商业社会最根本的交易信用问题;通过系统智能化分析主动补充产业链流动性不足,以金融配置带动产业链流通效率的提升。

在三方合作的战略发布会上,有贝公司总经理刘黄锋指出,深度结合腾讯区块链技术的"星贝云链"将打通大健康产业链中的商流、信息流、物流、资金流,消除供应链信息不对称,真正实现四流信息真实有效、操作模式闭环、风险自动评估、贷后智能管理等。在供应链信用价值链重构的基础上,"星贝云链"希望能实现供应链金融全流程线上化、智慧化,高效打通金融和产业的壁垒。

盈利模式

对于"星贝云链"的盈利方式,刘黄锋表示"星贝云链"目前做的是信息中介平台,而不是信用中介平台,信用中介平台放贷给企业的利息会高于银行放贷给平台的利息,从而赚取利息差(见图2)。而"星贝云链"不加息,银行通过"星贝云链"提供的数据顺利做成一笔贷款交易,返还"星贝云链"服务费。"做信息中介平台,是政策更提倡的。"刘黄锋如是说。

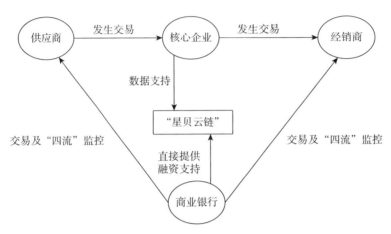

图2 "星贝云链"供应链金融模式

资料来源:作者根据相关信息整理。

发展远景

近年来,大健康产业频获政策支持,特别在中共中央、国务院印发的《"健康中国2030"规划纲要》中提到,推进健康中国建设是实现人民健康与经济社会协调发展的国家战略。继互联网产业之后,大健康产业成为中国经济的新引擎。据中投产业研究中心预计,到2021年,中国大健康产业的市场规模将接近13万亿元,在庞大的市场中抢滩,"星贝云链"有独特的优势。凭借其母公司益邦控股在供应链与大健康产业中积累的丰富资源优势,"星贝云链"围绕大健康产业龙头及其各级供应商、分销商、代理商、经销商及终端用户的采购、物流、销售、资金流等数据给予授信支持。

目前,"星贝云链"能提供的融资模式多样,既有基于供应链"物"流动性形成的物权质押、仓单质押融资模式,也有基于供应链信用势能和稳定性形成的订单质押、保兑仓等多种信用融资模式。

在发布会上,"星贝云链"凭借深厚的技术实力与独占鳌头的授信额度,初次亮相便得到多方认同,并达成了数笔战略合作。来自天津的天士力医药营销集团股份有限公司和青岛少海汇企业管理咨询有限公司,与有贝公司当场签订了战略合作协议。益邦控股董事长牛永杰表示,"星贝云链"未来将结合产业经济发展趋势,研判大健康产业竞争态势,创新性地开发更加丰富的供应链金融产品,同时加大技术研发和人员投入。"星贝云链"的目标是与腾讯区块链共同打造全国供应链金融平台标杆,基于大健康产业充分挖掘其上下游的客户资源,形成服务供应链上中小微企业的金融服务平台,带动产业链升级发展。

蔡弋戈始终认为"星贝云链"的前途必将是光明的,但是目前需要多方共同去努力,因为众多的竞争对手也正在采取行动,这将是一场残酷的较量。

竞争:山雨欲来风满楼

百度

同样在 2015 年,百度也开始布局区块链,探索区块链在金融领域的应用并组建团队。2016 年 6 月,百度投资美国全球性区块链技术支付公司 Circle。2017 年 7 月,推出 BaaS 平台——一个商业级区块链云计算平台,主要用于帮助企业联盟构建属于自己的区块链网络平台,也是业内领先的区块链开放平台。2018 年 1 月,百度金融官方透露,在推出半年后,BaaS 平台已支撑超过 500 亿元资产的真实性问题,成功应用于信贷、资产证券化、资产交易所等业务。

BaaS 平台依托于百度 Trust 区块链技术框架,致力于打造最具易用性的区块链工具。它依靠区块链底层技术特性,安全、高效、低成本地进行追溯和交易,适用于支付清算、数字票据、银行征信管理、权益证明和交易所证券交易、保险管理、金融审计等领域。同时,BaaS 平台将依据企业实际业务场景,对区块链各项目属性、模板和机制进行定制及灵活配置;支持高并发、低延迟的实时区块写入和查询,同时支持多副本复制、多实例部署,并保证数据一致性。此外,百度方面表示,BaaS 平台希望通过服务企业、机构及联盟组织,帮助实体经济通过区块链技术优化产业结构,提高运转效率,降低企业成本,提升产业普惠水平。

阿里巴巴

阿里巴巴作为电商行业的龙头,依托以蚂蚁金服为代表的互联网金融服务业和"互联网+"的发展基因,一直在有条不紊地推进在区块链方面的尝试,且多偏重于应用方面。目前,阿里巴巴已将区块链技术应用于公益、正品追溯、医疗等多个领域。

2016年7月31日,蚂蚁金服首席技术官程立在第六届上海新金融年会暨第三届互联网金融外滩峰会上宣布,蚂蚁金服尝试将区块链应用于公益场景,与中华社会救助基金会合作,在支付宝爱心捐赠平台上线区块链公益筹款项目"听障儿童重获新声",让每一笔善款可被全程追踪,未来区块链公益场景还将升级,把更多公益组织、审计机构纳入进来,便于审计,方便公众和社会监督。

2017年8月,阿里健康宣布与常州市开展"医联体+区块链"试点项目的合作,将最前沿的区块链科技,应用于常州市医联体底层技术架构体系中,期望可以通过低成本、高安全的方式,解决长期困扰医疗机构的"信息孤岛"和数据安全问题。

2017年10月11日,程立在蚂蚁金服金融科技开放峰会(ATEC)上首度披露未来的技术布局——"BASIC"战略,其中的B对应的就是区块链(Blockchain),同时,技术实验室宣布开放区块链技术,支持进口食品安全溯源、商品正品溯源等,第一个落地场景将是海外奶粉品牌的追踪,首先纳入追踪的是产自澳大利亚、新西兰的26个品牌的奶粉。

2018年1月,阿里巴巴上线区块链网站,主打"区块链+公益"。

古战场的刀光剑影已经黯淡,角斗场的鼓角争鸣已然远逝,但区块链技术的烽火却正在被点燃,前方的战场必将是硝烟弥漫。对于平台型企业而言,谁能够在这场战争中克服区块链技术落地过程中的技术难题,谁就掌握了竞争的利器;谁能够真正打造出一个共赢的平台生态圈,谁也就向胜利迈出了一大步,因为如今的竞争,已经不是个别企业之间的竞争,而是平台生态圈之间的竞争。

挑战：路漫漫其修远兮

蔡弋戈坦言道，"在打造'星贝云链'的过程中，我们的团队遇到了诸多技术上的难题，这是因为从区块链的进化程度来看，目前它依然处于一个较为初级的阶段。区块链作为一种技术只有结合与它产生联系的行业的特点创造出新的发展模式和逻辑，才能让它不再仅仅是一种外部技术，而是变成了一个内生性的存在。如果仅仅将区块链技术看作一种外部技术，而不同所在的行业产生联系，或许将会让区块链技术陷入换汤不换药的怪圈当中。所以我们团队致力于真正将区块链技术落地，真正运用区块链技术的优势来解决供应链金融行业的痛点，实现传统供应链金融模式的转型。不可否认，无论是眼下还是不久的将来，我们都会遇到更多、更复杂的难题……"

（1）区块链产业仍处在初期阶段，技术的正向价值逐步显现，但发展过程中可能对现行制度规范产生挑战。套用传统的监管模式会极大地遏制创新，无法发挥其应有的潜力。因此，迫切需要政府的管理理念由监管向治理转变，其基调应是鼓励创新，同时守住底线。

（2）技术与人才。区块链作为颠覆式的变革性技术的出现，促使墨尔本皇家理工大学（RMIT University）上线了澳大利亚首个该领域的课程。这个为期8周的课程名为"开发区块链策略"，由RMIT区块链创新中心和其他行业专家共同设计。虽然国外大学已经开设区块链相关的课程，但国内的院校却并未有所行动，目前市面上也没有足量的区块链人才。除此之外，区块链技术还处于发展的初期阶段，区块链的两个核心技术，即共识算法和加密算法，都存在很大的优化和完善空间。

（3）对于区块链的未来趋势，蔡弋戈表示，区块链未来最大的价值在于构建一个"价值互联网"，而不仅仅是"信息互联网"。不过，区块链要应用到实际场景中，还面临很多挑战。"区块链这个技术要结合商业社会才产生影响力，它其实需要很多建设：不单是整个技术本身的建设、突破，还有比如说整个配套的法律法规的完善，包括不同层面的技术的一个相互配套。此外也要让更多的从业者了解这个技术或对这个技术有概念。"具体来说：在技术层面，能不能规避传递方在提供服务的同时不获取客户的隐私；在商业层面，如何能被广泛认定在区块链上的认证比传统的中心化CA证书[①]更有效;在认知理念层面,大家对区块链的认知还停留在比特币暴涨和ICO[②]乱象,需要给予他们更多的时间和耐心去接受区块链场景化应用落地。

未来与挑战:相思相见知何日?

时间点滴逝去,大会也逐渐接近尾声。会议上,各位业界同仁的演讲引发了蔡弋戈的诸多思考,基于区块链技术的"星贝云链"平台未来将会走向何方?是将成为腾讯新兴的一大业务板块成功盈利,还是成为区块链噱头下的先烈?自己又将如何推动"星贝云链"平台的发展以使其健康发展并联合各方共同创造价值?蔡弋戈陷入了沉思。

"所有的新兴事物,必然会经历各种混乱、争论和复杂的利益纠葛,在这个过程中,要么无声消亡,要么破茧而出,区块链技术究竟是一场绚丽而庞大的泡沫,还是一次可遇而不可求的机遇,请让时间来告知一切!我们的大会到此结束,感谢各位!"主持人洪亮的声音打断了蔡弋戈的思绪,一时间,窗内掌声雷动。

回到办公室的蔡弋戈感叹道:是啊,世上本没有路,走的人多了也就成了路。新兴事物的诞生必然伴随着争议,但是腾讯作为行业的先驱者,必将走出自己的一条路!关于"星贝云链"的前景与未来,蔡弋戈的心中更加坚定……

思考题

如果你是一家相关产业公司的总经理,面对区块链技术的日益火热,你觉得:

1. 区块链技术值不值得公司重点发展?区块链的风口已经到来了吗?

---

① CA证书是指由机构Certification Authority颁发的证书,保证请求者与服务者的数据交换的安全性。该证书的特性包括:保密性——只有收件人才能阅读信息;认证性——确认信息发送者的身份;完整性——信息在传递过程中不会被篡改;不可抵赖性——发送者不能否认已发送的信息。

② ICO是Initial Coin Offering的缩写,意为首次币发行。它源自股票市场的首次公开发行(IPO)的概念,是区块链项目首次发行代币,募集比特币、以太币等通用数字货币的行为。

2. 区块链技术对公司的整体运营有什么影响,对供应链会有什么潜在的帮助吗?

3. 区块链技术未来的发展前景如何?

参考文献

[1] 宋华.供应链金融(第2版)[M].北京:中国人民大学出版社,2016.

[2] 马浩.战略管理:商业模式创新[M].北京:北京大学出版社,2015.

[3] 陈劲,郑刚.创新管理:赢得持续竞争优势(第二版)[M].北京:北京大学出版社,2016.

[4] Min, Hokey. Blockchain technology for enhancing supply chain resilience. Ivey Product Number:BH950(Ivey Publishing, Publication Date:01/15/2019).

[5] Sayan Chatterjee. Airbnb:Business model development and future challenges. Ivey Product Number:9B16M186(Ivey Publishing, Publication Date:11/24/2016).

[6] 江积海,李琴.平台型商业模式创新中连接属性影响价值共创的内在机理——Airbnb的案例研究[J].管理评论,2016,28(07):252—260.

[7] 朱兴雄,何清素,郭善琪.区块链技术在供应链金融中的应用[J].中国流通经济,2018,32(03):111—119.

[8] 江积海,廖芮.商业模式创新中场景价值共创动因及作用机理研究[J].科技进步与对策,2017,34(08):20—28.

[9] 哈佛商业评论.唐·塔斯考特:区块链代表着互联网的第二个时代[EB/OL].(2018-03-01)[2018-08-31].https://mp.weixin.qq.com/s/WgMY0JDxwGJQ4dVs7Splgg

[10] 中欧商业评论.区块链如何颠覆了传统金融的底层逻辑?[EB/OL].(2018-05-24)[2018-08-10].https://mp.weixin.qq.com/s/8icPa8j6xKdq9q0sjw0hOg

孕育生态，寻求突破

——腾讯并购 Supercell 手游公司*

摘要：腾讯成立于 1998 年 11 月，是目前中国领先的互联网增值服务提供商之一，作为主营业务之一的腾讯游戏历来都备受关注。在相当长的一段时间里，腾讯的所有游戏产品都倾向于自主研发。游戏行业一出现某个创新产品，腾讯马上就会跟进开发类似游戏，久而久之便背上了"抄袭"的恶名。在 2010 年轰动整个中国互联网界的"3Q 大战"之后，腾讯逐渐抛弃了"模仿、封闭"的方针，取而代之以"孵化、开放"的战略。通过投资参股的形式，腾讯不断培育着游戏业等领域的产业链，以打造一个属于自己的生态圈。芬兰的 Supercell 是一家近几年迅速崛起的手游公司，引起了腾讯总裁刘炽平的注意。他在仔细研究了 Supercell 后，决定要不惜巨资收购它，以此迅速打入欧美市场，为腾讯的国际化战略做铺垫。本案例主要描述了腾讯国际化战略下采取的并购尝试。

关键词：游戏　产业链　国际化战略　并购

---

* 本案例由青岛大学商学院王崇锋教授、青岛大学数学与统计学院学生朱海燕、青岛大学商学院学生晁艺璇、青岛大学数学与统计学院学生赵方凯撰写，作者拥有著作权中的署名权、修改权、改编权。本案例授权中国管理案例共享中心使用，中国管理案例共享中心享有复制权、修改权、发表权、发行权、信息网络传播权、改编权、汇编权和翻译权。由于企业保密的要求，在本案例中对有关名称、数据等做了必要的掩饰性处理。本案例只供课堂讨论之用，并无意暗示或说明某种管理行为是否有效。

孕育生态，寻求突破
——腾讯并购 Supercell 手游公司

引　言

随着一首现代风《十三五之歌》火遍网络，备受瞩目的"十三五"规划[①]正式出台。被外界称为"关键先生"的腾讯总裁刘炽平，他在"十三五"规划出台之前就心仪芬兰游戏公司 Supercell 很久了，心仪它多元化的团队、迅速增长的资本以及在欧美手游市场上的地位。可是多次收购洽谈的结果却是婉拒和巨额的收购资金，加上大多数股东们的反对，刘炽平对此次收购近乎丧失了信心。但"十三五"规划的出台像一股推力，使刘炽平终于下定决心为腾讯的游戏产业链赌上一把。

腾讯简介

猛力奔跑，山河初现

1998 年 11 月 11 日，在深圳市福田区华强北赛格科技园的一栋坐北朝南的老楼里，五个各怀才能的青年聚在一起商量着公司的分工。他们依次是寻呼服务高手马化腾、集成系统高手张志东、销售高手曾李青、法律能手陈一丹、信息通信能手许晨晔。五个人给新创办的公司取名叫作腾讯（Tencent），一是表示与通信有关，二是方便注册。

或许是上天有意眷顾这五位"孤注一掷"的青年，1998—1999 年，互联网像超级龙卷风，迅速席卷了中国乃至全世界。各种门户型、非门户型互联网模式如雨后春笋般悄然出现。中国互联网的开拓者们，当然包括这五位青年，似乎同时找到了迅速成长的路径。

虽然最开始的一年时间里，五位青年花大力气开发出来的寻呼软件市场遇冷，公司资金入不敷出，主营业务搁浅。但"创业之神"总是不按常理出牌，喜欢在极限的状态下挑战人们的意志力和想象力，然后不经意间给你露出一

---

① 这里指中华人民共和国国民经济和社会发展第十三个五年规划纲要，简称"十三五"规划。

丝缝隙。这五位青年成功地抓住了这一丝缝隙——OICQ（聊天工具），把当时国外传入中国非常赢弱的聊天工具 ICQ 进行了本土化改造和技术微创新，开发出了后来众人皆知的即时通信工具 QQ。

至此，腾讯正式走上了迅猛发展的轨道……

泡沫冲击，寻人募股

腾讯成立后的第五年，也就是 2003 年，伴随着互联网泡沫的冲击，很多早期创始人对腾讯的发展前景充满担忧，纷纷选择把手中腾讯的股票卖给南非的媒体公司 Naspers，于是腾讯不得不寻找专业团队进行公开募股。当时马化腾通过多方打听找到了刘炽平。刘炽平在首次公开招股发售、兼并与收购及管理咨询等方面有十多年的经验，由他领导的高盛团队接受了这次的任务。刘炽平又瘦又高、戴着眼镜，凡是听说过他的人，都对他尊敬有加。虽拥有三个名校的硕士学位，但他为人低调。在高盛为腾讯操盘上市的项目中，马化腾同刘炽平结下了深厚友谊。

马化腾和其他联合创始人多拥有计算机学科背景，但并没有多少国际经验，他们急需像刘炽平这样的人才，来帮助腾讯搭建可持续的公司业务战略。可是公司第一次抛出的橄榄枝并未成功地被刘炽平接受。

2004 年腾讯成功在香港上市，向众人展示了巨大的发展前景。马化腾和其他联合创始人，再次向刘炽平示好。这一次，刘炽平接受了腾讯的新工作——首席战略官，主要负责投资人关系及兼并与收购。

事实证明腾讯的选择是对的，刘炽平将美国公司的管理标准带到了腾讯，类似于设置营业收入目标、制订数字媒体与新媒体等业务未来五年的发展计划，将腾讯带到了一个新的高度，实现了营业收入的双倍增长。

2006 年，马化腾任命刘炽平为公司总裁，并负责公司的对外投资战略。

模仿创新，化零为整

随着人们生活节奏的加快、移动终端设备的普及、互联网数据库等各种新技术的运用和发展，这种移动化的生活方式导致零碎的"等候时间"不断增加，时间被分割成大小不同的方块。由此，碎片化时间的利用成了时间利用方式中的主流。人们越来越倾向于在无聊时,用手机来消磨时间。在信息碎片化时代中,打造出能满足用户成就感、好奇心等情感需求的产品,化零为整,将是腾讯进一步强大的必经之路。

在马化腾和刘炽平等人的规范化带领下,腾讯开始了对自身发展模式的探索,并将触角伸到了各个方面,实现了腾讯帝国的迅速崛起。

初期腾讯采取的是"化零为整"的战略,一步步纵向深入发展,以"用户为本,科技向善"作为企业愿景和使命。其中,娱乐性极强的游戏在腾讯的发展中更是功不可没。腾讯高级副总裁马晓轶曾在一次演讲中总结道:

> "今天在开始分享业务情况之前,请先让我们从一个特别的角度——用户角度,看看腾讯游戏取得的成就。第一组数据,首先是我们的用户数量,截至2008年年底,我们的累计注册用户手拉手,可以绕赤道整整20圈,非常骄傲有这么多的用户和我们一起享受游戏带来的乐趣。其次,想和大家分享腾讯游戏用户的游戏热情,2008年,腾讯游戏用户的手指在手机屏幕上划过的距离,达3亿千米,相当于在北京五环跑上300万圈,也差不多是从地球到太阳再回到地球的长度。最后,大家都知道游戏的乐趣在于与朋友一起互动和分享。腾讯游戏用户2008年在游戏内聊天产生的文字数达4万亿,这个文本量有多大呢?足以编成近4 000部四库全书,如果一天读一小时,全部读完需要20万年。
>
> 正是我们的用户对游戏发自内心的热爱,才创造出了这些惊人的游戏行为数据,同时它也是整个游戏行业过去高速发展的一个缩影,是值得每一个腾讯游戏人骄傲的成绩。"

虽然很多时候采取的是模仿创新的方式,但依靠庞大的用户群和流量红利,腾讯成功地在互联网开辟出属于自己的一片领土。

"3Q大战",战略转变

"到2009年前后,几乎所有来中国考察互联网的美国人,往往最后一站都会南下,飞到深圳考察腾讯公司。这是因为,在一开始的行程安排中并没有这家企业,然而,在每个站点的访问中,都会不断地有人对他们提及腾讯、腾讯、腾讯。于是,深圳便常常戏剧性地成为最后的、计划外的一站。

从数据和影响力来看,腾讯从2009年起开始扮演征服者的角色,也正是从此时开始,腾讯站在了暴风雨的中央,而它自己并未察觉。

在互联网丛林里,日渐强大、无远弗届的腾讯正膨胀成一个巨型生物,它的存在方式对其他的生物构成了巨大的威胁。在2010年的中报中,腾讯的半年收入比新浪、百度、搜狐、阿里巴巴四家收入之和还要多。种种对腾讯的不满情绪如荆棘一般四处疯长,随时都可能铺天盖地般地刺向腾讯。这种酝酿的情绪在一开始并没有对腾讯构成任何威胁。可是,危机总会在意料不到的地方引爆……

北京奇虎科技有限公司(以下简称奇虎360)创始人周鸿祎以一篇博文引爆了这次战争:"中国互联网很乱,丛林法则,弱肉强食。原因何在?就是因为中国的第一大互联网公司不愿意承担社会责任,反而是以流氓的方式对待竞争对手。如果你是个创业公司,模仿一下别人的产品,大家还可以理解,因为对创业公司来说,生存是第一位的。但是,你腾讯每年收入几百亿元,市值3000多亿元,却连团购网站这一点肉都不肯放过,也要跟几个创业的年轻人去抢。你可以吃鲍鱼海参,但总得给人留口稀饭喝吧。"

2010年9月27日,奇虎360发布了其新开发的"360隐私保护器",专门搜集QQ软件是否侵犯用户隐私。

相对于奇虎360方面老板亲自上阵和大打"道德炮弹",腾讯的行动则显得迟缓和陈旧得多。马化腾不可能也不愿意在新浪微博上与周鸿祎打"口水战",而整个腾讯决策层也没有一个人有这样的能力和勇气。起初马化腾提出的是"什么也不许说,但不能出负面新闻"的要求。但是面对周鸿祎的超限战术,马化腾最终决定予以反击:2010年11月3日,腾讯宣布在装有360软件的电脑上停止运行QQ软件,用户必须卸载360软件才可登录QQ,强迫用户"二选一"。

这种强迫的手段必然会增加用户的厌恶度,最终结果不是马化腾想要看到的。为此,腾讯正式宣布向法院起诉奇虎360不正当竞争,要求奇虎及其相关联公司停止侵权、公开道歉并做出赔偿。

2011年4月,法院做出一审判决,要求奇虎360停止侵权,30天内在360网站的首页及《法制日报》上公开发表声明以消除影响,并赔偿原告腾讯经济损失40万元。奇虎360不服,上诉至北京市第二中级人民法院。9月29日,法院维持一审判决结果。

"3Q 大战"是腾讯成立 12 年以来最惨烈的一次行动,马化腾在采访中表示:"3Q 大战是腾讯历史上最大的灾难,而且是人祸,不是天灾。"虽然赢得了官司,但是舆论上却没讨得半点好处,这让马化腾、刘炽平等不得不反思腾讯"化零为整,模仿创新"的战略是否正确。负责公司对外战略投资的刘炽平决定将腾讯带上国际化的道路,重点打造精品腾讯游戏,布局精品游戏产业链。

全球布局,精品之路

2010 年 11 月 11 日晚,马化腾通过内部邮件发布了致全体员工的信:"过去,我们总在思考什么是对的。但是现在,我们要更多地想一想什么是能被认同的。""我是一个不善言辞的人,所以通过邮件的方式与大家沟通。""公司成立以来,我们从未遭到如此巨大的安全危机。这段时间,我们一起度过了许多个不眠不休的日日夜夜。当我们回头看这些日日夜夜,也许记住的是劳累,是委屈,是无奈,是深入骨髓的乏力感。但是我想说,再过 12 年,我们将会对这段日子脱帽致礼……我们将尝试在腾讯未来的发展中注入更多开放、分享的元素。"

"也许今天我还不能向大家断言会有哪些变化,但我们将尝试在腾讯未来的发展中注入更多开放、分享的元素。我们将会更加积极推动平台开放,关注产业链和谐,因为腾讯的梦想不是让自己变成最强最大的公司,而是受人尊重的公司。"时任总裁,负责公司对外投资的刘炽平分析发现腾讯的全产业链投资特征在游戏领域显现得最为明显。腾讯已经打造了三个游戏运营平台——休闲游戏平台、竞技游戏平台和移动游戏平台,可以说是国内网游领域的集大成者,在国内网游市场,腾讯占据了半壁江山,其营业收入超过网易、畅游、盛大、完美、巨人等网游竞争对手的营业收入之和。但是在国外的投资与发展却略显疲乏,虽然中国的玩家和市场与国外的大为不同,但一个好的游戏首先是一个文化产品,能够打动用户的其实是游戏背后的情感共鸣。我们可以接受一个好的游戏在上市之初比较小众,但这个游戏应该具备主流的潜质,它的核心玩法一定要符合大部分人的情感诉求。

2010 年 12 月 5 日,马化腾受邀参加第九届中国企业领袖年会,发表了《关于互联网未来的8条论纲》的主题演讲。演讲内容主要为：

（1）互联网即将走出其历史的"三峡时代"，激情会更多，力量会更大。任何一个新鲜工具出现的时候总会引起社会的惊讶，以及很多关注，并且风靡一时。这个过程就好像经过长江三峡一样一路险滩，而在这个阶段过去之后，新鲜感逐渐丧失了。但是，这推动了社会结构的重塑，创新的力量将会排山倒海般到来。这个转折点出现的标志就是每一个公民都能够熟练地使用互联网这个工具。

（2）客户端将不再重要，产业上游的价值将重新崛起。

（3）"垄断"是一个令人烦恼的罪名，但有时候确实是一个假象的罪名。很多所谓的垄断公司，实际上在产业不断变革的时候，依然面临很大的危机。也就是说，在价值变迁迅速的产业里面，没有一个公司是可以高枕无忧的。所以说，挑战阿里巴巴、百度和腾讯，有人说是三座大山，有效方法不是建立一个类似的平台，形成一个新的垄断，而是能够顺流而上形成一个好的产业链。

（4）截杀渠道者仅仅是"刺客"，占据源头才是"革命者"。互联网将不再作为一个独立的产业而存在，它将融入传统产业之中。在互联网的作用下，产业链的上游将会变得越来越重要。也就是说，你拥有什么样的产品和服务是最重要的，而不是你拥有什么样的一个渠道。外界一直对腾讯有一个误解，说我们的核心价值就是有QQ，有渠道。其实，我们在很早之前就意识到这个是不可持续的。所以，我们就开始全力打造产业链的价值源头，也就是说你要有很好的优秀产品和服务及应用。

（5）广告模式是"产品经济"的产物，而产权模式是"体验经济"的宠儿。

（6）不要被"免费"吓倒。拥有"稀缺性"，就拥有了破解免费魔咒的武器。

（7）产品经济束缚人，互联网经济将解放人。

（8）云组织时代，"伟大公司"不见得是"大公司"。

在演讲的最后，马化腾宣布："从今天——12月5日起，腾讯公司将步入为期半年的战略转型筹备期，转型方向就是前面提到的。"腾讯下一步应该依托自己作为游戏运营商的强势地位研发精品游戏，同时在产业链的上下游进行投资并购。

孕育生态，寻求突破
——腾讯并购 Supercell 手游公司

事实证明，负责战略投资的刘炽平继续带领刚刚受挫的腾讯在并购的路上越走越远。

2010 年，腾讯联手风投基金 Capstone Partners，在韩国打包投资了七家游戏开发公司，总额近 1 亿元，其中就包括腾讯所代理运营的《QQ 仙境》的研发公司 Nextplay。

2011 年，腾讯以约 4 亿美元的总代价，收购了美国游戏开发商 Riot Games 公司 92.78% 的股权。在之前的 2009 年，腾讯曾入股 Riot Games 公司 7.5%，并且获得了该公司日后风靡全球的唯一一款网游《英雄联盟》在中国的独家代理权。

刘炽平并不满足于收购上游的游戏开发商，而是进一步蓄力收购游戏开发商的上游——游戏引擎公司。就在 2012 年，腾讯以 3.3 亿美元的代价，拿下美国 Epic Games 公司 48.4% 的股权，并且获得相应董事会席位。该公司作为全球知名的网游公司，其研发的虚幻 3 游戏引擎，为全球无数的网游开发公司所采用，客户几乎包括了世界上所有的大型游戏开发商，如微软、索尼、EA、THQ、NCsoft、Webzen 等。

除了上游的游戏开发及游戏引擎，刘炽平还带领腾讯向下游——游戏渠道和游戏辅助延伸。比如，2012 年通过收购新加坡 Level Up 公司，腾讯掌握了巴西、菲律宾及美国部分游戏分发渠道，同年收购的 ZAM Network，更是知名的游戏插件社区。

在传统端游之外的手游领域，腾讯同样是全产业链并购。比如，2014 年耗资 5 亿美元入股的韩国 CJ E&M 旗下游戏公司 CJ Games，便是知名的手游开发商，其开发的游戏曾长期位居韩国各大排行榜前列，腾讯目前在微信及手机 QQ 平台上运行的《全民砰砰砰》，即出自该公司之手。不仅如此，在此次收购交易中，CJ Games 还将合并 CJ E&M 旗下的游戏发行部门 Netmarble，腾讯自己开发的手游此后便可通过此渠道进入韩国市场。此外，腾讯 2012 年收购的韩国 Kakao Corp 也是手游渠道分发商。

实际上，腾讯的全产业链并购并不仅仅体现在游戏领域。自 2010 年以来，其在电商领域及移动互联网领域的并购，基本都是全方位出击，全产业链布局。其中对网络游戏的并购始终如一，并购的力度和范围以 2010 年为分水岭，近几年维持高位，如图 1 所示。

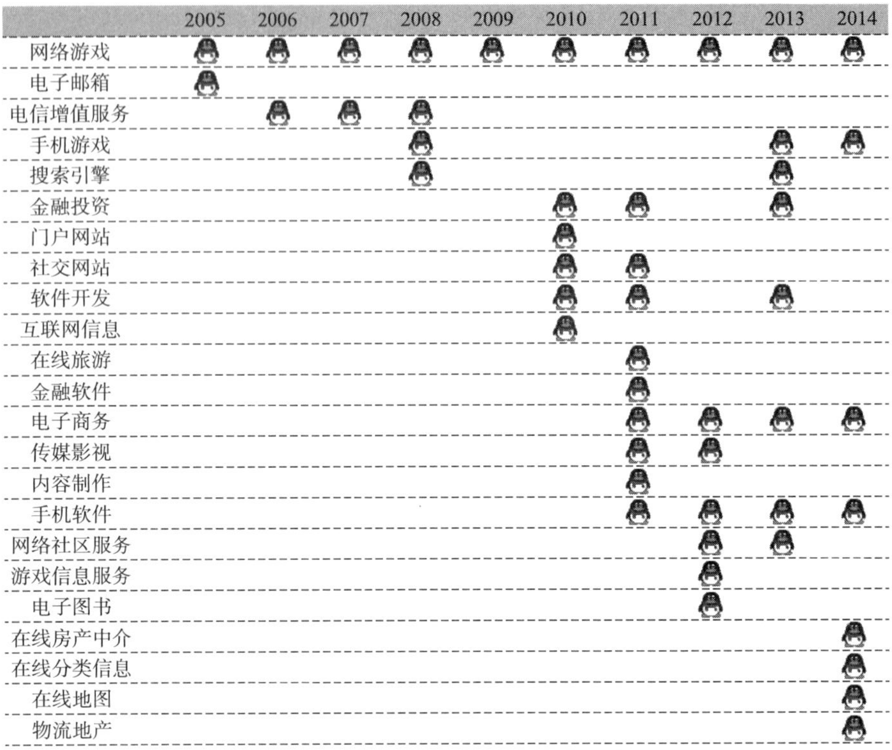

图 1　腾讯历年并购领域分布

精品迭出,缘定是你

　　Supercell 是芬兰的一家移动手游公司,坐落在美丽的赫尔辛基。2010 年 5 月 14 日,刚成为总裁不到半年的埃卡·潘纳宁(Ilkka Paananen)和其他五人一同离开公司,在 Niittykumpu 地铁站附近一间 30 平方米的小型公寓中创立了 Supercell。Supercell 意为"超级细胞",潘纳宁希望公司能像人体最基本的功能单位——细胞一样在手游市场变得不可缺少。同时也希望公司可以像细胞一样充满生命力。潘纳宁等人希望建立一个不同于大公司体系下的游戏团队,所以 Supercell 的核心理念之一就是小:他们希望能以 5 人左右充满激情的小团队制作出很棒的游戏,进而吸引大量玩家,所以公司员工均划分成 5—10 人的工作小组,工作效率极高。

孕育生态，寻求突破
——腾讯并购 Supercell 手游公司

"曾有一段时间，尤其在社交游戏领域，人们认为只要有详细的数据分析表格就能够做出好游戏，创意和策划并不是最重要的，因为很多公司只是靠数据做决策，但是做游戏仍然是一种艺术，而不是某一种学科，电子表格里做不出有趣的游戏来，如果想要长期在游戏领域立足，不做有趣的游戏，就没有未来。"潘纳宁从不排斥数据分析，但认为游戏有趣是更加重要的。Supercell 从创立伊始就立志做有趣的游戏，这点也是刘炽平最看重的一点。

受 Digital Chocolate 企业多元文化的影响，潘纳宁在 Supercell 发展的过程中一直致力于创造多元宽松的企业文化，以此激发公司强大的创造力，所以 Supercell 的员工来自 30 多个国家，文化背景各不相同，这使得团队在开发游戏时总能创意百出，这点和腾讯的模仿并超越的策略完全不同。

在产品研发与公司发展过程中，潘纳宁将原先就职的公司中的组织文化复制到了 Supercell 中。像 Digital Chocolate 那样，公司采用了扁平式的架构：公司内没有人有专门的办公室，所有人都坐在一个开放空间里；没有大公司里常见的官僚体系和烦琐的流程管理，而是将权力下放到团队和每一个成员手中，让他们自由地发挥关于新游戏的想法，而这也成为 Supercell 成功的关键。

截至 2017 年年底，Supercell 只有 4 款游戏在运营：《皇室战争》《部落冲突》《海岛奇兵》和《卡通农场》。然而，令人惊叹的是，仅凭这 4 款游戏，SuperCell 就可以一年做到 20 多亿美元的营业收入，以及 5 亿多美元的利润，利润率达到 27%。人均贡献高达 0.137 亿美元，这远远高于当时全球十大手游公司。

Supercell 近年来异常优异的表现刘炽平都看在眼里，当他亲身体验过 Supercell 的游戏《皇室战争》后，他敏锐地捕捉到了背后的价值。Supercell 视精品为生命的经营哲学，把多元文化融合得如此不留痕迹的本领，以及有强大创新能力的多元化团队，对于腾讯这种长期采用内生性模仿并超越方式的庞大帝国来说，尤为珍贵。

另外，Supercell 的产品研发哲学，对于腾讯来说几乎不可复制。150 多人的团队，实现了 20 多亿美元的营业收入，这对于腾讯来说几乎是不可实现的。而这种连续多年的稳定营业收入表现，更难被腾讯复制。刘炽平意识到，Supercell 有着较为雄厚的资本，收购 Supercell 对提升游戏业务收入、弥补创新不足大有裨益；最重要的是，Supercell 在美国和欧洲手游市场占据着牢固的地位，具有很强的影响力，一旦收购 Supercell，腾讯的国际化扩张道路将更为平坦。

困难屡现,峰回路转

2013年10月,日本软银集团和日本手机游戏开发商GungHo,共同斥资15亿美元获得了Suprcell公司51%的股权。这家150多人的公司,被估值为30亿美元。这个数值甚至一度超过了拥有逾2 000名员工的Zynga。如此高的估值让刘炽平在内的腾讯高管们心里一阵犹疑,在同Supercell高层洽谈之后,Supercell更是给出了86亿美元的估值,当刘炽平把这个数字告诉各位股东们时,股东们瞬间炸开了锅,除马化腾赞成外,多数股东并不同意这一收购。

股东们认为游戏CP(内容提供商)五年而衰的问题十分常见,国外有Zynga市值缩水80%的例子,国内也有盛大、畅游红极而衰的事实。移动CP像博雅互动更是跌得一塌糊涂。游戏公司出爆款本身就是个掺杂着运气和实力的事情,谁也说不好Supercell能否一直如此有创造力。如果腾讯还未收回成本就已被Supercell拉下水,到时候岂不是赔得一塌糊涂?

Supercell目前确实是手游行业的顶级公司,但很难说3年后的Supercell不会进入发展疲软期。加之游戏市场千变万化,爆红与衰朽本就一线之隔,Supercell最终给腾讯的利润说不准连当初的收购资金都填不平。

总之,花86亿美元收购是个赔本的买卖,而且风险还极大。

除了来自资金和双方管理层方面的阻力,还有一个不可忽略的重要角色:孙正义旗下的日本软银集团,Supercell当下的"三好股东"。在与Supercell高层洽谈并购事宜时,刘炽平了解到软银集团在给Supercell当老板期间表现极好,给予其完全自主的运营权,福利待遇更是无可指摘。双方顺畅的合作关系让Supercell并无意愿更换老板。之前不乏阿里巴巴这样的巨鳄前来并购,但都以失败告终。

就像黑夜过后就是黎明一样,希望也总于峰回路转处闪现。

自软银集团2013年收购Sprint公司以来,日子就一直不好过。由于运营失当,软银集团已身负1 000亿美元的债务,为了给Sprint公司输血,缓解自身债务压力,先是对阿里巴巴的股份持续减持,之后不得不宣布抛售现金奶牛Supercell。这无疑给了刘炽平等人一个照亮黑夜的火把。

刘炽平回国后继续做股东们的工作,直至股东们最终同意收购。

孕育生态，寻求突破
——腾讯并购 Supercell 手游公司

经过多轮博弈，历时一个月，腾讯和 Supercell 终于顺利完成了互联网史上最大的一次收购。

收购完成当天，潘纳宁立即发了一个公告，向大家宣布这个好消息：

"大家好！这里我希望写一个快报，宣布这个世界上最公开的秘密，没错……全球最大的游戏公司腾讯收购了软银集团在 Supercell 的所有投资并且成为我们新的合作伙伴。

过去的一个月以来，有关收购的流言在全球传得人尽皆知，所以我希望借这个机会告诉你们到底发生了什么，为什么会发生这件事，以及是什么让我对这次的合作如此激动。

开始之前，先说下背景。不久之前，孙正义（软银集团创始人，我们之前的公司主席）告诉我，如果我们能够找到新的合作伙伴，他愿意卖掉软银集团在 Supercell 的所有股份以支持软银集团 2.0 的转型策略。这就意味着 Supercell 需要认真考虑，并且深思：我们 Supercell 真正想要完成的是什么？我们最看重的是合作伙伴的哪些方面？这听起来可能会有些好笑，但当我们最终征集所有人意见的时候，这个答案其实显而易见，下面我来解释其中的原因：

首先，如今对于 Supercell 来说，我们最重要的就是追寻我们一直所梦想的未来。我们创办这家公司就是要做伟大的游戏，让全世界的玩家们可以投入数十年的时间在里面。过去的六年里，我们非常幸运，发布了 4 款顶级游戏，而且每天都有 1 亿人在玩。但比这个更重要的是，我们一直梦想着目前和未来的游戏成为游戏业历史的一部分，我们看重的是长远发展。如果你们可以思考这个长远目标，很容易发现，我们仍然没有偏离在开始这段漫长旅程之初的愿望。

随着我们投入更多的时间了解潜在战略伙伴，显而易见的是，与腾讯的合作可以带给 Supercell 成功所需要的一切，而且可以让我们在这个发展过程中取得重要的跳跃式发展，以下是我们选择腾讯的四个主要原因：

第一，我们与腾讯达成了协议，在收购完成后，Supercell 仍将独立运营，就和在软银旗下的时候一样。他们理解我们独特的小而独立的团队文化（我们把它称之为细胞），这才是 Supercell 真正的意义。我们仍希望 Supercell 继续成为全球游戏创意人才们最佳的工作场所。而且，我们的总部仍然继续留在赫尔辛基，并且仍在芬兰纳税，所有的这一切对我们来说都是非常重要的。

第二，中国的游戏玩家数是全球最多的。腾讯的平台覆盖用户量超过10亿人（你没听错，是10亿！）。而且在它们的平台上，独立用户（非重复）超过3亿，这对于我们来说，与腾讯一道，我们可以把游戏推向更多的人。而且它们的社交平台给我们的游戏提供了更大的机会，特别是社交玩法方面，所有这一切都是非常令人激动的。

第三，腾讯人似乎和我们一样热爱游戏。实际上，在我和Martin（腾讯总裁刘炽平）会面期间，他在《皇室战争》中的排名因此掉出了全球前100名，他期间还为此在开会时走神，忘了我们讨论的话题……但讨论游戏的时候非常有热情。更为认真地说，腾讯与拳头公司（Riot Games）的合作已经是巨大的成功，这家公司是我们过去几年一直比较羡慕的，而且带给了我们许多灵感。现在，我们终于有机会和拳头公司联系并且经常交流了。

第四，这次交易可以保证我们Supercell继续维持私营身份，对我们的小团队和独特的文化来说，目前的独立状态比上市更好，我们不用为了短期利益而承受来自金融方面的压力。然而，除了保证我们私营，与腾讯的合作还可以给我们带来所有上市公司拥有的优势，作为本次交易的一部分，我们Supercell的员工可以在未来按照意愿卖掉手中的Supercell股份（所有人都有股份）。这次102亿美元的估值，也是对我们Supercell人打造的现象级公司的认可。

最后，我希望感谢一些人（由于我是芬兰人，所以就长话短说了）：

首先，最感谢的是所有热爱我们游戏以及认可我们的玩家们，是你们让Supercell有了今天激动人心的时刻，我们对于所有人都满怀感激。

另外，我从个人角度还希望感谢孙正义，也就是软银集团创始人，感谢过去有幸与他合作所给予的支持。他是一个非常优秀的企业家，我这段时间从他那里也学到了很多。幸运的是，如孙正义和我所说的那样，'由于策略的转变，我们的业务合作可能会终结，但我们的个人友谊永存'。

当然，还要感谢的是亲爱的 Supercell 伙伴们，包括你们所有的 190 人。能够和如此努力为玩家提供最佳体验的人一起工作是非常奇妙的经历，每一天都是非常美好的。能够有机会成为这个优秀团队的一员，我觉得自豪和幸运。

或许这个公告已经不短了。不管怎样，让我们一起迎接 Supercell 的新阶段，从事游戏行业 16 年来，我从来没有像现在这么激动。

谢谢大家！"

展望未来，挑战重重

完成收购后的刘炽平向公司请了一周的假，这次一波三折的收购让他感到有些疲惫。他把休假的地址选在了芬兰，准备好好体味一下芬兰开放多元的人文气氛，顺便到 Supercell 实地感受下新子公司的文化氛围，为下一步的整合做一些准备工作。

休假回来后的他深刻地意识到收购的真正难点来了——并购后的整合问题尤其是产业价值链的整合如果处理不好，Supercell 不仅不能成为腾讯新的王牌，反而会像其他收购失败的案例一样把腾讯拉下水。

事实证明，在腾讯的管理团队来到 Supercell 公司后确实产生了一系列的问题：腾讯是个大而杂的公司，Supercell 是个小而精的企业，虽然双方约法三章，但是在具体的权利划分上并不是那么明确，双方管理层在一些具体的战略性决定上还是会产生分歧。

如何在保证 Supercell 独立运营的前提下有效地进行整合？如何最大化地结合双方的优势进军全球市场？如何逃出游戏 CP 五年而衰的魔咒？这些都是等待刘炽平去解决的难题。

思考题

如果你是腾讯总裁，综合考虑腾讯在游戏领域的发展状况，你觉得：
1. 腾讯的战略在近 10 年发生了怎样的改变？
2. 腾讯为什么要并购 Supercell？有什么可能的战略动机？

3. 并购成功之后出现的各种意料之外的矛盾,腾讯又该如何解决,你有什么好的对策建议?

参考文献

[1] 迈克尔·A.希特,R.杜安·爱尔兰,罗伯特·E.霍斯基森.战略管理:竞争与全球化(概念)(原书第11版)[M].焦豪等,译.北京:机械工业出版社,2016.

[2] 约瑟夫·克拉林格.兼并与收购:交易管理[M].陆猛,兰光,周旭东,译.北京:中国人民大学出版社,2002.

[3] 陶启智.兼并与收购[M].北京大学出版社,2014.

[4] Kenith Poon, Jing Chen, Jianping Liang, Hubert Pun, Huaxi Li. A note on China's approach to cryptocurrency and blockchain application in the games industry: Coco game currency. Ivey Product Number: 9B20M071 (Ivey Publishing, Publication Date: 04/15/2020).

[5] Paul W. Beamish, Anthony Goerzen. Global branding of Stella Artois. Ivey Product Number: 9B00A019 (Ivey Publishing, Publication Date: 10/19/2000).

[6] J. Nick Fry, Kent E. Neupert. Imasco limited: The Roy Rogers acquisition. Ivey Product Number: 9A92M018 (Ivey Publishing, Publication Date: 03/23/1993).

[7] 张维,齐安甜.企业并购理论研究评述[J].南开管理评论,2002(02):21—26.

[8] 朱勤,刘垚.我国上市公司跨国并购财务绩效的影响因素分析[J].国际贸易问题,2013(08):151—160,169.

[9] 张梅芳.路径依赖与路径创造理论视角下的腾讯国际化战略研究[J].新闻大学,2016(04):129—135,147,154—155.

[10] 王崇锋,晁艺璇,巩杰,刘慧卿,孙靖,杨谨溪.星贝云链:腾讯区块链的应用.案例编号:0-218-431(北京:中国工商管理案例库,2018年12月31日出版).

[11] 中欧商业评论.交出"半条命"后,腾讯成了一家投资公司?[EB/OL].(2018-06-04)[2018-06-04].https://www.sohu.com/a/233976377_167921.html

[12] 复旦商业知识.成功率30%,企业并购并非单纯的"买买买"[EB/OL].(2017-12-12)[2017-12-12].https://mp.weixin.qq.com/s/vcfV6nk86RYa292uGCHUlA

传情达意,引爆社交

——连咖啡的创业蜕变之路*

摘要: 本案例描述了连咖啡在商业模式转型阶段,从建立微信公众号"连咖啡微服务"为各大咖啡品牌提供外卖配送服务,到2016年创立自主咖啡品牌期间面对用户黏性不高、行业竞争激烈等考验所采取的相应措施。于创立之初所提供的配送服务为连咖啡积累了大量客户的原始数据,进一步推动了其向"Coffee Box"的转型。转型之后的连咖啡为应对国内各大咖啡品牌的竞争,秉承"传情达意,无处不在"的品牌理念,结合4R营销理论,创建了一套有别于传统咖啡品牌的全新消费模式。4年(2014—2018)来,连咖啡围绕社交关系链进行深度挖掘,从"咖啡找人"逐步升级为"人找咖啡",已成为公认的"社交新零售"典型代表。

关键词: 连咖啡　社群营销　商业模式创新　客户战略　4R

引　言

成立于2014年的上海连隽商务咨询有限公司(以下简称"连咖啡")位于

---

* 本案例由青岛大学商学院王崇锋教授、青岛大学数学与统计学院学生卢敏鸳、青岛大学商学院学生刘欣荣撰写,作者拥有著作权中的署名权、修改权、改编权。本案例授权中国管理案例共享中心使用,中国管理案例共享中心享有复制权、修改权、发表权、发行权、信息网络传播权、改编权、汇编权和翻译权。由于企业保密的要求,在本案例中对有关名称、数据等做了必要的掩饰性处理。本案例只供课堂讨论之用,并无意暗示或说明某种管理行为是否有效。

上海市古美路1515号凤凰大楼。在凤凰大楼里,连咖啡创始人(又称连长)王江端起办公桌上的咖啡轻轻抿了一口,望向窗外拔地而起的高楼大厦,回想起刚刚结束的B+轮融资中连咖啡拿到了来自启明创投、高榕资本共1.58亿元的资金,作为外卖咖啡进行社群营销的范本,无疑既是机遇又是挑战。他不禁开始思考,面对众多咖啡品牌的多重竞争,连咖啡接下来该如何进一步扩大内销、提升用户黏性?

连咖啡诞生的背景

需求刺激下的市场

自千禧年以来,随着我国人民生活水平的不断提高及对咖啡文化认知的不断增长,我国咖啡行业总体呈上升趋势。

根据中国相关咖啡协会的数据显示,中国的咖啡市场增长非常快(见图1),按目前增速,市场体量在未来5—10年会成倍增加。虽然目前中国咖啡市场规模较小,但具有较好的增长势头。2017年中国咖啡行业的市场规模约为1 024亿元,远低于美国的13万亿元;但是从增速上看,中国咖啡市场的年增长率在10%左右,远高于全球市场2%的增长率。咖啡在中国的历史相对不长,20世纪80年代,雀巢的速溶咖啡传入中国,为中国消费者带来了咖啡启蒙;1999年,星巴克在中国开设首家门店,逐步培养起中国人的咖啡消费习惯。

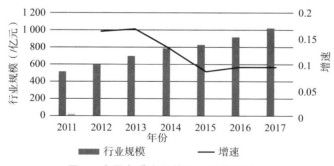

图1 中国咖啡市场的行业规模和增速

现在咖啡这种西式饮品正为越来越多的国人所接受,随之而来的咖啡文化正充满生活的每个时刻。咖啡不再仅仅是一种饮料,它逐渐与时尚、品味紧紧联系在一起,体现出高品质的现代生活;或是交友谈心,或是商务会谈,或是休闲怡情,尽在一杯香气弥漫的咖啡中。

作为世界三大饮料之一,即饮咖啡饮料市场近年来增速非常明显。根据2015年调研数据,近几年来,全球咖啡豆销量每年800多万吨,且保持每年2%的增速。中国的咖啡消费以每年15%—20%的幅度增长,2014年中国的咖啡豆销量达到50万吨以上,约占全球市场销量的1/20,市场零售额接近600亿元。

在新兴市场中,中国的消费增长尤为快速,由于中国咖啡市场规模基数小,每年增长率高达25%以上,超过世界平均水平的10倍。

1998—2012年,中国咖啡消费量由19.9万袋上升到110万袋,年增长率约为12.8%。人均咖啡消费量由9.6克上升至47.6克,年均增长率约为12.1%。如果保持12.8%的增长速度,中国咖啡市场发展潜力无疑是巨大的。

对终端消费者的分析显示,中国咖啡市场的消费人群主要为中青年人(以上班族、年轻白领和学生为主),据调查,非常喜欢咖啡的人群中,30—50岁的人占24%,20—30岁的占18%。咖啡主要的消费群体为都市上班族。其中30岁以上的人,对咖啡品牌的忠诚度较高,而年轻人(18—25岁)的品牌忠诚度相对较低。

创始人及其创业动机

连长王江早在2009年就创立了航班管家、高铁管家等国内领先的移动出行预订产品,而连咖啡是他跨领域创办的基于外送体验的咖啡品牌;基于对市场敏锐的判断,他还先后投资了UC浏览器、美团网、e代驾、麦步科技等十多家知名创业公司。

作为互联网业内知名的连续创业者、天使投资人,丰富的经历让王江和老友张晓高再次敏锐地察觉到,咖啡市场将会进入发展的快车道,咖啡的消费场景也将会重塑。尤其是星巴克作为年轻一族休闲放松的场所,其消费环境就越来越嘈杂,消费体验一点一点被消磨,"第三空间"的体验文化已逐渐失去了竞争力。在这样的情况下,对品牌咖啡进行外卖配送会不会有市场呢?基于此,他们开始试水咖啡外送,探索咖啡外卖市场。

自21世纪以来,中国咖啡市场以超乎想象的速度迅猛发展,咖啡厅数量也有大幅度增长,但实际上,如图 2 所示,与欧美、日韩等国家(地区)相比,我国的人均咖啡消费量极低。芬兰是全球喝咖啡频率最高的国家,平均每人每年 1 240 杯、瑞士 800 杯、美国 400 杯、日本 200 杯、韩国 140 杯,而目前中国平均每人每年的咖啡消费量仅有 4 杯,北京、上海、广州等大城市平均每人每年的咖啡消费量也仅为 20 杯。①

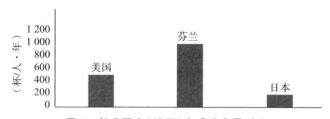

图 2　部分国家(地区)咖啡消费量对比

目前咖啡市场消费以速溶产品为主,随着咖啡文化的融入以及消费的逐步升级,现磨咖啡的消费比例会逐步提高,有机会出现受消费者认可的、具有市场影响力的国产咖啡品牌。在互联网行业深耕多年的王江敏锐地感受到,大数据时代的咖啡也将作为一种典型的新零售模式成为行业趋势的新一任引领者。

所以,王江对于连咖啡商业模式的设想从一开始就侧重于与传统咖啡连锁店的差异性:第一,借助微信生态线上获客,效率高、成本低;第二,以外送模式为主,店面运营成本低(店面小、租金低,节省水、电、人力);第三,从运营模式到市场营销都有独创性;第四,在增量很大的市场,选择与头部玩家完全不同的维度切入。

基于对中国咖啡消费市场现状的研究及其在互联网行业深耕多年的经验,王江做出了带领团队进入国内咖啡市场的决定,2014 年微信公众号"连咖啡微服务"正式开始运营。根据王江的设想,连咖啡在一开始就将切入口放在外送咖啡上……

看准时机　厚积薄发

成立的第一年,连咖啡主要扮演着"以微信公众号为入口的咖啡外送平

---

①　详见网页 http://www.dedns.cn/meishi/1310371.shtml,访问时间:2017 年 1 月。

台"的角色,负责提供星巴克、Costa 等品牌咖啡的外送服务。突破"人找咖啡"的传统模式,连咖啡构建了新零售时代"咖啡找人"的新模式,证实了不仅美食可以送外卖,咖啡也可以。

随着用户数据的累积、口碑的创立,连咖啡开始寻求进一步的突破,除了外送服务,逐步摸索新的运营模式……

不只"连"咖啡

"从连咖啡三年前成立的时候起,我就在计划推出自己的咖啡品牌,对标星巴克。"王江透露自己在连咖啡转型之前,有一段时间天天到星巴克蹲点,看有多少人是在店里喝咖啡、有多少人外带,以及大家喜欢什么口味的咖啡。通过观察,王江发现有近30%的人是选择咖啡外带的,在热点地区的一些城市,如北京、上海、广州等,这个数据可以达到70%。

王江认为,通过为星巴克做配送服务,才能了解外卖咖啡的用户坐标、性别特征、口味偏好,以及对配送时间的容忍度。

在通过给品牌咖啡提供外送业务积累起足够的用户之后,连咖啡发现了咖啡外卖市场的潜在商机,并开始尝试切换到自有咖啡品牌"Coffee Box"的运营。

2015年8月,王江正式宣布连咖啡剥离星巴克等第三方品牌的咖啡外送服务,将专注于自有品牌的咖啡外卖。

此后,连咖啡提出了一种全新的咖啡消费场景,即客户在哪里,我们就出现在哪里。传统的咖啡模式是把咖啡厅开在人群密集的地方,人找咖啡,而王江和张晓高的想法是通过找互联网行为找到客户,把咖啡送到他们手中,这是一种全新的逆向思维方式。

连咖啡创始人王江称,在持续追踪星巴克一年之后,连咖啡对用户需求、订单密集地、口味甚至温度偏好都了如指掌。这有力地支撑了王江后面密集建站的想法,他把这些"站点"称为 Station,选址原则很简单,往需求最密集的地方去。

在王江看来,咖啡市场对客单价并不是特别敏感,更讲究情怀和制作方式。连咖啡要做的是基于互联网的外送咖啡场景,这个场景中的消费者可能没有太多时间在咖啡厅慢慢品尝一杯咖啡,但他们又确实是咖啡消费的高频人群。不同的场景其实就是不同的市场。有的可能价格敏感度更高,有的可能对社交场景需求更高,有的则可能对产品的口感要求更高。连咖啡要在自己所在的场景中,尽可能地去满足不同人群的消费需求。

"你在哪儿,咖啡就在哪儿"

创业起初,连咖啡通过为星巴克、Costa配送咖啡切入餐饮,在行业上游积累了大量用户及数据资源。2015年年底,连咖啡开始脱离单纯的外送服务,将经营重点转向自创品牌,从跑腿送货转向产业链上游。在此期间,连咖啡形成了完善的商业理念,即将咖啡消费场景"人找咖啡"重构为"咖啡找人",针对"不需要店面体验的客户群";客户通过微信公众号在线下单,由附近的"咖啡车间"接单,30分钟内咖啡即可送到客户手上。

在角色转换之初,王江强调通过弱化门店属性,实现咖啡消费场景的重构。连咖啡在需求密集的地方(如望京SOHO商圈)建一个小生产作坊"Coffee Station",配上两个咖啡师和几个送货员,启动成本只需十几万元。这些站点并非真正意义上的咖啡馆,而仅承担仓库和厨房的角色,对于地理位置、面积等要求较低,类似目前在生鲜领域大热的"前置仓"模式,站点房租成本因此被极大压缩,外卖咖啡场地平均成本仅为咖啡厅的1/3。

对于用户而言,连咖啡可确保咖啡在30分钟内送达;除去店面租金、运营成本,建有专门供应链的连咖啡性价比也较高。对于投资者而言,连咖啡模式较轻、品牌定位差异化。

得益于创新的销售模式,从数据上看,2016年4月,连咖啡表示已在北上广的核心商区内建有近50个站点,用户超过80万。而到2017年年底,连咖啡在北京、上海、广州等城市的站点拓展至100多家并已全面实现盈利。

连咖啡创新的销售模式达到的初期成果基本符合王江的预计,但是面对国内各大咖啡品牌的激烈竞争,王江仍然不敢有丝毫松懈……

"把凉了的咖啡热起来"

王江在一次演讲中说道:"成长中的中国咖啡市场,是前瞻性的投资。咖啡市场跟大家理解的有点不一样,进来的朋友都喝了现场的咖啡,说明大家也有喝咖啡的习惯,但你一天会喝多少呢？一天喝两杯咖啡的人,在中国就是异类。而我,一天喝五杯咖啡。中国的咖啡市场,不是一个周期性的投资,它一定是个前瞻性的投资。我们看待咖啡市场也有一个前瞻性的看法。咖啡市场特别有意思,它跟滴滴不一样。滴滴可以通过三年大规模的砸钱补贴让这个出行市场规模变得巨大,最大的原因就是每个人都有出行的需求,当你给他提供了极便宜、极快速、极便利的出行解决方案,当所有人都拿着20元钱优惠券,花10元钱坐奔驰去买菜,这就把滴滴的体系建立起来了。但是咖啡不一样！咖啡作为一个舶来品,得益于星巴克过去十几年在中国的耕耘,也只给我们带来一个几千万人的咖啡市场,但我明显看到这小几千万人变成几亿人的速度开始加快。咖啡具有一种和我们从小长到大的口味体系不太一样的味觉,我们从小没有受过这方面的培训。但是现在的00后、10后的孩子已经开始接触咖啡了,因此中国的咖啡人口成长会越来越快。从长远来看,咖啡人口或者咖啡的重度消费用户不会是二、三倍的快速变化,而是每年50%甚至80%的成长,原因很简单,放到嘴里的东西,需要跟我们的整个味觉体系产生新的融合。

喝咖啡也有红利期,就在接下来几年。作为一个创业者,如果在座的各位也跟我一样拥有创业的经验,大家都会意识到创业者是不看周期的,不会去想风口在哪里,创业者只计算时机,计算趋势,计算自己的能力。"

如表1所示,2016年,连咖啡在短短三个月中相继获得来自星创投和华策影视的两轮融资:2016年1月,完成星创投Pre-A轮融资;2016年4月7日,连咖啡宣布完成B轮融资5 000万元,由华策影视领投。2015年年初至2016年年底,先后有咖啡零点吧、莱杯咖啡、Coffee Now等多个咖啡智能终端机品牌获得数轮融资。

表1 中国咖啡行业融资情况统计

公司名称	融资时间	融资轮次	融资额
连咖啡	2014.1	天使轮	数千万元
	2016.1	Pre-A 轮	—
	2016.4	B 轮	5 000万元

（续表）

公司名称	融资时间	融资轮次	融资额
咖啡零点吧	2015.5	天使轮	500万元
	2015.11	A轮	3 000万元
	2017.2	A+轮	—
	2017.12	B轮	—
GreyBox Coffee	2017.12	A轮	1亿元
由心咖啡	2017.11	天使轮	数千万元
莱杯咖啡	2016.9	种子轮	数百万元
	2017.3	天使轮	1 000万元
	2017.6	Pre-A轮	数千万元
西舍咖啡	2017.6	A轮	4 500万元
Coffee Now	2016.11	Pre-A轮	6 000万元

资料来源：作者根据相关资料整理。

这些年，雄厚的资本不断进入，加之一些新兴咖啡品牌凭借其精准的市场定位和独树一帜的经营模式，逐渐打破了星巴克和上岛咖啡等老牌企业对市场的垄断地位，从而带动整个咖啡市场朝着更为多元化的方向发展。

群雄争霸　竞争激烈

美好愿景使各路英豪蠢蠢欲动，也吸引了不少新玩家、新业态，除了传统品牌Costa、太平洋、雕刻时光、漫咖啡、动物园，近年来外卖咖啡、精品咖啡、便利店咖啡和自助咖啡机等众多新形式也是层出不穷。

连咖啡初期的快速发展得益于其正处于中国咖啡市场发生巨变的时期，而在这一时期，国内市场各大咖啡品牌均发起了猛烈的攻势，在中国的咖啡市场抢占了一席之地。下面以行业巨头星巴克为例说明。

在这个互联网咖啡品牌野蛮生长的黄金时代，在中国咖啡市场上居于霸主地位的星巴克也在其外卖业务上进行着缓慢的推动。

星巴克，它的一个主要的竞争战略就是在咖啡厅中同客户进行交流。星巴克聘用的每一位服务员都要接受一系列培训，如基本销售技巧、咖啡基本知识、咖啡的制作技巧等，要求每一位服务员都能够预知客户的需求。另外，星巴克更擅长咖啡之外的"体验"，如气氛管理、个性化的店内设计、暖色灯光、柔和音乐等。就像麦当劳一直倡导售卖欢乐一样，星巴克把美式文化逐步分解成可以体验的东西。

"认真对待每一位客户，一次只烹调客户那一杯咖啡。"这句取材自意大利老咖啡馆工艺精神的企业理念，是星巴克快速崛起的秘诀。星巴克注重"当下体验"，强调在工作、生活及休闲娱乐中，用心经营"当下"的生活体验。同时，星巴克还极力营造美国式的消费文化，客户可以随意谈笑，甚至挪动桌椅，随意组合。这也是星巴克营销风格的一部分。

目前市值已突破1 000亿美元的星巴克，无疑是咖啡行业长期以来的领军者。星巴克做外卖这件事传闻已久，2018年上半年，据《财经》最新曝出的消息，星巴克与阿里巴巴合作，敲定饿了么承接外卖业务。在办公室或家里，划几下手机就能点一杯星巴克浓缩咖啡的时代真的要来了。我们不禁要问，互联网咖啡品牌的寒冬，是否也要来了？

星巴克上线外卖业务与其"第三空间"理论无疑是背道而驰的。从坚持输出具有精神文化内涵的体验场景，到提供外卖服务，星巴克终于选择向消费者妥协。

虽然目前国内咖啡行业发展空间巨大，但是竞争十分激烈，对于品牌的甄别性要求非常高。新创的咖啡品牌无法与巨头拼"品牌认知度"，如果又经营不出特色来，就不会变成愉悦的创业体验，而真正的"经营特色"是建立在对行业深度了解的基础之上的。面对咖啡行业巨头品牌凶猛的攻势，以及雨后春笋般涌现的新创咖啡品牌的竞争压力，王江不得不开始思考，连咖啡能否通过在销售模式上不断地创新使自己在中国咖啡市场发生巨变的大环境下站稳脚跟……

社群营销　全新玩法

单次优惠促销活动带来的效果在长期难以持续；而辛苦运营的微信公众号、历史订单用户，又如何能反复利用并多次挖掘价值？

为应对上述挑战,王江深知必须找到一个巧妙的玩法,以此激活老用户的重复传播,在不违反微信分销规则的前提下,带来传播能力的裂变提升。

在同营销团队进行无数个日夜的讨论之后,王江最终决定通过用户群的社交传播和人际分享的社交玩法来引发连咖啡核心用户的裂变。

推陈出新　精准定位

社群,相对于其他渠道来说,成本是偏低的,不仅是基础设备,群内的营销工作也是如此。目前无论是电商微商,还是小程序,乃至已过红利期的微信公众号,很多仍依靠着社群维系用户,做变现。而社群运营中的第一环节便是找到精准的用户群。

目前,连咖啡在微信公众号"连咖啡微服务"上已搭建了完整的预订和运营体系,并与美团外卖合作,拓展流量入口。连咖啡注重基于人际分享的社交玩法,同时通过不断研发新品种吸引喜欢尝新的人群。

在2016年"双11"活动中,连咖啡推出"咖啡库"的概念,用户在线上购买的咖啡可以入库,在任何时候选择自己喝或微信赠送好友,而在第二年"双11",连咖啡推出"万能咖啡",以20杯18元、100杯15元的全年最低价推出套餐,可以在有效期3年内兑换连咖啡任意饮品。

根据美国定位大师杰克·特劳特(Jack Trout)提出的定位理论,最好的品牌定位是开创一个新品类,并做到市场第一,然后牢牢占据用户的心智。连咖啡的流行正是在创造一个新品类,即互联网新零售时代的外送高品质咖啡品牌。对用户来说,以后他们想到外卖咖啡,可能就想到连咖啡。

传情达意　引爆社交

裂变式传播,最重要的是抓住用户心理,提供足够的传播动力,在每个环节降低用户的操作门槛。众所周知,微信最大的红利来自流量能够产生数百次的裂变,在传播过程中帮助商家获得更有效的推广、更低成本的流量。用户在转发分享过程中,也将获得更多的参与感和情感释放。拼多多在短短两年内做到3亿用户量,正是抓住了微信红利。

王江也深谙此道,无论是日常"传情达意"的营销策略,还是节假日推出的各类主题活动,都是利用微信生态,将产品体验与用户情感完美结合起来。

为了在控制成本的情况下吸引更多的用户,连咖啡推出了一系列拉新活动:

第一,邀请返利。每邀请一位新用户注册,给予邀请者一定奖励;同时,Coffee Box 在普通的玩法上结合了成长咖啡的概念,将奖励拆分成"积分"再具象化,这样比冰冷的数字更能激发人的行动力。

第二,分享福袋。分享福袋到微信中,新老客户都可以领取,既能促进日活跃用户数量和订单量,也能引流。用户可以分享福袋至微信群和朋友圈,甚至自己也可以领取,每个福袋中有 50 张不同类型的优惠券,理论上来说,一个订单可以裂变成 50 个新订单。

第三,邀请拼团。拼团其实就是"老带新",邀请身边的新用户参与拼团,可以享受类似"1 元购买原价 22 元的新品"的巨大优惠,本质是利用小程序的拉新。

可以看到,在人(用户)、货(连咖啡)、场(饮用场景)三方面,连咖啡都做到了在吃透社交平台用户增长红利的前提下,进行深度转化。连咖啡用带温度的营销策略去维系用户,一系列举措强化了咖啡市场的长尾效应。连咖啡的核心会员也从 2016 年的 80 万发展到如今的数百万。

像连咖啡这种为用户提供社交资本的同时,巧妙地把自己的产品和服务融入其中的新零售物种,正在社会经济各个垂直细分领域冒出来。处在消费大升级背景下的中国,本质上正在面临各种消费需求以及从线下到线上的消费方式的转变,有些是颠覆性的,也有些是改良性的。

掷地有声　硕果累累

"轻落地"的做法,为连咖啡后续的快速扩张打下了基础。王江在产品、路径、销售和营销上,精心耕耘自己的咖啡品牌,截至 2018 年 7 月,连咖啡营业门店达到 200 家,日销售峰值达 40 万杯,用户数量超过 300 万。2018 年 3 月,连咖啡还获得了投资机构 1.58 亿元 B+轮融资的肯定,可以说是咖啡界颠覆式的新零售超级物种了,一时间成为行业的热点话题。

2018 年 4 月初,连咖啡推出的拼团小程序上线,3 小时内即完成 10 万人拼团下单,首日PV①近300万,而拼团小程序的上线也为其服务号引流20万用户。连咖啡一直以来基于微信的各种社交场景做尝试,相比之前试过的H5等方式,小程序更能体现用户体验流畅的优势,也必将是未来线上渠道的重要战场。

截止到2018年3月,备受瞩目的连咖啡已全面实现盈利。单店配送量日均千杯,核心会员从2016年的80万增长到300多万,2017年"双11"活动期间单周售出100万杯,"双12"活动期间"万能咖啡"8小时返场当天,单日销售峰值更接近40万杯(含预付费进入咖啡库的储存饮品),这个数字相当于星巴克1 000家线下门店的单日咖啡销量。

2017年12月15—17日,由钛媒体主办的"2017钛媒体T-EDGE年度国际盛典"在北京召开。在最后一天的"2017BTAwards创新评选"中,连咖啡获得"年度最具潜在投资价值企业"奖项。钛媒体的这一奖项,历年来都是颁给那些能够颠覆旧有商业模式、突破市场游戏规则、拥有创新的核心竞争力或者弥补市场和技术空白、具有良好成长性的企业。

前路漫漫　上下求索

尽管连咖啡以构造不同消费场景的方式避开了与众多咖啡品牌的正面交锋,但经历角色转换后的连咖啡依然面临着诸多挑战。

首先是增加了连咖啡在消费端打开品牌认知度的难度。尤其在一线城市,星巴克等国际咖啡品牌在商务区密集布局门店,在消费者中的品牌认知度极高。很多注重咖啡社交功能的韩式咖啡品牌,也在门店装修设计方面别具一格。而这些咖啡品牌目前也都利用外卖平台接入了外送业务。这也意味着,连咖啡与这些品牌在产品品质方面将展开直接竞争。

目前连咖啡覆盖了北京、上海、广州等城市的部分热门商区,而一旦开放加盟,连咖啡也面临不小的挑战,必须在前期摸索出稳定的盈利模式,并在品控方面做足功课。线上平台固然能为连咖啡带来可观的订单量,但也会对其

---

① PV(Page View)即页面浏览量,通常是衡量一个网络新闻频道或网站,甚至一条网络新闻的主要指标。

咖啡厨房的产能提出更高的要求。

最后,咖啡馆市场集中度低,相比而言星巴克的优势更明显:根据 2018 年中国咖啡市场发展前景分析,整个咖啡市场目前集中度仍然不高,CR5[①] 仅为 23.8%,其中星巴克遥遥领先,市场份额达 17.3%,比第 2 名到第 10 名的市场份额之和还多。塑造了"第三生活空间"社交打法的星巴克,其市场霸主地位一直难以撼动。

未来与挑战:连咖啡下一步如何布局?

2018 年上半年,数家主打咖啡外卖、无人咖啡机的本土项目获得投资,包括连咖啡 1.58 亿元 B+ 轮融资,友饮咖啡 1 亿元 A 轮融资等。2018 年 1—3 月的短短三个月中,超过 15 家投资机构入局咖啡产业,这其中既有互联网咖啡品牌的巨额融资,也有各类咖啡设备服务商集中在 A 轮前数额不等的早期融资。面对这样的局势,王江开始有了新的烦恼:中国咖啡市场未来的发展趋势如何?连咖啡在中国的咖啡市场竞争中该如何进一步布局?

思考题

1. 连咖啡为什么要打造全新消费模式,由"咖啡找人"升级为"人找咖啡"?
2. 根据连咖啡的三个发展阶段,你认为连咖啡是如何通过网络营销引爆社群的?
3. 咖啡市场竞争愈发激烈,如果你是连咖啡的战略决策者,将会采取什么措施促进公司发展,在未来继续保持竞争优势?

参考文献

[1] 马浩.战略管理:商业模式创新[M].北京大学出版社.2015.
[2] Jennifer Ferreira, Carlos Ferreira. Challenges and opportunities of new retail horizons in emerging markets: The case of a rising coffee culture in China[J]. Business Horizons,

---

① CRn 指数(行业集中率)是指该行业的相关市场内前 n 家最大的企业所占市场份额的总和。CR5 是指五个最大的企业占有该相关市场份额。

2018,61(5):783-796.

[3] Nicolaj Siggelkow, Christian Terwiesch. Connected strategy: Building continuous customer relationships for competitive advantage[J]. Harvard Business Review, 2019: 288.

[4] David C. Edelman, Marc Singer. Competing on customer journeys[J]. Harvard Business Review, 2015: 11.

[5] 陈志宏.CRM:顾客关系管理[J].经济管理,2001(09):50—52.

[6] 李健,郑如霞.网络时代的客户关系管理[J].中央财经大学学报,2001(06):57—60.

[7] 郑如霞.顾客关系管理创造顾客关系价值[J].生产力研究,2001(06):159—161.

[8] 李航.基于合作营销理论的4Rs营销研究[J].华东经济管理,2009,23(08):127—130.

[9] 亿欧网.连咖啡不想再"低调"[EB/OL].(2019-01-10)[2019-12-31].https://mp.weixin.qq.com/s/4j2UZLreHqwOKdDR4cq1MQ

品牌焕新

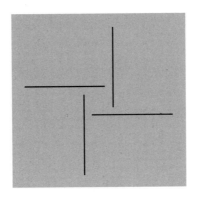

百年老号,一起哈啤——哈尔滨啤酒的品牌重塑之路

好风借力,直上青云——新营销助力老字号品牌激活

跨界联姻,初战告捷——美加净与大白兔的"经典回忆杀"

起承转合,脱颖而出——"国潮"李宁的品牌突围之路

心有猛虎,细嗅棉香——全棉时代的吸粉造星之路

百年老号,一起哈啤

——哈尔滨啤酒的品牌重塑之路*

摘要: 哈尔滨啤酒(以下简称"哈啤")诞生于1900年,是中国最早的啤酒品牌,经历百年,由小到大、由弱到强,现在已是枝繁叶茂、名扬天下。哈啤的产量在中国众多的啤酒生产商中位列第四。2004年哈啤被美国安海斯-布希啤酒公司收购,2008年正式加盟百威英博啤酒集团,接踵而来的所有权变更以及百威英博开拓中国市场的决心,将哈啤这一百年啤酒推上品牌重塑之路。但是,面对中国消费品市场极速发展的形势和激烈竞争的啤酒市场,哈啤将如何进行品牌重塑?消费者的反响又会如何?本案例尝试通过描述哈啤的品牌重塑过程,帮助学生了解品牌形象、品牌老化、品牌重塑的相关知识,并为其他相似企业的品牌重塑提供参考。

关键词: 哈尔滨啤酒 品牌形象 品牌老化 品牌重塑

引 言

2016年,在第六届DOTA2国际邀请赛中,哈啤赞助的LGD电子竞技俱乐

---

* 本案例由青岛大学商学院王崇锋教授,中国海洋大学学生曲献坤、青岛大学数学与统计学院学生赵方凯、青岛大学商学院学生惠扬和孟星辰共同撰写,作者拥有著作权中的署名权、修改权、改编权。本案例授权中国管理案例共享中心使用,中国管理案例共享中心享有复制权、修改权、发表权、发行权、信息网络传播权、改编权、汇编权和翻译权。由于企业保密的要求,在本案例中对有关名称、数据等做了必要的掩饰性处理。本案例只供课堂讨论之用,并无意暗示或说明某种管理行为是否有效。

部在第二个比赛日即被淘汰出局。但在比赛期间,"哈啤""一起哈啤"的百度指数均创造了近五年的峰值,哈啤赞助电竞队伍的尝试依然是非常成功的。在二十一世纪的前十几年里,哈啤放下了"百年哈啤"的包袱,让品牌不断向年轻人靠拢,"一起哈啤"渗透到年轻人网络生活的每一个角落。

哈尔滨啤酒的前世今生

百年哈啤

20世纪初,由于中东铁路的修建,外国移民大量进入哈尔滨,为满足外侨的生活需要,俄国商人乌卢布列夫斯基于1900年在哈尔滨创办了中国第一家啤酒厂,中国的啤酒行业由此起步。由于哈尔滨优越的自然条件与各国想借此发展本国经济,随着俄国啤酒酿造商乌卢布列夫斯基酿出第一杯哈啤,啤酒业由此崛起。啤酒业在俄国、日本相继发展后不断壮大,但随后战争的爆发使得啤酒业的发展越来越不景气,哈尔滨大多数厂家甚至到了整改或停业的地步。

数十年间,乌卢布列夫斯基啤酒厂几经更名,于1932年改厂名为"哈尔滨啤酒厂"。中华人民共和国成立后,哈尔滨市市政府接管哈尔滨啤酒厂,并将区域内的几家啤酒厂并入哈尔滨啤酒厂。也正是从此时起,哈尔滨啤酒厂以地方国营企业的所有制形式存续了四十多年。在前进啤酒厂与哈尔滨啤酒厂合并之后,哈尔滨啤酒厂成为哈尔滨市唯一的啤酒企业,开始了哈啤长达30年独家生产和供应哈尔滨啤酒市场的历史。

割据一方

20世纪70年代以后,啤酒市场全面出现产不足销的局面,80年代啤酒市场掀起了发展的高潮,生产设备有了很大的改进,工艺技术快速进步。到1987年,哈尔滨的啤酒市场发生了根本变化,几十种啤酒品牌涌入市场,哈啤独家经营的局面开始瓦解。之后哈啤建立了厂长负责制,开始全面改革,1988年扭亏为盈。也是从这一年起,哈啤每年对瓶酒和生酒各召开一次销售订货会,征求用户意见、签订订货协议;根据市场需求,逐步形成了以太阳岛牌啤酒为主打产品,包括高中低三个档次近50个品种的啤酒系列。①

1990年,哈啤成功晋升为国家二级企业,并在1995年产量达到158 010吨,在全国啤酒行业企业产量排名中列第11位。之后的几年内,哈啤在松江、鹤岗、锦州、大庆、唐山等地先后成立了分公司,产销量有了极大的提高,在啤酒业市场中占据了有利的地位。2002年,哈啤已成为家喻户晓的"中国名牌产品"。

同期,与哈啤有着激烈竞争的青岛啤酒于1993年在香港和上海成功上市。公司啤酒年生产能力约100万吨,是国内出口量最大的啤酒生产企业。青岛啤酒集团的发展目标就是要充分发挥品牌和技术优势,以民族资本为主,以弘扬民族工业为旗帜,实行高起点发展、低成本扩张,尽快扩大规模经济,整合民族工业力量,尽快把青岛啤酒集团建成具有超实力的、跨地区、跨行业的综合性大型企业集团,到2003年青岛啤酒百年之际,产量达到200万吨,跻身世界啤酒十强;到2016年,产量已达790万吨。而彼时的哈啤,还在摸索前进的道路,虽然相较于之前的局势已经有了很大的改观,但在与雪花啤酒、青岛啤酒及其他啤酒品牌的竞争中仍居于下风。

AB并购

统计资料显示,2003年中国啤酒消费量达到2 500万吨,已连续两年取代美国成为全球最大的啤酒消费市场。而中国人均啤酒消费仅19升,与欧洲的75升相比还有很大差距;中国啤酒市场的年均销售额高达60亿美元,每年还在以6%—8%的速度增加,而美国和欧洲等发达国家的啤酒市场年增幅只有1%—2%②,由此可见,与发达国家相比,中国啤酒市场的发展潜力巨大,其中蕴含了巨额的利润,成为一方亟待开采的宝藏。也正是基于庞大的市场吸引力,外资啤酒巨头开始纷纷进入中国市场。

2004年,美国啤酒巨头安海斯-布希啤酒公司(Anheuser-Busch,AB)为实现其在中国的战略布局,并购整合了哈啤。"从领导权来看,AB已经完全主导

---

① 季树太、赵彤:《哈尔滨啤酒历史沿革》,《酿酒》2016年第11期。
② 文刚:《中国啤酒制造业发展概览(2001—2002年度)》,《中外食品》2004年第5期。

了哈啤。同时,哈啤也正在经历一场轰轰烈烈的整合运动,来自 AB 专业化的管理和企业文化正在从根本上改变着哈啤。AB 在酿造、运营、财务、销售、市场和人力资源等领域输入了其成功经验。哈啤经常把人派到武汉、上海去学习,进行最佳实践交流,在武汉百威的生产基地几乎天天都有哈啤的人。"——哈啤集团前首席执行官程衍俊曾如是说[①]。为了更有效地开拓中国市场,改变过去"水土不服"的现象,世界第一大啤酒巨头美国 AB 公司在 2004 年全面收购哈啤已发行股份 99.66% 的股权,将哈啤这个谈不上年轻的中国啤酒品牌收入麾下,以此进一步整合国内啤酒市场,进行战略布局。但是,有效整合并购双方的渠道,尤其是双方巨大的文化差异成为实现并购协同效应和并购成功与否的重要条件。

在整合的初期,"强调执行力、持续改进、数据决策、关注细节"的专业化管理的企业文化在哈啤逐步建立起来。AB 非常注重执行力,不具备可操作性的规定是无法设定成标准系统的,只有在设定具备可操作性标准之后,才能有效提升管理效率、纠正偏离标准的行为。AB 还提倡基于以数据为中心的决策程序,增加或减少一个产品的决策,都是根据生产、销售的财务数据来做出的。另外就是关注细节,AB 擅长把过去处在人际关系导向中的每个人变成目标管理中的一个专业人员。几年时间内,哈啤的生产技术有了长足的进步,但在营销方面表现一般,这也使得哈啤在与青岛啤酒、燕京啤酒等品牌的竞争中处于劣势。

2008 年,AB 与英博集团合并成为新公司,改名为百威英博(ABInbev)公司,两大啤酒业的巨擘完成了历史性的整合,在完成这一重大举措后,百威英博占据全球啤酒业 30.5% 的市场份额。

百威英博作为全球啤酒业的超级航母,在庞大的中国市场上销量仅位列第三。而哈啤作为其在中国市场的主力品牌,消费者对其品牌的认知大多停留在区域性小品牌上,显然无法满足百威英博的发展雄心。毫无疑问,中国是一个生产和消费大国,其消费市场更是行业各家的必争之地。百威英博虽然在啤酒业有着极高的地位,但在中国,它没有一个全国性的品牌作为主推势必会在残酷激烈的市场竞争中失去优势。而 AB 旗下的哈啤在此刻就突显出了它的优势,哈啤本就是中国的本土品牌,尽管没有很广阔的市场,其百年品牌

---

① 边长勇:《哈啤新掌门程衍俊:进攻与整合同等重要》,新浪网,2006/06/02。

的效应也为哈啤增色了不少。在中国市场的发展初期，创造出一个全新的品牌投放市场，需要耗费大量的人力、物力，并且效果具有很大的不确定性，而选择已有一定基础的本土品牌，加以调整改变，在降低成本的同时又能取得不错的成效，显然，选择后者更为明智。很快，百威英博就将哈啤的品牌重塑提上了日程，同时也将哈啤确定为中国市场的第一批主推产品。通过百威英博的全球战略规划和品牌规划重塑，哈啤致力于从区域品牌向中国品牌的转变。

作为一个百年品牌，哈啤的品牌重塑必然会经历诸多抉择，首当其冲的就是放弃"中国最早的啤酒"这一极大的沉淀价值，虽说有舍才有得，但放下这块百年护身符对于当时成绩并不怎么出彩的哈啤来说，毋庸置疑是冒着很大风险的，即便背后有百威英博的支持，在中国啤酒业没有硝烟的战场上，也容不得有一丝一毫的闪失，稍有不慎，后果就不仅仅是失掉"传统"的金招牌，被挤出市场也不无可能。

我们都清楚，只靠对已有产品的优化改良根本无法追赶甚至超越青岛啤酒、雪花啤酒这些一线品牌，而要实现质的飞跃，它所做出的改变必须是颠覆性的，是以新产品为出发点的重新定位。

求助百比赫

百比赫（Bartle Bogle Hegarty，BBH）是闻名世界、以创意和效率著称的广告巨头。其客户包括奥迪、沃达丰、联合利华、宝利来、百利酒等。近年来，百比赫密切关注中国青年一代的流行趋势，希望在中国市场取得更大发展。

在开发出新产品之后，如何让新老客户接受又成了一个亟待解决的难题。由于整改范围过大，它能否得到大众的认可，能否在市场上站稳脚跟，能否在这个没有硝烟的战场上打下一片天地，没有真正的实践谁都说不准。在把新的哈啤推向市场之前，要做出一个令人耳目一新的宣传策划方案，最重要的是要让社会了解它的存在和变化，并以一种新的态度去接纳它，这对于一个百年品牌来说有多困难可想而知。由于没有做出具有超强力度的宣传，变革后的哈啤在推向市场之后并没有激起什么浪花，甚至因为产品的变化失去了一部分原有消费者，销量一度下滑。

发现势头不对的哈啤开始寻找原因，通过简单的调查发现，新产品的市场知晓率很低，极少有人表示知道哈啤对产品进行了改造升级，而之前哈啤的老客户更是对这次产品改造提出了不少的意见,其中绝大多数在发现原品类啤酒下架后并没有尝试新产品的打算,无疑,这次改造给哈啤造成了大量消费者的流失,销量下滑也有迹可循。

作为中国最早的啤酒品牌,哈啤历史悠久,历史感浓厚。但也许正因为其历史悠久,哈啤往往会被贴上不被重视或容易被遗忘的品牌标签。也正因如此,在发展遇到瓶颈的状况下,哈啤与百比赫合作,由其负责对哈啤品牌重新评估与定位,帮助其重塑品牌形象并推广。

品牌重塑之路

新配方、新包装

作为百威英博在中国啤酒市场的主推产品,哈啤拥有百威英博的强大支持,这是其在激烈的市场竞争中立足的一大优势,但如果只依赖于百威英博的扶持,想要在众多竞争者中崭露头角几乎没有可能。从根本上看,谋求进一步的发展还是要从自身改变做起。那么,怎样的改变才是有利的?

"知己知彼,百战不殆",这句话适用于古代战场也同样适用于现代市场,在对市场的调查中可以很轻易地发现,市面上存在的啤酒,无论是哪种品牌,知名度如何,多为传统的绿色包装瓶,远远看去就像是一个模子里刻出来的,毫无新意,更不要谈抓住消费者的眼球了。而消费者对于啤酒这类产品,如果不是经常喝同一种品牌的,对于某一品牌的啤酒有着比较高的认可度,面对市面上琳琅满目的产品,他们甚至不会去纠结要选哪一种,因为根本没有必要。对于不能事先吸引到消费者的产品来说,只能靠价格战来赢得青睐。

毫无疑问,如果通过创新的包装吸引消费者的注意力,对于提振销售是非常有益的。此前,啤酒企业更换包装更多的是在标签上下功夫,很少有企业会更换酒瓶,首先是生产技术的问题,更多的是基于成本的考虑。下定决心进行市场突破的哈啤则率先做出了改变。哈啤创新地使用透明玻璃瓶,注入啤酒后的成品呈现出金黄色,一眼看上去澄澈干净、色彩鲜活,同时也将企业所追求的年轻化理想主张予以明确化。当金黄澄澈的哈啤与绿色的竞品一起摆在货架上时,显然哈啤更能吸引消费者的注意力。这一吸引力对于正在培养消费习惯与品牌忠诚度的年轻人而言尤为显著。此外,在标签上哈啤将NBA元素融入其中,也更加向年轻人靠拢。

到年轻人中去

赞助世界杯

足球世界杯,每四年举办一次,这一世界体育盛事拥有大量的年轻狂热粉丝,哈啤看到了这一赛事与啤酒业之间的联系,冰爽的啤酒不仅适合热情活泼的年轻人,更能为观看紧张刺激的比赛助兴。而紧密的联系下无疑存在着巨大的商机。

百威啤酒从1986年就开始与国际足联展开合作,至2016年已7次成功地赞助世界杯比赛。2009年年底,百威英博与国际足联签署官方合作伙伴协议,合作横跨2010年南非世界杯和2014年巴西世界杯。百威英博获得了两届世界杯官方会徽的使用权,用于推广和宣传以世界杯为主题的大型市场活动。与此同时,百威英博保留了世界杯酒精类产品的独家赞助权利,并将其拓宽至自己旗下的其他啤酒品牌。哈啤在其母公司百威英博雄厚的资金以及品牌价值的担保下,成为2010年南非世界杯足球赛的官方合作伙伴,以全球唯一啤酒赞助商的身份在国际上亮相,以此为契机与世界杯结缘,成为我国第一个赞助世界杯的啤酒品牌。

为了让大家知道品牌与世界杯的联系,哈啤选择在2009年12月7日,也就是世界杯分组抽签刚刚结束的日子,举行了一场盛大的发布会,正式宣布自己成为南非世界杯在中国的官方合作伙伴。此外,百威英博还邀请了"荷兰三剑客"之一的路德·古利特作为哈啤的南非世界杯大使,到现场一起开启世界杯推广活动。

为增强广告宣传效果,哈啤购买了央视黄金时段的广告资源。广告主要传达两个信息:一是强调哈啤是南非世界杯的赞助品牌,二是突出哈啤冰纯的品牌特性。此外,哈啤还在央视世界杯栏目、互联网及户外投放了大量广告,并推出了世界杯特别包装和世界杯主题大篷车巡游。

2010年3月,哈啤携手中央电视台启动"哈足球 冰动南非,CCTV《南非行动》·哈尔滨冰纯花式足球挑战赛"。该挑战赛是哈啤为中国球迷开辟的竞技和互动平台,结合线上视频评选和线下趣味比赛。哈啤还邀请古利特来到中国为赛事摇旗呐喊,并在官网上设计了"师从古利特"单元,进行在线足球技能的培训和挑战。同时,央视世界杯特别节目《南非行动》全程跟踪报道了花式足球挑战赛的盛况。赛事时间跨度长,地域范围广,为哈啤品牌造势不少。

哈啤还结合世界杯专属瓶标开展了名为"瓶标藏酷奖,快用手机找"的抽奖促销活动。该活动增强了消费者在饮用哈啤、接触哈啤广告时的兴趣和乐趣,带动啤酒爱好者自主传播,巧妙地将企业与消费者之间的沟通转化为消费者之间的沟通,从而形成客户增值效果。

到了 2014 年的巴西世界杯,哈啤依然是世界杯在中国的官方指定啤酒。凭借南非世界杯的营销经验,哈啤在巴西世界杯的营销策略中如法炮制,从 2013 年年底开始就围绕世界杯主题开展了一系列大型市场活动,包括与央视体育频道合作推出《酷动世界杯》栏目,制作世界杯主题广告、世界杯系列纪念包装、世界杯主题大篷车路演以及其他精彩纷呈的消费者活动等。

不过,时过四年,仅仅依靠这些手段显然已经有些与时代脱节。哈啤在南非世界杯广告营销、线下活动的基础上,开始着眼细节。从一个深刻的洞察出发,也就是将世界杯打造为一个巨大的节日,它不仅属于球迷,更属于每个人。所有人都可以在这场盛会中找到尽情释放的理由。基于这一思考,哈啤提出了"尽情世界杯"的口号,并形成用产品讲故事的传播理念,在这方面,社交媒体成为最佳的传播平台。

哈啤将目标消费者进行了清晰的划分,并找到具有针对性的代言人。"球迷看球团"是世界杯的主力军,哈啤选择与黄健翔合作,让"资深解说+球迷"的威力充分释放,利用黄健翔的风趣幽默和在足球圈的号召力影响专业球迷。哈啤的品牌大使孙红雷塑造了众多荧幕上的硬汉形象,"哥们儿看球团"的代言人非他莫属。为此,哈啤还专门打造了"够意思"主题游轮,让其在松花江起航。孙红雷也亲临派对,与家乡球迷共同感受世界杯的氛围。被称为"情感奶爸"的中国畅销书作家陆琪能够深度辐射到女性用户,自然成为"姐妹知音团"的代表。而因《爸爸去哪儿》被观众熟知的王岳伦和妻子李湘则成为"奶爸看球团"和"太太后援团"的绝佳代言人。

此外,哈啤还为几类人群分别专门打造了带有特定广告语的瓶罐包装,"哥们儿看球团"的"不喝不相识","球迷看球团"的"挺到底做自己","奶爸看球团"的"放假 33 天","太太后援团"的"看球不带娃",以及"姐妹知音团"

百年老号，一起哈啤
——哈尔滨啤酒的品牌重塑之路

的"姐姐妹妹 high 起来"，每条广告语都让人印象深刻并且能够迅速激发品牌联想，通过自主传播，哈啤成功地与消费者进行品牌沟通与互动。①

通过这几个切入点，哈啤"尽情世界杯"的话题在社交媒体上迅速发酵，最终的话题阅读量接近 1 亿，讨论量也超过 72 万。哈啤通过社交媒体讲故事的营销战略取得了巨大成功。此战让全球记住了这个中国品牌，也让哈啤在国际化道路上迈出了坚实的一步。

然而各种质疑声也纷至沓来。"世界杯营销是每家啤酒厂商的必争之地。但对国内的观众而言，能去现场看球的人寥寥无几，大部分都还是通过电视和网络。哈啤花大价钱赞助世界杯赛场，性价比并不高。"一位要求匿名的业内人士表示。

"我们的想法没有外界揣测得那么复杂，简单而言就是两大目标。"对于市面上的各种质疑声，百威英博中国区企业事务部总监郭彦宏通过《每日经济新闻》记者回应道。她表示，哈啤世界杯营销的逻辑中只有两个目标：一是提高哈啤品牌在全国的知名度和地位，二是借力世界杯提升哈啤的销量。

携手 NBA

在世界杯赛场上尝到甜头的哈啤并没有将眼光局限在大型赛事的爆发式营销一条路上，他们心里很清楚，要想在体育营销领域获得稳定的品牌影响力，需要更持久的投入。而与 NBA 的合作正是以此为出发点。2012 年年初，哈啤接替青岛啤酒成为 NBA 中国的官方市场合作伙伴，并邀请 NBA 传奇巨星"大鲨鱼"奥尼尔作为哈啤的"至酷大使"。

就在 2012 年的 NBA 中国赛前夕，哈啤特别开启了至酷篮球英雄活动。这一活动分为线上和线下两部分，同时组织方还为十位选手拍摄个人秀视频，在网络上宣传推广。最终的至酷篮球英雄选手可赢得哈啤 NBA 中国赛的 VIP 门票大奖。哈啤通过线上线下相结合的方式让篮球运动与自己的品牌联系起来，既在民间推广了篮球，也让自己的品牌形象更加深入人心。

2014 年，哈啤启动了 3V3 酷爽嘉年华篮球赛活动，同年 8 月，哈啤与 BBH 推出全新的整合品牌传播活动。以全国性的主题电视广告及户外平面广告为起点，提出"一起哈啤"的口号，并通过持续全年的数字与社交网站宣传活动吸

---

① 详见网页 https://www.sohu.com/a/45309721_115533，访问时间：2016 年 1 月。

引年轻人的注意。哈啤前品牌总监车祁表示,"一起哈啤"不只是品牌路线,更是集结口号,这正是哈啤作为啤酒品牌存在的理由。此外,在 NBA 比赛的电视直播中,比赛的地板上也会不时地出现"一起哈啤"的字样,这种在直播中的品牌植入方式让哈啤得到了最大范围的品牌传播。

2015 年,哈啤与 NBA 中国续签市场合作伙伴协议,为哈啤的国际化道路再添一瓦,同时增加了消费者对品牌的联想力,如同消费者听到百威啤酒,就能想到音乐王国一样,让品牌获得了广泛的认知度,长此以往,提到世界杯,提到 NBA,消费者就能联想到其官方啤酒合作伙伴。哈啤坚持不变的体育营销,让其他啤酒品牌要想进入这一领域难上加难。

哈啤依靠具有丰富体育营销经验的母公司百威英博,走出了一条线上线下相结合的营销之路,在国内竞争激烈的啤酒市场逐渐站稳脚跟。当然,仅仅几年的累积,哈啤还是这一领域的新兵,未来的日子里,哈啤以 NBA 为基础,如何扩散到更广阔的体育领域,让体育营销形成一种常态,才是将潜力完全释放的关键之道。

赞助 DOTA2

当电子竞技兴起之后,更多的年轻人对于电子竞技充满了兴趣与热情,而重塑品牌之后的哈啤自然没有放过这个机会。首先是赞助了 LGD 俱乐部。虽然在第六届 DOTA2 国际邀请赛上 LGD 的成绩并不尽如人意,但无论是直播平台的弹幕,还是各大社区、微博,哈啤借着 DOTA2 的热度传遍了电竞相关的每个角落。

在第六届 DOTA2 国际邀请赛之前,哈啤宣布赞助 LGD 俱乐部出征西雅图,这也是传统行业赞助电竞为数不多的案例之一。在开赛后,由于"一起哈啤"口号的朗朗上口,不久就成为 DOTA2 粉丝的口头禅。比赛中,无论是赢了还是输了,粉丝都会用"一起哈啤"的口号来表达,哈啤成为当时电竞圈最为流行的表达方式,没有之一。

邀请赛期间,有哈啤品牌露出的比赛直播观看人数达到了 1.58 亿,游戏相关的"一起哈啤"的网络口碑占到了总体"一起哈啤"提及率的 67%。另外在邀请赛期间,哈啤的百度指数甚至一度达到了五年来的新高。电竞圈都在"一起哈啤",其热度已经超过了之前哈啤高价请明星代言以及赞助巴西世界杯。

哈啤对电竞赛事的成功赞助甚至引来了其母公司百威英博点赞,百威英博在邮件中称赞了哈啤的眼光。百威英博在邮件中还说道:"通过电竞把'一起哈啤'的口号和哈啤品牌推广到了世界每一个角落,在DOTA2世界大赛中哈啤品牌享有了充分的展出,并一举奠定了哈啤品牌在DOTA2中的地位。"

2016年在电竞DOTA2的投入,让哈啤尝到了甜头。2017年哈啤有幸赞助了所有出征西雅图的中国DOTA2队伍,继续扩大在DOTA2在电竞领域的优势,喊出了"一起TP,一起哈啤"的口号,对电竞行业充分表现了其品牌对年轻人的理解和洞察,也展现了其品牌敢于创新的勇气和活力。

拥抱新媒体

在营销方式上,哈啤成为行业内率先拥抱新媒体的企业,为其带来了大量的话题和销量,也为其品牌年轻化助力良多。当竞争对手还在进行传统广告推广时,哈啤率先将营销的触角伸向了微博等新媒体。

一起哈啤的兄弟

与大多企业将微博视为一个信息发布平台不同,哈啤将微博做成了一个互动平台,一个树立公司形象的平台。"一起哈啤的兄弟"这一口号是哈啤新媒体营销的集中体现。

2014年,哈啤在微博等新媒体上开始使用#一起哈啤#这一话题,但在当年并未产生太大的影响。

2015年,哈啤将口号更改为"一起大声哈啤",并在微博上进行专业推广。但结果表明,这一话题并未引起大的反响。传播仅限于公司的推广,网友并没有参与的热情。

2016年,哈啤对这一口号进行了新的调整,"一起哈啤的兄弟"这一口号产生。这一新的话题将哈啤与"兄弟""友情"画上了等号。在推广中,也不再局限于通过买粉、买转发的方式进行,而是更多地融合到其他话题中去,哈啤牵手NBA也为其提供了这样一个机会。通过在NBA相关话题、评论中不断地呈现,#一起哈啤的兄弟#的话题影响力不断增强。

同时,哈啤还通过表情包等方式不断地拓展自身加入话题的能力,直击当下热点的做法也提高了其在年轻人的网络生活中的呈现场景与次数。

2017年,"一起哈啤的兄弟"已不再是一句口号,而是彻底地融入到微博网友的网络生活中。网友在阐述自己的友情时,经常将这一口号融入其中。而Happy传统中文音译"哈皮"也大有被"哈啤"取代的趋势。也许某一天,"一起哈啤"就会像"百度一下"一样自然地从我们的口中说出。

截至2018年8月底,哈啤的官微粉丝数已突破390万,而微博平台的各种活动层出不穷,其转发量及评论量也展现出大众参与的热情,通过各种"接地气"的推送,微博这一营销平台为哈啤的品牌重塑又添上浓墨重彩的一笔。

百年哈啤上B站

2017年,哈啤携手数字营销伙伴VML公司在B站推出首支视频,上线一周播放量高居生活板块第2位。无论是体验互动还是精神契合,无数的正面评论说明一切,"一起哈啤"洗脑成功!紧接着的第二支鬼畜视频,又是几日便高居鬼畜板块周排行第1位,再次赢得站内满堂红。

在B站,深藏了一群极具内容创作天赋的年轻人群,他们曾制造出一夜爆红的热点话题,如著名的Duang;此时,哈啤率先打入年轻人的兴趣圈子,推动品牌的革新。

趁着大学校园毕业季,哈啤为年轻用户量身打造了校园短片,以第一人称的视角展现了当今大学生最真实的校园生活,融入众多脑洞大开的意想不到,有笑点也有泪点,3分钟带你过完整个大学四年。

抛开优酷这类包罗万象的门户型平台,拒绝以广撒网的方式去捕获其中年轻用户的注意力,哈啤这次选择了B站作为精准切入口,其平台用户具有高度黏性、强互动性等特征,其衍生出的一系列亚文化("二次元""三次元""鬼畜")及行为("弹幕"),已有向主流文化渗透的迹象。哈啤在90后的平台用90后的共通语言,与90后玩在一起,不断进行着品牌的革新。

未来与挑战:哈啤如何挖掘新市场?

在激烈的收购大战之后,哈啤成为生存下来的行业巨头之一(其他为青岛啤酒、燕京啤酒、华润啤酒)。在整个啤酒市场上,哈啤的突出特点是具有亲和力、拥有成本优势。

2017年,哈啤在"Brand Z最具价值中国品牌100强"榜单中,以12.03亿美元的品牌价值,位列品牌榜第52,并首次超过雪花啤酒,以19%的涨幅成为啤酒行业增值最快的品牌。与竞争对手相比,哈啤不具有如青岛啤酒般强大的品牌优势,也难以比拟华润啤酒的资本优势。青岛啤酒是全国啤酒第一品牌,从总体看,其优势是它有强大的品牌,但是它收购了太多倒闭的小厂,质量难免会有所下降。华润啤酒则依托总部的大力支持,不断收购兼并啤酒企业,对哈啤构成了极大的威胁,其核心竞争力是强大的资本优势。哈啤从总体规模上不逊色于这两家,但从品牌上显得底气不足。而且哈啤的酿造同其他酒类相比并无高明之处,这是哈啤的劣势所在。

2018年哈啤总经理杨永霖在出席中国人民政治协商会议黑龙江省第十二届委员会第一次会议时说道:"品牌建设依然是第一位。"而随着二期投产项目的完成,哈啤的产能也将获得进一步提升,通过已有的成本优势、市场规模和渠道优势开发新产品,提高酿造技术,开发一系列有特色的、竞争对手无法仿制的新产品,适应更多消费者的需求。此外利用啤酒文化赋予哈啤的文化内涵,加大企业自身的文化建设,加强已有品牌的营销力度。同时对市场进行更准确的定位和详尽的细分;找准每个品牌的目标市场,各个击破。哈啤在完成诸多挑战之后,已然拿下了年轻消费群体的市场,年轻化的定位使哈啤获得了长足的发展,但这一定位也限制了其在更大的消费市场上的推广,如何才能突破这一新的瓶颈取得更大的发展,已然成为哈啤进一步发展的难题。

思考题

1. 以哈啤为例,请陈述你对品牌老化原因和特征的理解。
2. 哈啤通过哪些措施进行了品牌重塑?这些措施是否有效,为什么?
3. 哈啤在未来应如何另辟蹊径,发挥老字号品牌优势,寻找更大的消费市场?

参考文献

[1] 黄静.品牌营销[M].北京:北京大学出版社,2014.
[2] 常继生,许英豪,范爱明.品牌重塑[M].北京:机械工业出版社,2018.

[3] Robert Siegel, Amadeus Drleans. AB InBev: Brewing an innovation strategy. Orleans, Amadeus Ivey Product Number: E643(Ivey Publishing, Publication Date: 11/16/2017).

[4] Charan K. Bagga, Niraj Dawar. A simple graph explains the complex logic of the big beer merger. Ivey Product Number: H02FMF(Ivey Publishing, Publication Date: 10/20/2017).

[5] 宗刚,赵晓东.市场经济条件下的中国啤酒业发展历程与实证分析[J].北京联合大学学报(人文社会科学版),2013,11(02):110—115.

[6] 王俊峰,王岩,鲁永奇.国外品牌重塑研究综述[J].外国经济与管理,2014,36(02):46—54.

[7] 王天甲.基于"修旧如旧"理念的老字号品牌价值重塑研究[J].包装工程,2020,41(02):84—88.

[8] 郭雯琦.老字号品牌激活战略研究[J].人民论坛·学术前沿,2018(09):122—126.

[9] 啤酒日报.网络口碑报告:业绩冲击燕京,假酒挫伤百威,雪花口碑不如青啤哈啤[EB/OL].(2017-07-03)[2018-10-20].https://mp.weixin.qq.com/s/Q5N5uYSlBJmxO6v1KI fEkA

[10] 广告狂人.同样是世界杯营销,看看人家哈啤[EB/OL].(2018-07-05)[2018-08-25].https://mp.weixin.qq.com/s/nYqaJBAoR38sqvNCNZueNQ

好风借力,直上青云

——新营销助力老字号品牌激活*

摘要：中华老字号有着动辄上百年的发展历史,不仅伴随着一代代人成长,更见证着中国经济社会的发展。但在市场经济占主导的今天,部分企业由于没有对市场进行合理的把控和研究,无法扩大品牌影响力和覆盖力等,慢慢失去了发展优势,褪去了昨日的光环。与此同时,电商界大佬相继提出"新零售""无界零售"等概念,我们从中可以明显感受到第四次零售革命正在酝酿之中。本案例详细阐述以"百雀羚"为代表的老字号企业如何紧跟发展潮流,既保留品牌原有的历史价值,又能根据市场需求革新产品和营销方式,激活品牌,搭上"新零售"的快车成功破局,对加深学生关于"新零售"和市场营销的理解有一定的帮助。

关键词：老字号　新零售　市场营销　复古品牌激活

引　言

新年新气象,2018年1月16日,以"荣耀有你,赢战未来"为主题的百雀羚

---

* 本案例由青岛大学商学院王崇锋教授,青岛大学商学院学生马肇晴、刘欣荣、晁艺璇、杜建儒撰写,作者拥有著作权中的署名权、修改权、改编权。本案例授权中国管理案例共享中心使用,中国管理案例共享中心享有复制权、修改权、发表权、发行权、信息网络传播权、改编权、汇编权和翻译权。由于企业保密的要求,在本案例中对有关名称、数据等做了必要的掩饰性处理。本案例只供课堂讨论之用,并无意暗示或说明某种管理行为是否有效。

集团 2018 全渠道共赢大会在上海举行。会议上，百雀羚高层公布了一连串振奋人心的数字：2017 年，集团总零售额达到 177 亿元，继 2015 年的 108 亿元和 2016 年的 138 亿元后同比增长 28%，再创新纪录。同时百雀羚还对新的一年做出了规划，指出 2018 年的目标是增长 30%，表明了自己的雄心壮志。

与会人员都喜气洋洋，对未来充满着无限的希望。此情此景下，谁能想到就在短短几年前，具有品质和声誉双重优势的老字号，还在电商的打压下苟延残喘。正是搭上"新零售"这条快船，百雀羚才奇迹般地获得"新生"。而在日益激烈的竞争形势下，老字号们又应该如何稳住"新零售"这张新舰，扬起新一波老品牌热潮呢？

老字号真的"老"了吗

"中华老字号"的前世今生

老字号是经过长期的历史积淀而形成的、受社会广泛认同和具有良好商业信誉的企业，不仅拥有世代传承的独特工艺，而且极富民族个性和文化内涵。

从始于清朝康熙年间提供中医秘方的同仁堂，到创建于清朝咸丰三年为皇室和官员制作朝靴的内联升，从以制作的美味酱菜在明朝发迹的六必居到 1862 年应京城显贵的穿戴而生的瑞蚨祥，经历几十年甚至上百年的浮沉，到中华人民共和国成立初期，保留下来的老字号企业约有一万多家，遍布百货、餐饮、服装等众多行业，涵盖了居民吃、穿、住、行日常生活的方方面面。老字号不仅是一种商贸景观，更是中国悠久文化和传统的重要代表。

近年来，随着现代经济尤其是互联网经济的快速发展，新生本土品牌如雨后春笋般涌现，同时也有大量国外品牌进入中国市场。然而许多老字号企业并没有对此产生危机感，它们沉醉于辉煌的过去，故步自封，产品和营销方式都开始老化，逐渐被时代的洪流淹没。至 2015 年，在商务部认定的 1 129 家"中华老字号"中，上市公司企业只有 70 多家。更令人揪心的是，在这 70 多家上市企业中，仍在不断发展壮大的只有 20%—30%。大部分老字号企业经营状况欠佳,其中一些企业甚至只剩空壳,已无产品推向市场。

百雀羚的商场浮沉

百雀羚的历史能追溯到 1931 年,它的前身是顾植民先生创办的富贝康化妆品有限公司,这基本也是中国第一代护肤品企业。

1940 年,公司研发推出香脂类产品——百雀羚香脂,这在当时的市面上可是个稀罕玩意儿,此前并没有类似的产品出现过,所以该铁盒香脂一经面世便引起巨大反响,成为当时社会上名媛贵族的首选护肤佳品。不仅如此,这款产品也漂洋过海,受到外国消费者的青睐,畅销东南亚等地区。从此,富贝康化妆品有限公司以"百雀羚"之名开始了其经典传奇之旅。

20 世纪 80 年代后,百雀羚不满足于"护肤"这一个单纯的诉求,开始向更为全面的"护肤、滋养"的护肤新理念转变,并开发出了多种品类的护肤品。多年的积累使其旗下产品迅速打开市场,年销量近亿盒。

没有人能一直待在顶峰,辉煌之后的百雀羚开始走下坡路。中华人民共和国成立后在全国范围内实施公私合营制度,这种体制改革让百雀羚有点水土不服,工厂停产,大量工人面临下岗的压力。此时,公司的经营者已经是回天乏术了,最后公司被港商轻松地以低价收购。几年后,由于销售表现不佳,百雀羚又被抛售,这次是上海市政府伸出橄榄枝,将其回购。经历了如此一波三折后,百雀羚已经奄奄一息了。

百雀羚总是被人们称为"经典国货",这虽然意味着人们在一定程度上认可其厚重的品牌价值,但更多的像是被扣上了一顶帽子,被人有意无意地贴上"产品老化""生产疲软"等负面标签,以致现在人们提到百雀羚,只能想起那款铁盒香脂。

新瓶装旧酒——老字号初改造

在困境中苦苦挣扎的老字号企业以"不成功,便成仁"的决心开始筹划改革方案。

兵马未动,"产品"先行

产品是品牌的载体,品牌是产品的灵魂,老字号从产品出发开始探索。经过调研后他们发现,电子商务的崛起打破了购物在时间和空间上的界限,外来产品对本土产品造成了巨大的冲击。2012—2017 年,在 TOP20 化妆品品牌中,中国本土品牌市场份额虽在逐步上升(见图 1),但与国外品牌所占市场份额相比还有明显的差距。

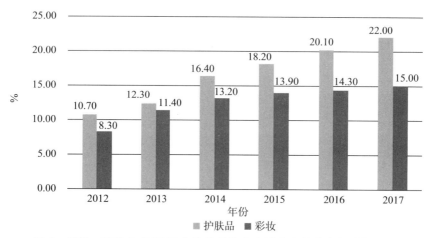

图 1　2012—2017 年 TOP20 化妆品品牌中中国本土品牌市场份额变化

"知己知彼,百战不殆",韩国护肤品牌兰芝,其产品主打的"补水、美白"准确"狙击"了青年女性消费者的需求,再加上以韩剧、偶像团体等形式的韩国文化向我国的输出,使兰芝在年轻人中占有一定的地位;美国彩妆品牌美宝莲,因其有效的防水功能和平民价格深受年轻人的喜爱。

老字号百雀羚与之相比,明显存在产品老化、不符合消费者需求的问题。但不同于近期才打入中国市场的这些国外品牌,百雀羚拥有厚重的品牌历史,老字号与中国消费者有多年千丝万缕的羁绊,创造出了巨大的品牌价值。所以,在保持原有品牌历史的基础上,更新产品刻不容缓。

百雀羚在 2000 年改制成为民营企业之后,不断扩充产品种类,研发推出了护肤品、香皂、护发素、花露水等一系列产品,甚至还推出小百羚系列产品试图切入儿童市场。但由于并没有类似的经验,百雀羚这种"广撒网"的做法并没有达到其"遍地开花"的目的,这些产品大都"养在深闺人未识",更像是企业自娱自乐的产物。

于是,技术人员开始集中力量,针对目前化妆品的消费主力——女性群体进行产品研发。经过技术人员长时间的调查、研究和尝试,自2008年起百雀羚相继推出水嫩精纯系列、水嫩倍显系列、水能量系列等几个系列的新产品,这些产品在实现原有的草本护肤、补水保湿的前提下,在美白、紧致等方面也表现不俗,契合了女性消费者的需求。同时,百雀羚对原有品牌历史和价值进行拓展和延伸,开创出新的品牌定位"草本护肤",主打"温和不刺激"。

无论是从长线护肤原理,还是从百雀羚自身的核心价值诉求来看,这样的聚焦都是明智的,有利于树立并强化其全新的品牌定位。但与此同时,这样的做法也带来了一定的问题。把全部的"宝"都押在基础性产品上,不仅使自己的产品很容易被其他价格较低的产品替代,不利于提高竞争壁垒,而且由于各种产品功能上的差异并不明显,可能会增加消费者的选择成本,窄化消费者的选择空间。

除了要做好里子,还要顾好面子。百雀羚原版设计在当代消费者眼中无疑太过时了,无法激起购买欲望。于是,百雀羚开始筹划改版事宜。经公司市场部与来自上海、广州、深圳、香港等多地的设计团队的多次共同讨论,新版包装决定以"天圆地方"为思路进行设计,这不仅是中国古代对于世界和宇宙的看法,也能完美体现百雀羚品牌万变不离其宗的处世哲学,延展了其品牌价值。在设计完成后交由工厂生产的这个过程中,工厂发现这个设计中存在不少诸如底座不稳等实用性问题,为此百雀羚整合了多家工厂的想法,对新包装进行不断打磨,力争做到使其在具有美感之外更具实用价值。最终,天圆地方瓶(见图2)历时一年终于华丽亮相。

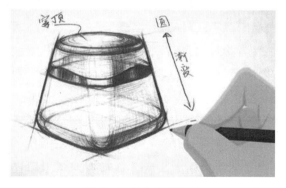

图2　天圆地方瓶设计

2013年11月,百雀羚天圆地方瓶系列新包装获得亚洲规模最大的广告创意大奖——"金投赏"金奖,这为百雀羚品牌赋予了"天人合一"的可传播的故事性概念,口碑得到进一步扩散。

酒香也怕巷子深

现在有了符合需求的产品,如何将它推广出去呢?一直以来,百雀羚都是采用传统的营销模式,通过线下渠道销售,通过口碑效应发散传播。但随着时代的进步及互联网的高速发展,这些老一套与当前的市场环境格格不入,不仅使它们的品牌影响范围被限定在企业商铺周围很有限的区域中,更使它们流失了相当大的消费群体。

百雀羚受到大宝等国货品牌的启发,开始寻觅适合自己的代言人,最终将目光投向了莫文蔚。莫文蔚影视、音乐事业多方面开花,知名度和号召力都足够强大,她在电影中不拘小节、清新自然的形象深入人心,在现实生活中随性自然、鲜有负面新闻的形象,也非常符合百雀羚"自然美"的品牌定位。但是,莫文蔚对品牌的选择一向十分谨慎,在此前仅代言过宝洁顶级产品 SK-Ⅱ,从未代言过国产老字号产品,这虽然给百雀羚的邀请带来不小的难度,但百雀羚认为,这也能说明莫文蔚具有很大的潜在开发价值。

最终,百雀羚成功邀请莫文蔚代言草本护肤系列,自 2010 年起,莫文蔚的代言广告频繁出现在大家的视线中。这个决定对成功植入百雀羚在大众心中的品牌定位起到了重要作用:莫文蔚的"国际范儿"与百雀羚的"东方美"产生了一种奇妙的和谐,赋予了百雀羚品牌极大的时尚感和现代感,仿佛百雀羚不再是画中旧时代的名伶,而变身为引领时尚潮流的现代美人,沉睡在消费者心中许久的一代经典品牌似乎一夜间被"唤醒"了。

但有一部分消费者担忧,百雀羚为邀请莫文蔚支付了巨额代言费后,产品的价格会不会上升呢?百雀羚以其实际行动回答了这些消费者。其产品价格仍然维持在几十元,性价比非常高。但对于企业来说,这并不是好事。且不说这种四平八稳的代言人路线不能给销售额带来大幅度的提升,就最直观地看,由于代言费颇为不菲,也进一步影响了营业利润的提升。

至此,百雀羚在产品和营销方式两方面都遇到了不同程度的瓶颈。根本问题究竟出在哪里呢?哪里才是老字号企业真正的出路呢?

好风借力，直上青云
——新营销助力老字号品牌激活

借力新零售——百雀羚寻找新蓝海

新零售曙光乍现

电子商务诞生于20世纪90年代并在之后的二三十年里蓬勃发展，对于消费者来说，相较于传统线下渠道，网络购物没有时间和空间的限制，更加方便快捷，并且扩充了消费者可选择的商品品类，便于其选择更物美价廉的商品；对于企业来说，电商模式能减少商品流通环节，易于控制中间成本，并且可借助大数据更好地分析消费者行为。一时间，实体零售受到巨大冲击，实体店主纷纷寻找出路。

当然，这并不意味着这些电商平台就可以高枕无忧了，近几年的数据显示，虽然我国互联网购物用户数量仍在逐年增加，但是增长速度正在逐年降低，电商虽然仍在获利，但每单位获客成本急速上升，电子商务红利正在逐步消失，未来形势不容乐观。

电商也纷纷寻找出路，在它们的探索中，我们能明显感觉到的一个趋势是，零售活动不断超越和打破原有边界，向线上线下及物流融合发展，但当时零售的概念并不能完全解释这样的趋势。

2016年10月，阿里巴巴集团前董事局主席马云在杭州·云栖大会上提出："纯电商时代很快会结束，未来的十年、二十年……只有'新零售'这一说，也就是说线上线下和物流必须结合在一起，才能诞生真正的'新零售'。"从这时开始，"新零售"这一新鲜的概念进入大家的视野并受到很多企业家、学者、媒体的关注和热议。在他们的助力下，这个新概念迅速传播。人们对"新零售"有了粗略的认识，它的核心是利用目前互联网已有的开放的思想和先进的技术，对传统零售方式加以改良和创新。人们意识到它并不仅仅是所谓的"线上+线下+物流"，更要融入云计算、大数据等创新互联网技术，实现与消费者全渠道的接触，以消费者体验为中心，实现成本、效率和体验的全面提升。

许多企业意识到了新事物中蕴含着的巨大潜力，因为当每个人都是互联网用户时，企业品牌的塑造、推广、营销都可以通过数字化的方式完成。而且数字化媒体存在着巨大的优势,它们不仅能让消费者及时获取信息,更能通过双向互动使企业获得消费者的数据。这些数据能帮助企业更好地定位消费者,进而推动生产和服务的优化,最终在任意合适的场景中提供给消费者。随着新零售的兴起,不仅出现了许多诸如"盒马鲜生"的新生企业,更多像Zara等传统老牌企业也开始尝试与"新零售"相结合,从过去的先生产产品再找到人气最旺的地段开设商铺,最后卖给最多的人这种"货—场—人"销售模式[①],发生了转变,代之以"人—货—场"销售模式。

百雀羚与时俱进

百雀羚深入分析了目前存在的问题:基础产品的可替代性强,那么势必要对产品进行差异化改造;营销方式四平八稳,就要别出心裁、深入触网。这些解决方法说起来简单,做起来却很难,而百雀羚在对新零售的概念和政策进行深入研究后认为,新零售的出现就是一场及时雨,给久旱的老字号企业带来了新生的希望。

数据引导产品升级

2012年,百雀羚下属子品牌"三生花"诞生。他们首先以三只装的护手霜礼盒切入电商市场,由于品质比电商市场同类产品更具优势,加上前期积累的良好品牌形象,"三生花"虽是首度在电商平台亮相,但短短十天就卖出了近10万套。

取得了这样的销售成绩,百雀羚电商团队知道还远远没到庆祝的时候,产品的差异化才是他们追求的终极目标。电商团队趁热打铁,借助电商平台提供的活跃用户浏览、购买、收藏等习惯的海量数据信息,运用大数据进行分析,总结出他们的特征,完成了"三生花"系列产品的市场细分。从中可以发现,这些消费者的年龄集中在18—25岁,以白领和学生为主。这部分人群的特点是,他们不仅重视产品质量,而且对产品的包装外观有较强的偏好。针对这部分消费人群,2013年、2014年"三生花"又接连发力,以"补水、保湿"为主要目

[①] 以科学洞察用户需求为创新原点,以快和省的方式验证用户需求,在不断循环中无限逼近极致的用户体验,拉近产品与用户的距离,从而实现在特定场景下引发爆品的指数级传播。

标,推出了面膜和水乳等产品,形成了自己的产品阵营,实现了更精准的产品展示。至此,"三生花"的产品定位也基本完成。

该品牌虽然在产品上进行了较为彻底的革新,但在品牌理念上并没有完全抛弃百雀羚的历史资产:一方面,以文艺、时尚、清新、轻复古的格调重新演绎百雀羚的海派风华和文化底蕴;另一方面,在继承百雀羚经典东方美的形象、延续天然花草护肤理念的同时,加入了自己独特的海派基因,以天然植物萃取精华为主要成分,以日常的文艺滋养心灵,打造精致生活,倡导"美丽在生长"的护肤方式。

由此,"三生花"作为以天然花草惠泽的低刺激性护肤品牌,不局限于为那些不仅追求外表美丽、更注重心灵的滋养和丰盈的现代新型中国女性提供护肤品,更试图为她们建立一个日常文艺生活平台。这是百雀羚进一步年轻化的关键之一,成为他们与年轻消费群体进行情感沟通和制造共鸣的桥梁之一,有利于加强客户黏性和品牌忠诚度。

2016年,百雀羚在各大平台发起"一字千金"诗歌填词活动,与广大网友共同创作完成"三生花"品牌主题曲《花开三生》,并邀请民谣才女程璧演绎,引发了文艺圈的关注。

在电商平台获得较大成绩后,"三生花"稳住脚跟,从线上走向线下。线上,企业能根据电商平台提供的数据推出差异化产品,并在电商平台上进行精准投放和推广;线下,企业可以依托天猫超市完善的仓储和物流系统降低物流成本,提高销售效率。线上线下形成合力,扩大了"三生花"的市场份额。

"三生花"品牌的成功不是偶然的,它依托新零售孕育出了一套可复制的模式。有了"三生花"的经验,百雀羚针对中年女性消费者推出了"气韵",主打恢复肌肤活力;针对高收入人群推出高端品牌"海之秘",主打海洋护肤。截至2017年年初,公司旗下拥有"百雀羚""三生花""气韵""海之秘"四个品牌,分别有不同的定位和目标人群,并且通过单独开设旗舰店的方式来服务对应的消费者,实现在电商渠道的集团化作战。

个性化服务温暖人心

由于消费者越来越重视产品的个性化和服务体验,百雀羚在定制产品和服务方面也下了苦功夫。

百雀羚运营团队中有一个神奇的部门叫作"万万没想到",他们的主要任务就是从电商客服那里收集客户信息,包括但不限于与产品相关的用户反馈,然后从中筛选部分进行满足。

曾经,"万万没想到"部门通过客服得知某个用户马上就要步入婚姻的殿堂,于是就给这个用户精心准备了一份内有桂圆、莲子、花生、红枣等有美好寓意的礼盒,配合着该用户购买的产品一起寄出。该用户在收到礼盒后非常惊喜和感动,为了表达自己的感谢还专门去找当初对接自己的客服,邀请她来参加自己的婚礼。

这样的例子还有很多,有个用户与客服说起自己与母亲的关系很紧张,"万万没想到"就给这个用户的母亲写了一封信叫"爱你在心口难开";还有个在新疆支教的用户,表示自己很喜欢某个作家的作品,团队就寄送了一套该作者的全集给他。

另外,百雀羚还成立了专职部门,专门负责在移动端如微信平台上的客户运营,他们除了负责微信公众号的信息推送,还有几个"个人"微信,同用户建立一种朋友关系,除了解答客户的问题,还可以与用户进行日常生活的沟通,更多地扮演"人"的角色。在同消费者进行的一对一对话中,百雀羚悄然改变了其在消费者心中陈旧的品牌形象,有温度和关怀的品牌文化深入人心,这也进一步增强了客户的黏性。

营销方式年轻化

百雀羚除了在产品和销售渠道方面有了巨大转变,其营销方式也在慢慢契合目前的市场环境,针对性也更为明显。在通过电商平台了解到其主力消费人群为年轻人后,百雀羚针对这部分消费群体制定了新的营销策略。

2016年10月,百雀羚推出了一则名为《四美不开心》的视频广告,昭君怒摔琵琶改撸串、贵妃拾起荔枝当弹珠、貂蝉吕布意外各自找到真爱、东施西施相爱相杀最终竟产生感情。这则广告重新编排"四大美人"的故事,内容活泼有趣,更为贴近年轻人的思维方式。事实证明,这则广告传播效果还不错,也带来了较大的利润回报。

自此,百雀羚走起了内容营销的路子,在挖掘传统文化的价值的同时,将传统文化置入现代的语境中,用年轻人惯用的表达方式营造一种"反差萌",被年轻人迅速接受。2017年5月,百雀羚与"局部气候调查组"合作发出的长图广告引爆朋友圈,获得了10万+的阅读量和网友的热情转发。

巩固客户满意渠道优势

百雀羚也在继续巩固其在线下门店的优势。

一直以来,百雀羚的销售都是以重要客户(Key Account,KA)渠道为主。2016年,百雀羚正式进军CS①渠道。在新零售的概念提出后,百雀羚意识到自己最近在做的东西与其不谋而合,更加明确了自己的前进方向。百雀羚启动全渠道战略布局,力求达成三年内CS渠道第一的目标。

经过不到两年的时间,百雀羚专营店在全国各地基本实现覆盖,并因其产品、营销的不断创新积累了巨大的优势。为了能真正将战略落地,进一步提升市场的终端动销能力,升级终端场域营销,强化场景营销、体验营销和会员营销三大策略,百雀羚于2018年2月26日在全国范围内的终端门店开展了为期多天的"百雀羚北纬30度,向天然致敬"大型主题活动。活动全程以"好产地,好草本,才能造就好产品"为核心,旨在通过不断强化"优质产地造就优质产品"的认知,为CS渠道的消费者带去"天然不刺激"的草本护肤体验。

作为一个拥有八十多年历史的品牌,百雀羚却像一个充满活力的少年,不断进行着尝试和创新。根据天猫销售平台的销售数据统计,百雀羚不仅在2016年和2017年的"双11"购物狂欢节中,力压一众国际品牌获得化妆品类的销售冠军,在CS渠道也不断巩固着自己第一的位置。

"老字号"拥抱"新零售"的深度影响

老字号的变化起源于"上网",但它们发生的变化引发的蝴蝶效应②,远远不止于此。一旦企业决定触网开设天猫店,天猫与其背后的阿里生态会使企业在营销方式、物流渠道、商业形式和供应链四个方面发生重组。

---

① CS(Customer Satisfaction),即客户满意。化妆品CS渠道指在终端销售中的化妆品店、日化店、精品店系统所构成的销售终端网络系统。
② 蝴蝶效应(The Butterfly Effect)是指在一个动力系统中,初始条件下微小的变化能带动整个系统的长期且巨大的连锁反应,这是一种混沌现象。任何事物发展均存在定数与变数,事物在发展过程中其发展轨迹有规律可循,同时也存在不可测的"变数"。

营销方式重组：从常规手段到消费者社区

过去，老字号企业经常采取的营销方式一般是在线上线下投放广告，这种常规的营销方式往往会带来两个问题：效果不能追踪，广告和购买行为无法关联；企业和消费者之间无法形成有效的互动。百雀羚投放长图广告后，可以通过对比消耗成本、淘宝等旗舰店的网络销售数据计算出广告的销售额转化率，可以最直白地得到此次活动的效果。而电商本身也是消费者社区，一方面，百雀羚能够及时了解消费者对产品的评价，做出相应的调整；另一方面，用户得到企业的良性反馈，会产生一定的归属感，不自觉地加入品牌的创造和宣传中去。

物流渠道重组：从限定区域到覆盖全国

一般情况下，老字号企业受限于物流实力，仅在一定区域内销售。有限的物流实力既是企业销售额增长道路上的绊脚石，也是阻碍企业影响力扩大的重要因素。而借助于电商平台几十年积累的物流经验，现在老字号产品可覆盖从国内一二三线城市到乡村甚至国际的全消费者销售渠道。并且，由于电商平台在各区域内设置多个前置仓并有专业的算法和供应链条，即使在物流配送高峰期商品也可快速送至消费者手中，极大地提高了效率。

商业形式重组：从单一形式到线上线下互通

老字号企业一直以来都将商超、化妆品专营店、屈臣氏等线下渠道作为重点销售渠道，然而企业想要葆有持续的生命力，就必须在不同的时间段内形成不同的商业形式。老字号在线上开设旗舰店后，形成了线上线下结合互通的商业形态。这种合作不是简单的O2O，而是打破一切边界，形成一个全渠道的产品配送网络。

很多消费者反映，线上购物和线下购物各有利弊。就服装饰品而言，线上购买虽然提高了效率，但消费者无法近距离感受产品的面料和做工，也无法上身试穿，经常遇到质量问题和尺寸不合适的问题。当线上线下结合后，消费者可先去线下门店进行近距离感受。当消费者在网上下单后，他可以选择到实体店就近取货。如果不方便上门取货，他也可以选择由商家配送。而在产品价格和服务上，实现线上线下产品同款同价，会员卡在线上线下门店可同时使用,享受同样的折扣和优惠。

供应链重组:从全凭经验到大数据指引

在投入新零售的怀抱之前,老字号该供应何种产品、供应多少数量都没有合适的依据,而如今,老字号企业可以通过对电商提供的销售数据和消费者购买行为数据进行分析,实现"去库存、降库存、补短板"的目标,同时也可以根据消费者的偏好推出合适的产品,形成数据驱动的全新供应链。

说到底,新零售在老字号复兴中起到的作用就是为企业提供数据、打造线上线下一体化的成长体系,从而倒逼老字号实现自身内部的全面成长。

未来与挑战:老字号如何持续"容光焕发"?

新零售的核心之一在于满足消费者日益提升和不断变化的消费需求,同时需要兼顾内部员工的工作体验和上下游商业伙伴的合作体验,如何做好这些关于"人"的工作,最重要的就是形成以用户体验为中心的商业模式。百雀羚表示,在2018年要继续改进自己在新零售模式发展方面的不足,打造全渠道产业生态链。这个生态链既包括零售企业内部员工,也包括上游的制造商、下游的商家以及渠道内的所有合作伙伴,多方在一个公共平台上进行更深、更广的合作,最后实现互利共赢,共同在不断完善的互联网环境下良性发展。

百雀羚最终能不能赶上新零售发展的脚步,能不能得到消费者的支持,能不能实现老字号的"容光焕发",这一系列未知既是百雀羚前行路上的负重,也是不断成长的动力。已经借新零售之风扬帆起航的百雀羚,将放手一搏……

思考题

1. 你认为,"传统老字号真的老了吗"?
2. 百雀羚是如何"借力"进行品牌激活的?
3. 试列举你所了解的中国老字号企业进行创新的企业实践,这些创新的探索和百雀羚的尝试有何异同?

参考文献

[1] 王海忠.品牌管理[M].北京:清华大学出版社,2014.

[2] 黄静.品牌营销[M].北京:北京大学出版社,2014.

[3] Nirmalya Kumar,Jan-Benedict E. M. Steenkamp. Private label strategy:How to meet the store brand challenge[J]. Harvard Business Review,2007:288.

[4] 彭博,晁钢令.中国传统老字号品牌激活研究[J].现代管理科学,2012(03):90—92.

[5] 吴水龙.品牌激活策略研究:以"老字号"为例[J].现代管理科学,2008(01):49—51.

[6] 卢泰宏,高辉.品牌老化与品牌激活研究述评[J].外国经济与管理,2007(02):17—23.

[7] 王崇锋,赵潇雨,晁艺璇.零售涛来势转雄,盒马永辉舞长风.中国工商管理案例库案例编号 0-718-531(北京:中国工商管理案例库,2018年12月31日出版).

[8] 乌鸦校尉.从几近消失到国货第一,百雀羚是如何"活"过来的[EB/OL].(2019-10-23)[2019-12-12].https://mp.weixin.qq.com/s/MACA5ews-X33Qc-Rly0dKw

[9] 红榜新商业评论.百雀羚的逆袭史是中国绝大多数老字号品牌掌门人的学习案例[EB/OL].(2019-12-12)[2019-12-31].https://mp.weixin.qq.com/s/kJUK91ELKI4flU1MSTGTbQ

跨界联姻,初战告捷

——美加净与大白兔的"经典回忆杀"*

摘要: 国产护肤品牌美加净联合大白兔母公司上海冠生园食品有限公司推出美加净牌大白兔奶糖味润唇膏,给消费者带来一波"回忆杀"。上海家化联合股份有限公司(以下简称"上海家化")旗下的美加净作为20世纪80年代"中国化妆品第一品牌",在老一辈的心中拥有独特的地位。然而,在激烈的市场竞争下,众多国货老字号日化品牌不再具有原有的市场地位。这一次,美加净和大白兔强强联手,通过"跨界"创新,再一次获得了消费者的青睐。本案例运用长期品牌管理、品牌活化等相关理论对美加净的营销策略进行了分析,引导学生学习根据市场形势制定恰当的营销策略。

关键词: 美加净 大白兔 品牌活化 4P营销理论

引 言

2018年9月20日上午10点,不少年轻人提前定好了闹钟,准备抢购自己心仪的商品。仅半秒,920支润唇膏就被"情怀党"一抢而空。

---

* 本案例由青岛大学商学院王崇锋教授,青岛大学商学院学生吴可心、杨箫、刘欣荣共同撰写,作者拥有著作权中的署名权、修改权、改编权。本案例授权中国管理案例共享中心使用,中国管理案例共享中心享有复制权、修改权、发表权、发行权、信息网络传播权、改编权、汇编权和翻译权。由于企业保密的要求,在本案例中对有关名称、数据等做了必要的掩饰性处理。本案例只供课堂讨论之用,并无意暗示或说明某种管理行为是否有效。

好不容易抢到两支润唇膏的肖雪立即给闺蜜打了电话:"黎莹,我刚抢到了两支大白兔唇膏,这半个月可是没白等,等到货了我们一起用。"放下电话,肖雪想起了与闺蜜的点点滴滴,记得那时候,没有如此琳琅满目的零食,最令她们开心的事就是分享大白兔奶糖。长大后,虽不再贪食奶糖,她却始终忘不了大白兔奶糖的味道,如今新推出的大白兔润唇膏可谓是重温童年的味道。

美加净——"中国化妆品第一品牌"

美加净是上海家化旗下的知名国货品牌。作为中国历史最悠久的日化企业之一,上海家化前身是成立于1898年的香港广生行,历经百年的发展,于2001年在上海证券交易所上市。上海家化高度重视自主品牌建设,旗下拥有"佰草集""六神""美加净""高夫""启初"等诸多品牌,面对中国市场上的激烈竞争,通过采取差异化的品牌经营战略取得了不俗的成果,在众多细分市场上建立了领导地位。

创立于1962年的美加净,是身兼创造中国化妆品市场第一支定型摩丝、第一支防晒霜、第一支定型护手霜等无数光荣的民族品牌。作为国民经典护肤品牌,美加净始终遵循天然养肤的理念,传承经典,保持创新,时刻守护中国女性肌肤的健康美丽。美加净的目标人群是22—45岁的女性,它利用更天然、更细分、更全面、更突破、更亲民的高性价比大众保养品赢得了大众的青睐。在美加净的巅峰期,年销售额3亿元,占全国化妆品牌的10%。然而,在之后"外嫁"漳州庄臣化学品有限公司,又被上海家化回购的辗转中,业绩持续下滑。

上海家化面临的还不只是业绩下滑的问题,美加净存在一个品牌四家不同企业共用的隐患:上海白猫(集团)有限公司生产洗衣粉类产品、上海美加净日化有限公司生产牙膏类产品、上海制皂有限公司生产香皂类产品、上海家化生产美加净化妆品。每一家企业只能生产特定品类的美加净产品,不能跨类运作。

在上海家化,美加净的品牌经理8年内换了6个。前面一个品牌经理还在推"青春无皱"系列产品,希望强调"保养皮肤"的概念,强调专业;下一个品牌经理就立刻转向充满活力的美加净"CQ凝水活肤"系列,强调活力和高科技。这就是不适合品牌发展的"品牌经理制"造成的恶果。最终,美加净的品

跨界联姻，初战告捷
——美加净与大白兔的"经典回忆杀"

牌定位越来越模糊。

2004年，上海家化开始复兴美加净，在"回归日化"的决策中，"美加净"被精挑细选出来，成为上海家化重点打造的品牌。

在80后的成长过程中，美加净可谓是不可或缺的一段记忆，那时的美加净火遍大街小巷，饱受青睐。即使历经坎坷，在上海家化2018年的财报中，美加净依然不负众望，成为利润增长的重要力量，在产品的复兴之路上，美加净一直在行进着。然而，美加净却始终无法成为当代年轻消费者的首选品牌。

传统品牌现状堪忧

随着人民生活水平的提高，我国化妆品市场得到了快速发展，2013年中国超越日本成为世界第二大化妆品消费国；2017年我国化妆品市场的规模已占到全球化妆品市场的11.5%，仅次于美国的18.5%。在人们越来越注重自身形象的时代，化妆品越来越成为一种刚性需求。

年轻一代的消费者，尤其是千禧一代已经成为推动化妆品市场甚至奢侈品市场增长的主要动力。80后、90后在整个化妆品市场消费者的占比已经达到了30%，他们的消费习惯与消费模式是各个化妆品公司以至整个行业积极探求的，他们无可争议地成为未来消费的驱动力。中国年轻消费者对于数字化技术驾轻就熟，根据贝恩发布的报告显示，年轻消费者更钟情于"时尚""街头休闲""新潮"和"当季"产品。[1] 他们希望通过打造与众不同的外观来展示自己独特的个性，化妆品在形象打造中功不可没。且对于90后来说，价格不是影响消费的主要问题，他们更看重的是质量和内容传播，老字号日化品牌要准确抓住年轻消费者的心理，赢得年轻人的青睐。

中华民族历史悠久，众多优秀的传统品牌发展至今，虽承载着几代人的情结，却已经无法在众多新生产品中拥有明显优势。2018年，曾与雕牌、汰渍齐名的奇强洗衣粉因长期亏损被迫贱卖。丸美二度IPO失败、洛娃日化新三板退市、高露洁收购舒客失败反被超越等，一个个传统日化企业面临碰壁，迫使很多传统日化企业开始思考自身的出路。一成不变地发展下去，美加净也终

---

[1] Bruno Lannes：《2017年中国奢侈品市场研究》，BAIN&COMPANY，2018。

将重复奇强的结局,只能永远成为80后心中的记忆。如今,中国传统日化品牌面临的最大问题是忠实消费者老去,品牌在年轻消费者中缺乏认同。在市场竞争激烈的当下,商品更新迭代周期不断缩短,商家们铆足劲在产品上下功夫,以求获得丰厚的市场回报。老字号日化品牌若墨守成规,在这个"网红"频出的互联网时代,将很快失去优势。如今的市场环境不能只靠单一商品盈利,老字号日化品牌创新求变已是大势所趋。它们需要保持并提升在原有领域的优势,把握住高端化、年轻化、细分化的消费趋势并不断创新打造明星产品。

针对老字号品牌业绩下滑的现状,国家和政府积极采取措施,将老字号品牌正式列入国家级非物质文化遗产评选范围,受到国家保护和政策支持。2006年,商务部公示首批"中华老字号"名单,美加净位列其中(见表1)。2017年,商务部、国家发改委等16部门联合印发《关于促进老字号改革创新发展的指导意见》,推动老字号传承与创新位列三大重点任务之首。

图1 首批"中华老字号"部分名单

序号	省份	企业名称	字号	所属行业
106	沪	上海萃众毛巾总厂	萃众	其他
107	沪	上海华元实业总公司	华元	其他
108	沪	冠生园(集团)有限公司	冠生园	食品加工
109	沪	上海轮胎橡胶(集团)股份有限公司	上海轮胎	其他
110	沪	上海凤凰毯业有限公司	凤凰毯业	其他
111	沪	上海家化联合股份有限公司	美加净	其他
112	沪	凤凰股份有限公司	凤凰	其他
113	沪	上海白猫(集团)有限公司	白猫	其他
114	沪	上海亚明灯泡厂有限公司	亚明	其他

2019年春节期间,由故宫博物院举办的"贺岁迎祥——紫禁城里过大年"展异常火爆,吸引了众多游客参观,而作为上海老字号品牌代表之一的美加净也受到邀请,携雪耳珍珠水光焕采系列、银耳珍珠滋养霜、时刻手护系列、大白兔奶糖味润唇膏等人气产品亮相,不仅与众多游客共度佳节,也成为这场盛会的参与者和见证者。作为"官方认证"的老字号品牌,在受到国家和政府支持的形势下,美加净决心采取策略积极推进品牌发展,进一步赢得年轻消费者的青睐。

跨界联姻，初战告捷
——美加净与大白兔的"经典回忆杀"

趋向年轻，走向长远

多年以来，美加净不断优化产品，积极创新，其产品涵盖各个年龄层，满足了广大消费者对面部与手部护理的日益升级的需求，在消费者中赢得了良好的口碑。然而，在产品不断更迭的今天，传统销售渠道形势严峻，要想进一步赢得年轻消费者的青睐，还应该采取与众不同的策略。

美加净品牌经理李珅看着幻灯片中美加净与其他产品的销量对比，转头望向会议室的各位："美加净在多年的努力下赢得了良好的口碑，但相比新生品牌，我们还是略逊一筹。关于美加净下一步的创新，大家有什么建议？"

市场部姜朋表示，90后、00后是推动日化行业发展的重要力量，美加净作为老字号品牌，虽然广受80后的喜爱，但在如今主要的年轻消费者群体中却鲜为人知，所以他认为目前的主要任务是获得年轻消费者的青睐。

李珅表示认同。年轻化是一个方向，每个品牌在这个方向上所做的努力不尽相同，美加净也通过多种年轻化的方式努力实现与年轻消费者的有效沟通。但沿袭原先的策略怕是收效甚微。他提出可以学习网红产品的推广方法，利用抖音等时下流行的软件深入年轻消费者的生活，但随即便被否决，由于美加净品牌在年轻消费者心中的地位不敌新生品牌，因此很难得到年轻消费者的认同。

品牌部管旭提出跨界合作的想法，通过与其他行业的品牌合作，激起消费者的好奇心，从而可以获得大量的品牌曝光：2017年，肯德基跨界彩妆领域与玛丽黛佳合作；2018年1月，宝洁与太平鸟的合作玩出了个性，而这些与老字号结合的品牌，也恰恰是年轻人所喜爱的、与众不同的品牌。

销售部莫楠提出质疑，并认为跨界合作也是有很大的风险的，首先要考虑的是这样的策略是否适合美加净，以及与什么样的企业合作的问题。此时，市场部姜鹏脑中浮现出2017年上海家化旗下男妆护肤品牌高夫与微软Xbox合作讨论时的场景，最后高夫选择奋力一搏并最终取得了显著的效果，美加净是否还能重演高夫的成功？随即，姜鹏用高夫的实例向大家证明了跨界合作的可行性，并结合肯德基与玛丽黛佳的合作经验，提出美加净也可以尝试与食品行业合作,最好是与美加净形势相近的行业,力争实现双赢。

2017年,美加净"时刻手护系列"护手霜在市场上大获成功,品牌部管旭提议可以延续"分场景"理念,推出"时刻手护系列"润唇膏。这一想法得到了大家的一致赞同,他还根据品牌年轻化的策略提出走情怀路线,深入年轻消费者的生活,通过与记忆中经典味道代表品牌合作,触及80后、90后年轻人心中的记忆,以引发更多年轻人的共鸣。

大家都表示赞同,认为这种创新的确可以帮助美加净获得更多品牌曝光度,来提升美加净在年轻群体中的知名度。李珅满意地点点头,宣布由市场部制订新款唇膏的产品和市场计划,并寻找80后、90后记忆中经典味道的代表品牌,确定美加净接下来的合作对象。

"跨界联姻"初战告捷

商场中,一群小朋友飞奔向牛奶专柜,抢着去购买旺仔牛奶的新口味;一个小朋友拿着一包卫龙辣条想放入购物车,却遭到了母亲的拒绝;一对热恋中的情侣不知因何事争吵,女孩气呼呼地把头扭向一边,男孩在不知所措中从旁边的货架上拿下一袋大白兔奶糖放到女孩面前,女孩惊喜地接过,瞬间绽放出孩童般的笑容,一如他们初见时那样……

2018年3月,美加净在全国范围内遴选了旺仔牛奶、卫龙辣条等三四十种大家记忆中经典味道的代表产品后,最终敲定与同在上海的大白兔合作,而在搭建场景进行多番市场测试后决定推出大白兔奶糖味润唇膏。上海冠生园出品的大白兔诞生于1959年,是中国最知名的糖果品牌之一,与同为经典品牌的美加净合作可谓是"门当户对"。大白兔作为中国糖果的龙头品牌,陪伴了无数人度过了他们的童年——最初人们因其香醇的奶味与通俗简单的名字而记住它,但到现在大白兔已经成为我们生活的一部分,让孩子吃大白兔已经成了一种自然而然的行为;大白兔不仅是中国驰名商标,而且其产品更是行销全世界40多个国家和地区,成为国际市场上经久不衰的大众宠儿。时至今日,大白兔早已不仅仅是糖果,而是代表了一份快乐的记忆,是人与人之间分享快乐情感的一座桥梁。大白兔在发展的过程中,不断用创新的方式丰富其品牌内涵,用最纯正的味道影响了一代又一代的年轻人,在冠生园对于大白兔新形象的塑造中,还突出了健康食品大白兔的品牌形象,将消费者对品质的认可上升到对产品营养、健康的认可。美加净和大白兔的用户认知基础非常广泛,而奶糖味作为唇膏味道,也是大众能够接受和喜欢的味道。双方在产品契合度上也很高,大白兔的奶糖棒和唇膏在外形上高度一致,而且吃奶糖后唇间留香的感觉,与使用唇膏的体验也高度共通。如此一来,美加净不仅可以唤起80后、90后记忆中的味道,还可以收获00后等年轻消费者的青睐。

起初,美加净担心大白兔作为食品品牌对于跨界会非常谨慎,但没想到,当把项目计划书送到大白兔负责人手中时,双方一拍即合,快速敲定合作事宜。在此次跨界合作中,美加净负责产品设计研发、配方调配、包装设计和销售全流程工作;大白兔负责输出形象和把控口味。

大白兔对于此次合作也表现出高度重视,在整个包装设计环节费了一些心思。在产品设计初期,项目组想过多种产品包装设计方案,但从兼顾品牌内涵、具备美观与高辨识度的角度出发,他们最终决定唇膏软管直接沿用大白兔奶糖的原有包装。除此以外,消费者购买到的产品,还会套有一层大白兔奶糖原有的扭结糖果包装,堪称高度还原。在形状、包装敲定之后,对于唇膏的口味,项目组一致选择了采用大白兔奶糖原有的味道。美加净对此表示认同,并在唇膏的原有成分乳木果油、橄榄油、甜杏仁油等植物精华中融入牛奶精华,让消费者在涂抹时能回忆起大白兔奶糖的经典味道。

未来与挑战:美加净如何再创"跨界"佳绩?

美加净显然意识到过长时间的等待反而会削弱人们的好奇心,趁着热度及时开售才是明智之举。在众多网友的期待声中,原计划10月上市的美加净大白兔奶糖味润唇膏,决定在9月20日提前安排限量920套进行秒杀。而10月20日会有重磅礼盒正式上线,加入更多经典元素。9月20日,产品上线不到半秒钟,920组大白兔润唇膏就被"情怀党"们一抢而空,也着实证明了美加净与大白兔跨界合作的成功。而第二批消费者收到的礼盒中,更是加入了富有童趣的大白兔画册,妙趣横生的童话故事让消费者仿佛又回到了童年吃大白兔奶糖的甜蜜时刻。初战告捷的美加净在与大白兔的跨界营销中大获成功,而作为中国女性肌肤健康的守护者,美加净将在 2020 年继续扮演好这个角色,不仅将与经典文具品牌晨光一起推出樱花物语限定礼盒,继"美加净时刻守护绿色生态"之后,还将进一步致力于公益行动,发挥品牌影响力与号召力,与消费者一起传递守护的力量。但对于未来的发展道路,美加净除了继续采取跨界合作的策略,又应该如何再创过往的辉煌呢?

思考题

1. 美加净和大白兔的"跨界联姻",能为其他企业带来什么启示与借鉴?
2. 除了"品牌联姻",你认为老字号企业尝试进行品牌活化的措施还有哪些?
3. 老字号品牌应如何通过持续创新,保持品牌活力和影响力?

参考文献

[1] 凯文·莱恩·凯勒.战略品牌管理(第 4 版)[M].吴水龙,何云,译.北京:中国人民大学出版社,2014.

[2] Jill Avery, Vincent Dessain, Mette Fuglsang Hjortshoej. La Roche-Posay: Growing L'oral'sactive cosmetics brand. Ivey Product Number: 520035(Ivey Publishing, Publication Date: 10/30/2019).

[3] Lawrence A. Plummer, Umar EIBably. HUEMEN: The creation of a male beauty brand. Ivey Product Number: 9B20M069(Ivey Publishing, Publication Date: 5/19/2020).

[4] 尚妍.浅析传统日化品牌的品牌活化之路——以六神为例[J].现代营销,2017(01):37.

[5] 彭博,晁钢令.中国传统老字号品牌激活研究[J].现代管理科学,2012(03):90—92.

[6] 杨静,张凌浩.由经典国货的价值窥其品牌活化方法[J].设计,2015(04):62—63.

[7] 胡左浩,孙倩敏,赵子倩,良品铺子:如何构建品牌体系?.中国工商管理案例库案例编号 8-820-311(北京:中国工商管理案例库,2020 年 4 月 12 日出版).

[8] 王崇锋,张旭,杨箫,王鲲.林清轩:线上线下的融合升级之路.案例编号:GC-19-030(中国工商管理国际案例库,2020 年 6 月 30 日出版).

［9］阿里研究院.2018 双 11 预演"后移动时代"数字经济十大趋势［EB/OL］.（2018-11-25）［2018-12-31］.https：//mp.weixin.qq.com/s/9Cdgqh5fs2LY-8O-zgF2MA

［10］新零售商业评论.那些逆风翻盘的老品牌,都用了这 3 大杀招［EB/OL］.（2019-07-22）［2019-08-31］.https：//mp.weixin.qq.com/s/VBpIyDkQnnqAXsnxz-f8qQ

［11］新零售商业评论.大白兔,阿拉国民小甜心这 4 年都经历了什么？［EB/OL］.（2019-06-19）［2019-08-31］.https：//mp.weixin.qq.com/s/XqszRuZDYoxJ1r9obJ2uwg

起承转合,脱颖而出

——"国潮"李宁的品牌突围之路*

摘要:李宁①作为经典国产体育品牌,在经历辉煌后也面临着品牌形象老化和经营战略过时等问题,与此同时,随着国内运动品牌市场的快速增长,中国已经成为众多国际品牌进军的目标,竞争激烈。对于如今活跃在消费市场的千禧一代而言,来自20世纪80年代的李宁故事与他们的生长经历存在断层。如何与消费者形成有效的对话,留存原有消费者并吸纳更年轻的消费者将成为李宁品牌建设面临的挑战。李宁通过参与阿里巴巴的"天猫中国日"直通时装周,将其作为新一轮品牌营销的主战场,希望通过国际时装周活动展示产品力。在克服了一系列的问题后,李宁品牌赢得了不俗的反馈和口碑,也进一步巩固了品牌在消费者心目中及国产品牌在国际舞台上的影响力,逐步在消费者心中建立起品牌忠诚度。

关键词:品牌建设 品牌营销 品牌忠诚度 品牌定位 李宁

---

* 本案例由青岛大学商学院王崇锋教授,青岛大学商学院学生王昭君、李正琪、曹江昕、刘欣荣共同撰写,作者拥有著作权中的署名权、修改权、改编权。本案例授权中国管理案例共享中心使用,中国管理案例共享中心享有复制权、修改权、发表权、发行权、信息网络传播权、改编权、汇编权和翻译权。由于企业保密的要求,在本案例中对有关名称、数据等做了必要的掩饰性处理。本案例只供课堂讨论之用,并无意暗示或说明某种管理行为是否有效。

① 无特别说明文中李宁均指"李宁品牌"。

起承转合，脱颖而出
——"国潮"李宁的品牌突围之路

引 言

2018年2月7日上午，中国体育品牌李宁在2018纽约秋冬时装周上主题为"悟道"的时装秀上正式亮相。

秀场上亮相的中国李宁限量卫衣、悟道系列球鞋、蝴蝶2018NYFW等一众单品，均承载着独到的中国元素，却又洋溢着时下流行的潮流气息。大写汉字、高冷脸模特、复古的设计……扑面而来的中国风使人为之一振。秀场内惊叹声、拍摄声此起彼伏，与此同时，这场秀瞬间刷爆社交媒体，各种赞扬、询价、求购的评论迅速淹没了李宁的官方微博和微信公众号。

与时装周的惊艳表现相比，近几年李宁的"沉默"尤显寂寥。面对国产体育品牌备受冷落的现状、竞争加剧的体育运动市场以及品牌老化的困境，借助这场大秀，李宁品牌近年来内忧外患的桎梏似乎有望打破。作为一个国产体育品牌，李宁为什么选择国际时装周作为本次品牌营销的主战场？李宁又是如何克服与时装周种种"水土不服"的问题脱颖而出的？

起——时装周营销策略的提出

李宁，是"体操王子"李宁先生在1990年创立的体育用品公司，拥有品牌、研发、设计、制造、经销及零售能力，产品主要包括自有李宁品牌生产的运动及休闲鞋类、服装、器材和配件产品。自2015年李宁品牌创始人李宁先生重返公司以来，在品牌建设与品牌年轻化上投入了很多精力，签约NBA明星韦德、成为CBA装备赞助商、与小米合作出品智能跑鞋等一系列的营销举措虽取得了不俗的业绩，但是仍然没有扭转消费者对于李宁"陈旧"的古板印象。

国际时装周一直以来为时尚界所推崇，世界四大时装周基本上揭示和决定了当年及次年的世界服装流行趋势。四大时装周都各有侧重，纽约的自然、伦敦的前卫、巴黎的奢华和米兰的新奇已成为这四个时装中心各自的标志。时尚记者们往往到品牌总部样品间零距离接触走秀的服饰，直接采访设计师。而且，不乏运动品牌登上时装周的T台，尽管中国体育运动品牌尚未涉足，但此前Puma联手Rihanna在纽约公园大道军械库（Park Armory）展示的Fenty X Puma系列获得了一众好评，依靠时尚起死回生的Puma，也让不少运动品牌看到了时尚所带来的价值。对于95后、00后一代来说，看到李宁这个名字第一反应恐怕不是"体操王子"而是"不时髦的国内运动品牌"，在这个时候选择用这种方式既是顺应了流行趋势，也有向年轻一代消费者普及李宁历史的作用。

李宁先生思考再三，"一咬牙一跺脚，决定玩点不一样的东西"。但是，踏上时装周的T台何尝简单？一系列大大小小的问题随之涌现：

往常消费者想要购买时装周同款一般需要耗时6个月甚至更长的时间，如此长的变现周期变数何其之多，而且时装周的商品定价问题又该如何解决，是延续李宁的中端定位还是延续时装周的高价策略？与其他营销方式相比，时装周的成本是否过高？客户在哪里？渠道在哪里？如何实现品牌的价值及其变现？如何确定品牌主旨？

前路未知，困难重重。

承——天猫中国日"承"李宁之志

天猫将携手美国时装设计师协会（CFDA）和迅驰时尚联手在2018年纽约时装周上专门为中国品牌打造专属节日"天猫中国日"（Tmall China Day）。实际上，从2017年9月开始，天猫国潮行动就开始酝酿中国品牌的独立营销IP，希望借助"天猫中国日"帮助中国设计师走出去，让整个国际环境认识到中国设计的水平。

"天猫中国日"是中国品牌第一次以"国家日"的名义集体亮相国际时装周的舞台，它呈现的品牌将体现中国设计的品质和代表性。天猫希望选择的品牌能够真正代表中国设计的力量，有实现国际影响力的潜力，"我们的使命从第一季开始就是让中国设计在全球的舞台上发挥更大的影响力，最终促进商业的发展"，迅驰时尚创始人方涛说，"我们的定位是集结中国当代设计力量，搭建一个连接中国时尚与国际市场的平台"。

在这次强强合作中，天猫是中国最大的电商平台，通过流量、数字化、大数据等方式赋能中国品牌和设计师，而迅驰时尚是产业内平台，它们连接品牌设计师与中美市场的方式会更加细致，更具有针对性。

对于李宁这个国产品牌而言,它与天猫是相互成就的关系,李宁的定位和目标与天猫不谋而合,而天猫能够在流量扶持、供应链打造、营销和品牌建设等多方面为李宁提供商业赋能,尤其是在天猫所擅长的大数据领域,更将为其提供从用户分析到价格预测等的全方位支持。天猫还提供了新零售技术支持,用户在手机上就能同步购买纽约时装周秀场特供,全球数以亿计的客户将能在发布会之后,在天猫专门设计的纽约时装周天猫中国日页面中,即刻买到发布会上展示的部分产品,李宁所需依托的线上直播技术和零售解决方案在天猫均已实现。

联手天猫尤其显示了李宁在电商方面的思考。截至2017年上半年,李宁的电商业务收入在总收入中的占比达到18%。"电商已经不再只是卖货的平台,更多的是起到了媒体的作用,让更多的用户通过天猫平台,更快、更直观地看到李宁在纽约秀场上想传播给整个世界的态度和心智。同时营销对应零售的角度,用户也能享受到边看边买的迅捷体验。"李宁先生在此前接受采访时表示。

转——时装周之战

预热时装周

2018年2月1日,李宁官方微博发布预热微博"'悟'心'悟'型#中国李宁#国潮来袭#纽约时装周#见!"随后,李宁的其他相关官微@李宁跑步、@李宁羽毛球、@李宁运动时尚、@李宁篮球开始转发,同时杨鸣、贺天举等知名CBA成员陆续转发,并对此表示支持和期待。评论区评论量并不高,仅有部分人表示惊讶和期待。

在大秀前夕,《华丽志》记者对话李宁先生,重点探讨了品牌如何走出运动场与年轻消费者展开对话,如何变得更时尚。其中李宁先生在回答纽约时装周的发布系列时强调,"加入经典怀旧的设计元素,并将对运动的理解带入设计中完成与潮流元素的结合表现"。运动、潮流、复古的结合吊足了消费者和众网友的胃口。

2018年2月6日,李宁官微再次发声:"国学文化+运动视角+潮流眼界=?

中国李宁倒计时24小时,纽约时装周重(chong)燃开秀。"消费者,尤其是90后、00后的消费者群体对李宁这个本土体育运动品牌将如何"潮"起来兴致勃勃。

距离大秀开幕5个小时前,李宁官微发布了相关展品的图片;距离大秀开幕1个小时前,李宁官微发布了纽约时装周的宣传视频,临近开幕的轮番轰炸缓缓揭开了这次纽约之行的神秘面纱。

时装周告捷

"我二十多年前也号称潮人,今天中国李宁亮相纽约时装周,请多指教。"李宁先生在微博上写下这段宣传语。

当地时间2月7日上午,李宁在2018纽约秋冬时装周上主题为"悟道"的时装秀正式亮相。

这场大秀分为"心之悟"和"型之悟"上下两场,以中国道家思想为基础,在网友们的期待中"国潮李宁"的庐山真面目到了揭晓的时刻。

"心之悟"以中国文化中的"天人合一"为灵感,将运动本身与中国传统文化、复古潮流融会贯通。经典的红黄配色的运动服虽被戏称为"番茄炒蛋",但是它复刻了1992年巴塞罗那奥运会中国代表团的领奖服,另外,"中国"字样和李宁的标志也使用了与当时一样的白底红字设计,复古却不呆板。同样,李宁本人曾经比赛的经典动作的照片印花设计也十分瞩目。李宁的蝴蝶鞋一改之前配色与结构上的陈旧,加入当下流行的老爹鞋的设计元素,吸引了众多媒体的眼光。

"型之悟"部分以"街头机能""混搭哲学""未来主义"为关键词,实现古与今、中与西、虚与实、功能与潮流的交汇融合。"中国李宁"box logo卫衣、李宁比赛老照片印花的T恤、金属风格面料运动套装,极具冲击性的街头风格设计瞬间抓住不少时尚达人的眼球。备受瞩目的"悟道2"系列采用了带有流行元素的黑色交叉绑带及复古多层鞋底设计。事实上,此款并非专为此次时装周走秀设计的新款,而是售价699元、已经能在线下和电商渠道都购买到的大货款。对于此次走秀产品的定价,借助天猫提供的价格分析方面的技术支持,李宁采用了中高端市场的均价,多在400—800元的价格区间,并没有直奔阿迪达斯、耐克等知名品牌的千元定价。

虽然只是几分钟的亮相,但是李宁也是下足了功夫,期间邀请了在即将上映的电影《环太平洋2》中担任主角的美国知名演员斯科特·伊斯特伍德和美国社交网红卡梅隆·达拉斯为其站台,与流量明星和KOL(关键意见领袖)的合作也帮助品牌大幅度提升了认知度,向更广泛的受众普及了李宁的新形象。

与天猫的合作使得参与大秀的商品能够即看即买,品牌CHEN PENG在天猫旗舰店进行预售,CLOT象征性地在天猫旗舰店上了一款"华人"字样印花的T恤,但是李宁直接在天猫旗舰店上架了多款单品,对天猫5亿活跃用户发起攻势。自开幕以来场下的工作人员一直处于忙碌状态,当地时间早上8点,"纽约时装周天猫中国日"的新品首发刚刚开始,在活动专属页面上,李宁、太平鸟、CHEN PENG、CLOT四个品牌一字排开,李宁的页面不过几秒,"售罄"的字眼就跳了出来。秀场同款的"悟道2"系列跑鞋,不到1分钟1 000多双就全部抢购一空。虽正值隆冬时节,但就连短袖也被热情的"剁手党"一抢而空。最后李宁把能上的单品全部上架,实在没货的只好改成"预售"。

后续

北京时间2018年2月8日,纽约时装周首日秀已经结束,民族、体育、时尚这些元素融合碰撞后的李宁令人惊艳。

不少人在李宁官方微博下讨论其价格、设计理念、购买渠道等各种相关信息,有人质疑"不要故弄玄虚,好好做衣服",有人赞同"中国制造走向中国创造",褒奖声与质疑声此起彼伏。此次亮相获得了国内微博话题超过2 000万的讨论量,同时,也获得了国际媒体高达15亿的曝光量。

随后三天,李宁官微相继发布了时装周备受瞩目的几款商品,并提供了官方商城与天猫的购买链接。紧接着,官微又发布了采访设计师的小视频,与网友们分享设计的灵感与理念,均得到了20万以上的观看点击量。

纽约时装周走秀结束后,李宁股价应声而涨,40天内市值暴涨近60亿港元。3月16日,李宁股价达到了过去52周的最高价8.49港元,市值创下五年来新高——183亿港元。而且据李宁发布的2018年中期财报显示,上半年李宁收入47.13亿元,同比增长17.9%,增速创2010年以来新高。同时,净利润提升至2.69亿元,同比增长42%。

冯晔说,这是一个拐点,"(之前)他们认得'李宁'的标志,但是不知道它有多潮"。

李宁此次品牌营销，借助天猫为国潮品牌在电商平台上的积极赋能，线上线下联合打造营销攻势，将充满民族情怀与奥运英雄情结的产品推入新一代主力消费群体的日常生活，直接给品牌商家带来了高比例的新客成交量，直接推动了国货品牌进行形象升级、渠道拓展和跨界合作的稳步前行。

合——再战未来

2019年1月10日，杭州阴雨绵绵，56岁的李宁先生带领核心团队负责人从北京奔赴杭州，他要参加一场由阿里巴巴CEO张勇召开的闭门会议。第二天，阿里巴巴宣布启动"A100"计划，而李宁公司，正是首批战略合作伙伴之一。这意味着，李宁希望能再创新的升级高点，通过阿里巴巴的帮助，完成品牌、商品、营销、销售、渠道、制造、服务、金融、物流供应链、组织、信息技术11大商业要素的在线化和数字化。

新征程的号角已经吹响，李宁与阿里巴巴再度携手共赴挑战，李宁终归何处，又能否延续2018年的传奇，让我们拭目以待。

思考题

1. 国产体育品牌进军国际时装周，可能会面临哪些机遇与挑战？

2. 如果你是创始人李宁先生，面对品牌老化，你将如何通过品牌的重新定位来应对这一问题？

3. 国产品牌应如何借助包括线上线下的全渠道来完善自身的品牌建设、塑造品牌影响力？

参考文献

[1] 凯文·莱恩·凯勒.战略品牌管理(第4版)[M].吴水龙，何云，译.北京：中国人民大学出版社，2014.

[2] Wiboon Kittilaksanawong, Aurelia Karp. Amazon go: Venturing into traditional retail.

Ivey Product Number：9B17M092（Ivey Publishing, Publication Date：6/28/2017）.

［3］Daniel Han Ming Chng, Ziqian (Stella) Zhao. Li-Ning Co. Ltd.：A leading chinese company stumbles. Ivey Product Number：9B16M068（Ivey Publishing, Publication Date：4/27/2016）.

［4］冯晓青.企业品牌定位策略研究［J］.当代经济管理,2010,32(05):23—26.

［5］韩经纶,赵军.论品牌定位与品牌延伸的关系［J］.南开管理评论,2004(02):46—50.

［6］张锐,张炎炎,周敏.论品牌的内涵与外延［J］.管理学报,2010,7(01):147—158.

［7］王崇锋,于文青,刘欣荣,品牌李宁:V字反转的秘密.中国工商管理案例库案例编号8-820-311(北京:中国工商管理案例库,2020年9月14日出版).

［8］王崇锋,张旭,杨箫,王鲲.林清轩:线上线下的融合升级之路.案例编号:GC-19-030(中国工商管理国际案例库,2020年6月30日出版).

［9］天下网商.李宁拯救李宁:一场没有终点的长征［EB/OL］.(2019-1-16)［2019-4-31］.https://mp.weixin.qq.com/s/hOJRkahax-JPgp3KJDYfyQ

［10］哈佛商业评论.新零售技术让李宁更"懂"消费者｜数智化转型案例之李宁篇.(2019-09-30)［2019-10-31］.https://mp.weixin.qq.com/s/B3QiB-ahB8FYpnIjWg4B3A

［11］新零售商业评论.从3年亏损30亿到上半年净利过2亿,李宁经历了什么?［EB/OL］.(2018-10-09)［2018-10-31］.https://mp.weixin.qq.com/s/pt6-JPLFfvevAE-qQSa8Elg

［12］新零售商业评论.鞋服业的逃亡与重生［EB/OL］.(2019-12-19)［2019-12-31］.https://mp.weixin.qq.com/s/NJP4S2t2ZKy4_ngzIacnaw

心有猛虎，细嗅棉香

——全棉时代的吸粉造星之路*

摘要： 深圳全棉时代科技有限公司（以下简称"全棉时代"）是稳健医疗集团的子公司，以独创的"全棉水刺无纺布专利"为核心技术载体，实现了医用产品向民用产品的拓展，并最终成为新一代国民品牌。本案例以全棉时代为对象，介绍了该公司品牌定位和形象设计的相关过程及以棉柔巾为重点的品牌营销。全棉时代的品牌塑造不仅为公司业务飞速发展奠定了基础，也为其他品牌宣传方式的选择提供了思路和参考。

关键词： 棉花　品牌塑造　品牌定位

引言

初为人母的妈妈总爱向自己的母亲证明自己的眼光。

"妈，您看我给宝宝买的衣服还可以吗？"

"是棉的吗？"

---

* 本案例由青岛大学商学院的王崇锋教授，青岛大学商学院学生于文青、马肇晴撰写，作者拥有著作权中的署名权、修改权、改编权。本案例授权中国管理案例共享中心使用，中国管理案例共享中心享有复制权、修改权、发表权、发行权、信息网络传播权、改编权、汇编权和翻译权。由于企业保密的要求，在本案例中对有关名称、数据等做了必要的掩饰性处理。本案例只供课堂讨论之用，并无意暗示或说明某种管理行为是否有效。

"纯棉的,放心吧。"

在中国人的心中,纯棉就是优质、健康、放心的代名词。论彰显华贵,棉花比不上羊毛貂皮,论价格实惠,棉花也略输化纤制品,如同它洁净柔软的特性一样,容易让人忽视它存在的重要性,但棉花一直默默地记录着人与棉的不解情缘:据玛雅传说,坐飞船而来的羽蛇神带来了彩色棉花;伊丽莎白一世对服装的狂热,引发了棉织品变革。

2018年在深圳全国书博会上,全棉时代携新书《壹棉壹世界:7000年的棉与人》再次为棉发声,点燃新一轮"棉旋风"。

成立于2009年的全棉时代,在稳健医疗集团的孕育下诞生。它打破了一个纤维难以开创一个品类、一个公司的商业定性,在创立不到十年的时间里,在全国高级商场开设了200多家直营门店,连续五年居线上母婴类销售首位,在国货满意度普遍不如海外品牌的大背景下,作为唯一的中国品牌,获得"2017京东超市母婴品牌最具品质奖",也深受国外消费者欢迎,居天猫发布的"最受海外欢迎的国货品牌TOP9"之首。

伴随着全棉时代的快速崛起,人们也不禁疑问,全棉时代成功的原因是什么?在其高昂定价的背后有怎样的底气?又是什么支撑了它惊人的毛利率?它会成为中国的无印良品吗?

公司成立:被逼出来的二次创业

李建全出生于20世纪50年代的一个贫农家庭,他的脚步追逐着时代的步伐。经历过"文化大革命"的动荡,也勇于尝试了70年代末的新颖工作——推销员,他是中国第一批做外贸出口的人,也是第一批下海成功吃螃蟹的人。1991年李建全创立了稳健医疗集团,仅十年时间,稳健医疗成为拥有数千名员工的国际化集团,成功进入全球600多家医院和近2万家药店,自2001年起连续八年为中国医用敷料出口第一,是中国医用敷料产品的标杆企业。

李建全深知创新和技术的重要性,自2003年开始,稳健医疗投入数亿元研发一种"全棉水刺无纺布"的技术,三年后该技术初步研发成功,满心欢喜的李建全立即决定开始全棉水刺无纺布的大规模生产。

就在众人欣喜的同时,一直被忽略的关键问题也浮出了水面,当时的全棉无纺布医用敷料尚未获得国内外采购标准认证,国内外商家没有一家敢采购这款产品,一句话"全棉水刺无纺布不是纱布",封堵了全棉水刺无纺布在医用敷料的道路。

稳健医疗集团立即投入到全棉水刺无纺布的改进工作中,以期更快地达到认购标准,但是一来新材料要经过各国政府医疗用品审批很耗时,二来客户认知接受需要一个过程,结果就是产品长期滞销,库存堆积如山,巨额研发费用的负债还没有补上,资金链越来越紧张,三年后稳健医疗集团到了不得不改变的地步。

稳健医疗集团会议室里,众人的眉头绕上了淡淡的愁云。

"李总,近年来也有卫生棉制造商订购我们的产品,何不扩大这方面的销量?"

李建全还没表态,市场部负责人就说:"别提了,那几个制造商欺人太甚,价格都被压低好几次了,他们赚得钱包鼓鼓,我们却连口汤都喝不到,看得我都想转行生产卫生棉了。"

"那个技术我们没有,不过我们可以向终端消费者直接卖产品。"说话的人是公司新秀刘华,"全棉水刺无纺布柔韧舒适,浸湿了水还能当湿巾用,放口袋里一会儿就干了,还能接着用,既解决了纸巾掉絮、添加荧光剂的问题,又避免了毛巾携带不便、易滋生细菌的弊端,还不用担心湿巾化学添加剂的伤害。我们的产品弥补了纸巾、毛巾、湿巾的不足,何不耕耘日用消费这一片市场?"

李建全心中一动,分享了他在用纸巾时遇到的一个尴尬场景,患有鼻炎的李建全坐在满载的飞机上用纸巾擦鼻涕,却越擦越流,因为纸巾细菌含量太高,而且又有荧光剂和粉末,越擦越不舒服。"如果换上医疗级的全棉无纺布会怎么样?尤其是用在小孩更为娇嫩的皮肤上,没有细菌、没有荧光剂又柔软。"

刘华点点头:"基于市场空白和实用性双重因素的考虑,我们可以把这一专利技术用于母婴产品的开发上。"

"我们赞成产品转型,但客观地讲这样开拓新市场风险很大,"市场部的人说,"在医用敷料行业的口碑和品牌没用武之地,产品利润可能会比较低,那我们开拓市场的意义就不大,还是缺钱。"

"品牌是一种趋势,我们可以通过品牌来解决盈利问题。"李建全慢慢看清了前路。

"品牌是个不错的主意,那去国外注册个公司?巴黎或者意大利?咱们医疗敷料的主要市场是欧洲,对这些地方也熟悉。"到国外注册公司,享受外资政策优惠、消费者初始信赖值也高,国内不少人走这个路子。

李建全有着自己的执着:"土八路比起洋鬼子,如何?跟大家说说稳健医疗成功的秘诀,那就是对中国产品的自信。别家敷料在欧美日商家前遮遮掩掩不敢说自己是中国产品,我就敢,这底气也打开了他们的信任嘛。"如果说第一次创业李建全是迫于温饱,那么第二次创业该是追求更高层次的东西,比如打造一个好产品、一个优秀的中国品牌。

品牌塑造:一朵棉花的故事

市场定位和产品特性

摆在李建全面前的是一个全新的问题,做医用敷料时目标市场都是既定的,棉柔巾不一样,毛巾、纸巾、湿巾都可以成为它的替代品,对大众来说这也是一个崭新的品种,开拓市场、创造新需求并不容易。

首先需要解决的就是市场定位的问题。棉柔巾的前期开发成本注定了它不菲的价格,当拿到棉柔巾的成本定价时李建全也感觉很棘手,他把这个难题抛给了公司高层。

"为什么非要走高端的路线,薄利多销不好吗?"讨论会上,有人提出了疑问,稳健医疗的敷料早期也是靠低价打开销路的。

"棉柔巾是一个新品类,需要培育新的消费习惯,这本就是一件非常困难的事情,毕竟棉柔巾不会像纸巾一样不可或缺,营销成本势必不会少。况且我们的成本价格也摆在这里。"刘华将会负责新公司,这对她来说是个全新的挑战。

"是啊,这次春节发现大家对衣服的追求不再满足于单纯的保暖和美观,对手机的需求也不止出于通信。"出生于六十年代末的财务总监方修元,算是在场年龄比较大的,他对生活的变化很敏锐,"这么多年来,我看着消费品需求超过粮食需求,新三件取代老四件,人们对生活质量的要求也越来越高。大众的需求在不断提高,我对中高端市场很有信心。"2009年还没有消费升级这个概念,但第三次消费升级已完成了 2/3,生活处处可见斑斓,有心的人不会错失时机。

"我们的产品质量不做高端路线就可惜了,这就是卖鞋子的人找到了赤脚大仙的国度呀!"

可以抢占市场空白的先机,大家的兴致都很高涨。"我都预想到棉花女王会成长为什么样子了!"

"现在高兴还早了点,近看是市场空白,放眼看纸巾、毛巾行业都是我们的竞争对手!"刘华忧心忡忡。

"不只是现有的纸巾行业,我们产品一经上市,必会出现相仿产品。它们的定价低,而我们的产品定价越清晰,越能跟类似低价产品拉开差距,品牌感越强。"人力资源总监刘卫伟说,他和李建全、刘华、方修元等人一样都是全棉时代的注资人。"就像当了解登喜路价格的人越多时,穿这个品牌服饰的人的感觉也会越好。这样高价也会变成一种优势。"

"与未来可能出现的同质产品相比,我们的优势就是占得了先机,差异化战略定位才能建立持续竞争优势。我们的全棉无纺布技术,短期内无人超越,这是我们独有的产品特性。当然之后也应该继续研发技术的其他应用。"

李建全若有所思:依托全棉水刺无纺布技术,把全棉当作卖点,也许全棉时代是个不错的公司名字。

过年的红灯笼撤走,人们又像候鸟般飞了回来,寂静过后的深圳更加充满生机……

品牌文化的塑造和形象设计

企业的符号是什么?有人说是品牌,有人说是营销,有人说是战略,它看不见摸不着,却在不经意间触动心弦,比如一个引发联想的关键词、一则引人入胜的故事、一种强烈的感受……

打造认同与景仰的生活方式与个性:全棉生活方式

市场营销专家亚当·摩根曾经说过,有时候品牌需要制造出一些"怪物",然后促使潜在的客户团结起来,共同与怪物进行抗争,拯救人类。这种方式在刚开始是很有成效的,但是如今这种方式对消费者来说已经司空见惯了,他们很容易将企业的这些伎俩识破。因此,在这种情况下,凭空制造"假想敌"的方式就必须转变了。

"不妨找出在暗处的敌人。"刘华说,"棉花给人天然健康的印象,与此相对应的化纤虽然已经在我们生活中出现了很多年,但仍难获得大多数人的品质认同,比如涤纶要经过'PX(对二甲苯)—PTA(精对苯二甲酸)—涤纶'的过程,而PX是有毒的,化纤在很多人心中就不如天然材质健康,并且生产过程中的废水、废料、废渣更不用提了,对环境污染十分严重。从天然、健康、环保来说,化纤刚好可以当我们的'怪物'"。

"可是除了化纤,还有羊毛、蚕丝、亚麻,棉花的竞争优势是什么呢?"

李建全笑了笑,棉花是市面上应用最广的天然纤维,他觉得没必要弄得四面皆敌,不过他还是总结了棉花十大优点。"第一,最天然的纤维;第二,最优秀的纤维;第三,最佳的透气性、保暖性、舒适性;第四,最安全的天然纤维;第五,最耐寒;第六,最耐盐碱;第七,最可持续、可再生的纤维;第八,正能量的纤维;第九,最环保的纤维;第十,最具社会价值的农作物之一。"

刘华知道里面大有文章可做,比如耐盐碱这个优点,缺水的新疆,大部分农作物都难以踏进这个领域,但有了不需要太多水分就可以生长的棉花,新疆保住了占土地面积9.4%的耕地,"结合棉花的特性,我们可以宣传健康、舒适、环保的理念,这符合高档产品的价值追求,也将提升全棉时代的形象"。

但是消费者选择棉花不代表就要选择全棉时代,甚至有竞争对手说"李老板在前赚吆喝,我坐收渔利"。

个性化的品牌核心价值

结合企业自身的特性,李建全总结了医疗背景、全棉理念、品质基因这三点品牌核心价值。

医疗背景方面,全棉时代的产品生产使用稳健医疗的工厂。有个做医疗的"爸爸",人们总会不由自主地把医疗产品更高标准、安全放心的印象带入到全棉时代的产品中去。

全棉时代独有的全棉水刺无纺布专利技术,与传统生产工序不同,它直接使用原棉,采用先水刺再脱脂的工序,保持了棉纤维的长度和韧性不受损坏,革新了棉的柔软性。这将是个短期内无法超越的技术优势,市面上要么无法做到百分百纯棉的棉纸巾,要么在柔软度和舒适度上无法与之相比。

医疗背景和专利技术充分保证了全棉时代能生产出高质量的产品,而医疗背景和专利技术之外,通过严苛的原料选择和高质量的认证背书,品质——这个品牌的门槛显得更有说服力。

由此,全棉时代一往直前地与棉花挂钩,企业主打天然棉纤维——原生的纯朴特性这个概念,产品突出纯棉卖点,给新产品命名"纯棉柔巾",并申请了"纯棉"字样的相关名称保护,抢在其他产品之前,与棉花建立联系。

品牌形象设计

虽说人不可貌相,但相比于尖嘴猴腮的人,人们会觉得老实敦厚的人显得更为可靠和亲近,品牌形象也是如此。有人喜欢泼辣妩媚的,有人喜欢清纯可爱的,世间的美千姿百态,全棉时代要找到消费者心仪的那款并不容易。

全棉时代的初代标志暗含玄机,自创由 Pure+Cotton 合成的 PurCotton,直白明了地跟大众说我家就是"纯棉","P""C"两个大写的红色字母,突出了"纯"和"棉"两个概念的独立与统一。单词下面是经过设计的"全棉时代"四个字的繁体。

但在这个信息爆炸且信息超载的时代里,人们变得越来越没有耐心,追求简约之后追求更简约。简约并不是简单,品牌想要在前台呈现简约的形象,往往意味着在后台做更多的努力。

全棉时代的初代门店中,进进出出的工人把光鲜亮丽的店面倒腾了个底朝天,看着裸露的灰扑扑的泥墙,李建全心中难过不已。来不及计算这本不该支出的装修费和所造成的停业损失,李建全陷入了对在同一个地方跌倒两次的反思。

全棉时代的初代门店主体颜色为黄色,黄色代表温暖友善,给人以家的感觉,李建全及其团队都觉得店铺装修没有问题,事实却是设计风格与对品质要求高的目标消费者的审美调性不符合,没有获得消费者的欢迎。

环顾商场的其他商店,爱马仕的活力橙、蒂芙尼的水晶蓝映入眼前,李建全想到就店铺装潢问题研究出来的结论:突出的视觉形象需要另辟蹊径。比如洋河蓝色经典系列利用市场色彩空白,在一片红、黄、白色的酒瓶子里突出重围;绿色在市场上应用得不多,代表健康和对地球母亲的热爱,更贴近全棉时代健康、舒适、环保的产品理念。

找准正确的店面装潢其实并不是多难的事情,但全棉时代没做好前期的市场调研以致走了弯路,加上全棉水刺无纺布研发前没有提前调查清楚认购标准,这已经在市场调研方面跌倒两次了,李建全意识到不能再以自我为中心拍脑袋做决定了,必须要以客户为中心。

一鼓作气,全棉时代重新改进标识和产品包装。简写的"全棉时代",同一颜色的Purcotton,"心"型元素的融入,全棉时代的新标识更易于消费者理解(见图1)。棉布袋包装取代塑料包装,传递环保品牌理念。经客户反馈,这两个变化都获得了称赞。

图1 全棉时代标识

品牌营销:成为棉花的代言人

两点间的五年烧钱路

稳健医疗集团的产品流向药店、医院、代理商等,并不直接销售给最终的产品使用者,对于开拓零售业务的挑战,决策层发生了分歧。

"我知道你是想通过加快产品在销售渠道的布局速度,提升产品铺货爆发力,来扩大全棉时代新上市的冲击效应。"全棉时代副总经理刘华知道李建全的担忧,把鸡蛋都装在一个篮子里风险很大,"但以现在公司的实力,难以在各个渠道都有建树。我倾向于集中一条渠道爆发式地铺货,营造震撼造势的效果"。

"但是我们也要有自己的矜持啊。"李建全笑笑。大家都懂得物以稀为贵的道理,他不想把全棉时代变得太唾手可得,很多大品牌在销售时都是"犹抱琵琶半遮面",比如特定的供货时间、地点和限量的款式。

"多渠道销售的话,力量分散很可能达不到预期。"刘华皱眉。

鱼和熊掌不可兼得,是分兵围打,还是强兵突击?

企业的运作的确需要妥协，李建全的第一队兵打算进连锁商超，商超是很好的流量入口，但高昂的入场费造成出师不利。按照SKU收费的商超，就算只进一个连锁渠道，也需要几千万元的前期费用。

骨子里带的一股倔强让李建全在经历过连锁商超的碰壁后，决定自建门店。对于一个没有零售经验的新品牌，一开始就自建门店，很多人都认为这是鲁莽。加上当时电商渠道的势头正劲，线下渠道的生存状况普遍不理想。全棉时代的线下门店一直处于亏损状态。

被扣上"鲁莽"帽子的李建全迟迟没有找到突破的方法，但凭着对时代潮流的敏锐感知，全棉时代也追了一把潮流进军电商渠道，在北京设立电商事业部，搭建自营B2C网站，并入驻天猫、唯品会等电商平台。

那几年互联网的风吹火了很多新产品、新品牌、新模式，但消失的品牌、产品其实更多。伴随着电商红利的消退，企业稍有不慎就会败得一塌糊涂。

当时全棉时代完全是靠打广告、做促销烧钱带流量，如果停止烧钱，没有流量，依然要承受亏损。2011年，全棉时代试水电商的第一年，渠道投入2 000万元，但销售额只有1 000万元左右。

销售上的困境让李建全失眠了好几个夜晚，他意识到在电商渠道上，流量不是万能药，做品牌还是要先建立市场信誉，不能陷入"烧钱、打折、促销"的恶性循环中去。

第一步举措是回迁电商事业部，走自己的路。当初在北京设立电商事业部是为了北京的人才，但高昂的运作成本出乎意料。2012年全棉时代将电商事业部迁到深圳，设在龙华区全棉时代的工厂附近，就在李建全的眼皮底下，方便文化交流、团队建设和思想管控。

同时李建全也思考如何真正与消费者产生互动关系，因为只有打动消费者才能让他们购买自家的产品。为此全棉时代的第二步是和天猫合作，借助其平台帮助并不断学习：加强与客户沟通，根据需求调整产品设计。

凭借长期对品质的坚持所形成的市场信誉，以及前期大量投入所带来的流量积累，全棉时代的线上销量进入一个快速增长的阶段。

线上渠道的突破也给线下销售指引了方向。在互联网新零售环境下，全棉时代线下实行差异化定位，开启大店运营模式，注重消费者体验，着力打造一个带有全棉生活特质的交流平台。全棉时代门店力求呈现一种舒适、健康、环保的全棉生活方式，是对品牌形象有力的提升。

全棉时代的销量虽然在逐年增加,但一直没能实现盈利。"一年亏损是必然的,两年亏损三年亏损,到了第四年再亏损就有点坚持不住了。"李建全借人情、上节目,到处路演寻找投资,但前期品牌塑造的资金投入实在是太大了。2014 年,红杉资本向稳健医疗集团注资 3 亿元,资金上也才勉强支撑。

"守得云开见月明",技术和品牌提升了产品附加值,全棉时代的产品是边际成本递减的,当销量突破一个点,全棉时代终于迎来了春天。2015 年全棉时代的招股书显示,全棉时代的日用品(包括婴童用品、女士用品、家居用品、男士用品)的毛利率达到 62.65%,同类产品在 46% 左右,无印良品也不超过 50%。

62.65% 的背后是财富的累积和新一轮扩张。如今,全棉时代在全国已拥有 200 多家门店,总销售额和净利润也在快速增长。

点、线、面全渠道突围

强兵突击的战术早已经宣告破产,全棉时代的四面设伏正在收网。

连接的线:同质同价

从进军电商到现在,全棉时代始终坚持产品线上线下的同价且同款。"基本上没有特别为天猫或京东定制一些所谓的专供款,唯一的差异是可能线下一件产品也能卖,但是线上是两件产品起售。"全棉时代电商总经理丁黎明说。

目前,全棉时代从棉花等原材料的前端采购、产品生产到末端销售都由公司直接控制,也就是说线上线下的产品是可以共享的。电商渠道和各地的门店都是直营的,既避免了各类流通环节对利润的侵蚀,也能保证线上线下产品质量水平的稳定。

在线上,全棉时代由于都是直营没有代理,假店铺一眼就能被识破,并且也让全棉时代拥有绝对的最终销售定价权。非打折期间,全棉时代零售价和线下保持一致,而打折时就是真金白银的让利。

交织的网:相互吸引的电商和实体店

随着品牌影响力的不断扩大和线下门店的日益扩张,直营门店购物渐渐成为一种习惯为客户所接受,线上销售渠道就成为完善用户体验的一种方式。

"您觉得线下销售会干扰线上销售的业绩吗?"有人问丁黎明,线上和线下总是一个公司闹得最不愉快的两个部门。

"2015年全棉时代产品的销售中,电商渠道的占比达到56.70%。线上线下交叉的人群只占到30%,所以我们认为线上线下各自都有其价值所在。"李建全替丁黎明做出了回答。"线下店能够给客户提供良好的购物体验,也能塑造品牌形象,传递全棉的生活方式。要不我们线上销售就不会还在增加了!"

"是的,我认为在客户体验上,无论是线上还是线下都是一种环境。在线下陈列的环境可能是走进去能看到的陈列、摆设是否温馨,是否与品牌和个人的调性相符合。而线上也是一个环境的表现,集中表现在页面上。"丁黎明笑着说,"线下门店完成产品体验和销售,线上网店则进行品牌传播和持续销售,两种渠道的发展节奏是相互配合的。在未来,物流时效性不是高体验产品销量的决定性因素,而门店自提在整个电商平台布局上也许会发挥更重要的作用。"

直营门店和电商平台销量增长的同时,全棉时代也没有放弃其他渠道的探索,如大客户定制大幅增长,奈丝公主系列卫生巾进驻家乐福、华润万家等商超的1 400多个门店……

直营门店注重体验,线上销售完善购物模式,商超购物提升便捷度,大客户定制满足不同需求,全球门店、电商平台、官方网站、大客户定制、移动端App、商超零售渠道,一张多渠道销售的网络悄然形成。

销售网络不断延伸的边界也为全棉时代送去了源源不断的力量支撑,随着销量和利润的增加,全棉时代所代表的日用消费品业务在稳健医疗集团的比例不断上升(见图2)。

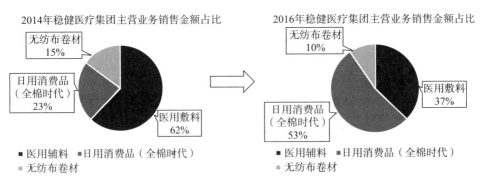

图2 稳健医疗集团主营业务占比变动

超级单品明星队

提到康师傅,会想到红烧牛肉面;提到王老吉,会想到红罐凉茶;提到汇源,会想到百分百系列果汁;提到全棉时代,会想到棉柔巾。一个品牌能在市场上打开一片天地,离不开一个战略单品在市场上发挥的作用。通常情况下,一个经典的战略单品就代表了一个品牌的形象。

凭借良好的产品基础、用户基础和销售表现,棉柔巾当之无愧是全棉时代主推的明星产品,但单纯高品质的产品已经不能满足人们对"美好生活"的更高层次需求,纯棉柔巾面临着制约其进一步发展的症结:价格偏高,影响用户购买决策;用户画像模糊,产品设计的未来方向不够清晰;用户需求挖掘不够,营销卖点不够精准。

出身于B2B的全棉时代对这些问题有些束手无策,但"术业有专攻不妨找外援",全棉时代找到了"品牌生产机"——朗图。朗图被称作"一个超级品牌的幕后大黑手",是中国领先的创意与设计整合体及品牌综合服务商。针对全棉时代的问题,朗图制定了产品定义和设计的系统解决方案。

在用户定位层面,经过大量的数据分析和深度调研,锁定婴童和女性为主要的切入口、家庭为核心消费群体。

在用户沟通层面,既要满足现有用户的情感共鸣,保持产品黏性,又要吸引新用户,朗图以"为娇嫩肌肤而生,开创纸巾新时代"为主传播口号,锁定用户入口,把诉求说得更加鲜明。

包装是产品的一部分,在将产品思维转化为包装的视觉语言时,朗图放弃了所谓的"设计感",回归到产品、功能和用户体验的连接上。考虑到门店陈列的效果,使消费者有强烈的代入感,朗图特别设计了一个场景,在产品的堆叠间,呈现棉花垂直生长的状态,这样产品就不只是单个的个体。产品和品牌产生了互动,让消费者在购买过程产生会心的愉悦。

朗图认为"设计的第一要务是创造性地解决问题,第二要务则是提升品牌价值感"。经过升级,棉柔巾从一款看上去其貌不扬的产品一跃成为纸巾市场里的高颜值"网红",下得厨房,上得厅堂,借用消费者的话来说就是"无论放在客厅还是办公室都特别养眼,再也不需要外面套个盒子了"。

从"产品导向"到"用户导向"的品牌升级工作,也为全棉时代带来了丰厚的利润回报,棉柔巾的单品定价每盒提升了3—8元,销售额和用户反馈提升。全棉时代棉柔巾的爆品神话也将撕开市场的缺口,为其他产品吸粉开路。

品牌推广:心有猛虎,细嗅蔷薇

对于如何占领消费者心智,全棉时代认为,消费者需要的不是宣传而是共鸣,通过洁白的棉花、细腻的母爱、震撼的图片……全棉时代巧妙地把自己放到了客户的心里。

不说产品,说棉花

现今市场上产品和品牌的极大丰富让消费者也变得越来越理性,特别是涉及生活日用品的选择,自然、有机、环保已然成为需求的第一阵列。对于全棉时代而言这无疑是一件好事,"棉花"是它们的先天优势,是与用户沟通的通关密码,甚至这朵"棉花"也将构成高墙壁垒,令竞争者望尘莫及。

李建全是全棉时代行走的代言人,他穿着全棉时代的T恤、拿着棉柔巾,不放过任何场合宣传"棉花的好":

"我的梦想是,有一天棉花能够替代化纤带动人们形成新的生活方式。在人类千年的棉花使用历史上,其占比已经从100%下降到现在的36%,远低于化纤。"

"化纤便宜,但损耗的是地球资源,买5元、10元化纤的东西,买回去用完就丢了,不划算也不环保。"

"每一场演讲说棉花,不讲产品,让很多人理解做这件事情对社会有价值,对我的子孙后代有价值。"

李建全的环保理念也"感动"了一批人,竞争对手对他说:"这件事情我们真的要支持你们,棉的产品越来越受大家喜爱,我们的产品也越来越多人来买,这也算帮助你实现全棉生活的愿望了!"

对于别人搭顺风车的行为,李建全也有着自己的自豪:"现今'棉'文化盛行。你看看这些商家,在五年以前有没有把'棉'字写得这么大?原因就在于全棉时代。不说我们引领了潮流,起码影响了国内外的品牌把'棉'字打得大了。"

最好的办法是双赢,李建全说:"你用我们的广告、用我们的照片都没有关系,因为只要推广棉就没有问题,但是不能模仿得一模一样。首先宣传的一定不是自家牌子,而是棉花。希望在更多人理解棉花以后,大家生产也好、模仿也好,能把这个理念做大,那么这个蛋糕就越来越大。"

聚焦打动人心的宣传,细微之处见真情

和"说棉花不说品牌"一样,全棉时代总是含蓄地介绍着自己,却于细微处扣人心弦,悄悄播下棉花的种子。

妈妈是个胆小鬼

2018年母亲节前,全棉时代推出的短片《妈妈都是胆小鬼》的视频在朋友圈内刷屏。视频中的妈妈怕这怕那,仿佛胆小鬼一样为孩子担心着:她怕你饿着,怕你摔跤受伤,怕你走弯路,怕你照顾不好自己……生动刻画出一个普通妈妈最真实的一面。

精准的洞察与入微的刻画,让万千妈妈产生强烈的代入感,同时全棉时代在杭州地铁打造的胆小鬼妈妈专列开放,微博上"妈妈是个胆小鬼"的话题互动,阅读量达到5 000万,话题互动讨论量近3万。

随后全棉时代乘胜追击,打造家庭群体共同参与的一个品牌节日——全棉亲子节,聚焦职场妈妈普遍对孩子缺乏高质量精神陪伴的问题推出采访视频,通过"最胆小妈妈"视频等营销活动一环扣一环地持续保持全棉时代的热度。

书与影

2018年4月,全棉时代在上海举办了主题为"棉·自然·人"的光影解读发布会,通过著名摄影师上田義彦的镜头,人们看到棉花鲜为人知的坚韧风姿。

同期,全棉时代联合国家地理中文网启动"棉·自然·人"摄影大赛,摄影爱好者们纷纷追随上田義彦的步伐,走进棉田,在用镜头去发现棉、解读棉的同时也是与全棉时代的一次接触。

但是摄影爱好者群体中全棉时代的目标客户有限,如何最大化这次摄影活动的影响力呢?全棉时代抓住2018年全国书博会和第十九届深圳读书月的契机,推出新书《壹棉壹世界:7000年的棉与人》。上田義彦的配图和经过三年精雕细琢的文字一下就吸引了很多人的目光,在文艺咖的转发推荐及全棉时代的造势下又引起一波棉花热。

吸粉明星 棉花女王

2017年天猫"双11"过后全棉时代产品销量放缓,让全棉时代明显感受到了市场饱和的危机。

消费者延伸刻不容缓,李建全看着消费者数据分析陷入了思索。全棉时代的主流用户群体年龄段集中在25—35岁,其中女性用户占到85%,95%的用户拥有大学本科学历。想着呈现客户年龄年轻化的趋势的数据,李建全有些担心年轻消费者的钱袋子,年轻人对时尚、对品牌的要求更高,对新鲜事物也更能接受,但不确定他们能否接受全棉时代的价格。

坐以待毙不是李建全的性子,总要试试再说行不行。经过细致的考量,与企业合作的代言人确定为王俊凯。王俊凯的粉丝中,80后、90后占了将近9成,且以大学生和女性群体为主,也就是说其粉丝群体与全棉时代的消费者群体高度重合。

2018年9月,全棉时代正式宣布王俊凯成为棉柔巾新系列——洁面柔巾的代言人,并独家冠名了王俊凯19岁生日粉丝见面会。粉丝们对全棉时代进军年轻一代表现出极大的支持,2018年天猫"双11"王俊凯代言的棉柔巾销量突破一亿元,坐稳了母婴用品行业第一的交椅。看着娇嫩柔软的棉花团成长为明星棉,李建全露出了欣慰的表情。

未来与挑战:全棉时代如何深化品牌形象?

王俊凯的代言让全棉时代的明星光环更盛,但居高不下的价格也让前期靠优惠积累的一批老客户望而却步。

"现在都用不起全棉时代了,王俊凯代言后又贵了。"大学生小肖一边在心里可怜自己的支付宝余额一边向舍友抱怨。自两年前小肖在"双11"半价购买纯棉柔巾后就爱上了这款产品。但"双11"售卖的产品规格远超所需,让小肖放弃了购买,但网上的日常价格又让小肖十分肉痛。

"那换家产品啊!"

小肖望着新替代的产品,陷入了犹豫……

李建全之前的担忧变成了现实,他并不想为了争取新客户而放弃老客户。

造星不易,维持形象和人气更不容易,全棉时代的挑战不断刷新。在其他品牌迎头赶上、竞争更加激烈的同时,如何保持自身优势不被同质化?在保持品牌天然、健康、环保的产品理念的同时,如何增强产品的时尚感?在大数据时代,如何掌握或者共享更多资源,精准把握用户需求和营销推送?

新的答卷等着全棉时代去填写。

思考题

1. 全棉时代相比于其他同品类产品具有哪些优势?
2. 进驻连锁商超和自建门店,你认为哪种方案更适合全棉时代,为什么?
3. 面对竞品的价格竞争,全棉时代该如何应对,又该以何种姿态迈出下一个战略转型的步伐?

参考文献

[1] 〔美〕艾·里斯,劳拉·里斯.品牌的起源[M].寿雯,译.北京:机械工业出版社,2013.

[2] 凯文·莱恩·凯勒.战略品牌管理(第4版)[M].吴水龙,何云,译.北京:中国人民大学出版社,2014.

[3] Dawar, Niraj; Bagga, Charan. A better way to map brand strategy. Ivey Product Number: R1506G(Ivey Publishing, Publication Date: 6/01/2015).

[4] Kumar, S. Ramesh; Sivagurunathan, Mithun. Sustaining an ethnic soft drink-Paper boat: brand positioning and consumer behavior. Ivey Product Number: IMB647(Ivey Publishing, Publication Date: 09/01/2017).

[5] 李雪欣,李海鹏.中国品牌定位理论研究综述[J].辽宁大学学报(哲学社会科学版),2012,40(03):100—106.

[6] 符国群.品牌定位在市场营销战略中的地位[J].中国流通经济,2004(04):51—55.

[7] 王崇锋,高晓晴,青岛啤酒:逆风飞舞,舞入年轻化舞台.案例编号GC-19-046(中国工商管理国际案例库,2020年06月30日出版).

[8] 商业评论.红杉中国合伙人刘星:新零售新在哪里?[EB/OL].(2017-05-03)[2018-10-31].https://mp.weixin.qq.com/s/zCMgA2r9lorUWat6KG-i1w.html

[9] RITO朗图.全棉时代的爆品神话是如何诞生的?[EB/OL].(2017-11-23)[2018-10-31].https://mp.weixin.qq.com/s/sk82TT5qfdjhCRK1I4HU9Q.html

[10] 阿里研究院.高红冰:绿色消费将为中国带来三大价值[EB/OL].(2016-8-11)[2018-10-31].https://mp.weixin.qq.com/s/_ioxddfMjINJfSkbdVKpiQ.html

新崛起

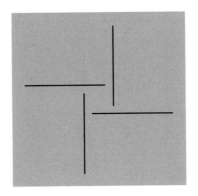

疏水活源,鱼跃龙门——闲鱼的社群升级探索之路

蔚来已来,颠覆未来——蔚来汽车的竞逐超越之路

长风破浪,王者崛起——《王者荣耀》的差异化战略征途

星星之火,何以燎原——XYZ咖啡的创业之路

疏水活源，鱼跃龙门

——闲鱼的社群升级探索之路*

摘要：近年来，二手闲置市场发展迅速，闲鱼凭借竞争对手少、平台大等优势，很快在闲置市场确立了难以撼动的地位。闲鱼打破了传统电商的模式，专注社交，创造性地提出并建立了"鱼塘"，打造社群，给用户提供了基于兴趣或地理位置分享生活、进行交易的场所，而鱼塘的出现也恰好在很大程度上解决了闲鱼面临的"信用危机"。本案例回顾了闲鱼根据社交规划而建立鱼塘、升级社群建立兴趣鱼塘以及管理鱼塘运营的过程，映射出社群的特征及结构优势，并总结出管理社群的方法。本案例旨在帮助学生在理解社群相关概念的基础上，学习如何把握社群的运营、升级及管理。

关键词：闲鱼　社群　社群管理　客户黏性

引　言

2018年1月23日，在开了一上午的年度报告会后，谌伟业回到办公室，掏出手机，打开了闲鱼APP，看着自己关注的几个兴趣鱼塘中，大家活跃地交谈

---

* 本案例由青岛大学商学院王崇锋教授，青岛大学商学院学生张蕾、刘欣荣、晁艺璇、孟星辰撰写，作者拥有著作权中的署名权、修改权、改编权。本案例授权中国管理案例共享中心使用，中国管理案例共享中心享有复制权、修改权、发表权、发行权、信息网络传播权、改编权、汇编权和翻译权。由于企业保密的要求，在本案例中对有关名称、数据等做了必要的掩饰性处理。本案例只供课堂讨论之用，并无意暗示或说明某种管理行为是否有效。

着、交易着,心中感慨颇多。闲鱼问世三年多以来,谌伟业对待它就像自己的孩子一样,从孕育到呵护,一次次发现问题、纠正错误,使它变得日臻完善。

谌伟业,阿里旗下闲置交易社区闲鱼总经理,目前全面负责闲鱼的战略规划和运营管理。作为孩子的"爹",他一直密切关心着孩子的一举一动。在他的闲鱼交易记录里,除了买过一些物品,他还购买了由一名外教老师教授的口语课。作为一名摄影爱好者,他加入了几个摄影器材鱼塘,密切"监视"着里面的一举一动。有人卖,有人买,更多的是大家在里面交流各种干货,如设备知识、摄影技巧等,他也常常抽空进入鱼塘跟大家互动讨论。兴趣鱼塘,是一个能"让你的闲置物品游动起来的知识交流平台"。盯着屏幕,谌伟业不禁出神,回想起这三年来,陪闲鱼一步步走过的路,虽然艰辛,但从未后悔过……

背 景

"闲"不住的二手闲置市场

2011年,电子商务平台迅速兴起,其优越性逐渐显现,也促进了国民经济的发展。国务院为鼓励电商稳健发展,提出了很多优惠政策,大大加强了电商的竞争力;2015年,在我国举办的第二届以"互联互通·共享共治——构建网络空间命运共同体"为主题的世界互联网大会,给电商带来了更多机会,带来了更多便利。

在诸多因素的影响下,电商发展迅速,市场交易规模逐年升高,2011—2016年五年时间,电子商务的市场交易规模增加了近三倍,2017年上半年半个年度就达到了13.35万亿元的交易额。

电商的发展促进了消费升级,网络购物占比越来越高,据中华人民共和国国家统计局数据公布,2017年全国社会消费品零售总额约为36.63万亿元,其中网上零售额约为7.18万亿元,占总额的19.6%。截至2017年12月,网购APP渗透率达到69.9%,用户规模达到7.13亿人次。

随着电子商务平台的兴起,淘宝进驻我们的生活,"剁手党"大军愈发壮大。加之近年来,随着国民经济水平不断升高,居民的消费水平也不断提升。在商家的花式促销下,交易额屡创新高,"神奇的数字"不断刷新着人们的眼球。

疏水活源，鱼跃龙门
——闲鱼的社群升级探索之路

淘宝、天猫"双 11"的成交额逐年升高，在交易额屡创新高的同时，我们不得不思考：这么大的交易量，卖出的商品都被充分利用了吗？如果消费者一时冲动买了不需要或者不适合的东西，或者像是小孩的玩具一样一段时间之后不再使用了，这些冲动消费的闲置商品是任其堆在家中角落毫无用武之地呢，还是通过各种渠道转卖变现？若是大家在一个像跳蚤市场一样的地方进行交易，让这些"寂寞"的物品重新流动起来，岂不是有很大的发展空间？

据调查，超过 98% 的网购人群表示家里有闲置物品，但是由于处理起来很麻烦，很多人也不知如何处理，大多数人选择搁置不理。根据商务部发布的《关于做好"十三五"时期消费促进工作的指导意见》规划，到 2020 年，中国社会消费品零售总额将达到 48 万亿元。届时每年闲置的二手商品价值将超过 32 万亿元。闲置，就是资源的浪费，只有让闲置"忙起来"，才能使资源得到有效利用，推动经济朝着绿色经济的方向发展。因此，解决这一问题的迫切性是毋庸置疑的。随着电子商务的蓬勃发展，电子商务体系愈加完善，二手闲置市场再也"闲"不住了，开始向着规范化转型。

此外，我国居民的观念也在发生转变，不再觉得用旧物就代表贫穷，大多数人能够接受二手物品。在欧美一些发达国家（地区），家庭日常生活中消费的 80% 是二手物品，尤其是在瑞典，二手交易占国家 GDP 的 10% 以上，每家都会买卖二手物品。与国外发达国家相比，我国的二手闲置市场发展还不够成熟，尚处在引导阶段，但在发展势头如此强劲的电商经济和共享经济助力下，国内的二手平台的发展前景十分广阔。

Web2.0 下的社群时代

近年来，社群这个词逐渐进入我们的视野，并且如雨后春笋般迅速成长起来。Web1.0 时代是超链接时代，其核心是将各种内容用超链接的方式组织在一起。而 Web2.0 是社群的时代，其核心是将线下的关系及社交带入互联网产品及营销中。当前，各种通信网络，如互联网和手机是形成群体的平台。这些网络开发的众多工具，从邮件列表到社会性软件，构建了各种各样的网络社群，满足了用户交流、分享、合作、协调一致行动的本能需求，而此前它一直受到交易成本的抑制。在 Web2.0 时代，形成群体已经变得极其简单，大量不同类型的网络社群应运而生。

互联网社群的出现，超越了时间和空间的限制，相同的兴趣爱好或者相近的成长环境，进一步强化了社群成员之间的关系。而社群+电子商务，即社群电商，也就是以人际关系为核心的社交型交易模式，这一名词的出现率逐渐增高。表1呈现了大众传媒时代与社群时代在几个方面的对比情况。

表1　大众传媒时代与社群时代的对比

	大众传媒时代	社群时代
企业网络	信息的聚集	关系的构建
常用工具	Web1.0的搜索/信息广播式	Web2.0协作/对话
对企业态度	对企业半信半疑	对企业开放
传播 边界 关键措施	有限的预算 地理边界限制 大规模生产	病毒传播 没有边界 个性化定制
品牌用途 衡量标准	品牌认知 品牌满意度	口碑传播 品牌参与度

社群模式的推行会极大地促进社会交易的质量和数量。互联网时代孕育出越来越多的"宅男""宅女"，而社群的存在使他们即使足不出户也能接收到各种各样的购物信息。社群里的交流带给他们更多的知识，让他们有更高质量的交易。与此同时，社群里各式各样的购物消息，随手点进去，就有可能激发消费冲动，导致更大数量的交易。

在二手行业初显蓬勃发展态势时，阿里巴巴快速把握时机，推出闲鱼产品，一跃成为二手行业的领头军。在Web2.0的背景下，阿里巴巴及时确立了专注社交做社群的战略。

小鱼起航正当时

创始人经历

闲鱼总经理谌伟业，花名处端。2000年，谌伟业进入武汉理工大学就读工业工程专业。在校时，曾担任学校经纬网站站长。大二时，他成为经纬网站的一名新闻通讯员;2003年"非典"疫情爆发,他和记者们一起跑新闻做采访,不惧风险,不畏困苦,乐在其中。他觉得把更多的信息传递给同学们是一件很有意思也很有意义的事。为了更好地完成网站的工作、发挥更大的作用,他自学了很多互联网知识和技能。

正是由于在经纬网站的这段经历,2004年本科毕业后,他没有从事本专业的工作,而是一头扎进了当时正处于起步阶段的互联网领域,与经纬网站的同事一起做互联网项目。与一群志同道合的朋友做"好玩儿"的事,对谌伟业来说,这是一件无比幸福的事。

2007年,谌伟业加入阿里巴巴,成为淘宝的产品经理,负责手机淘宝的基础产品。凭借着自学掌握的互联网知识和技能,他几乎参与了淘宝网所有的创新项目,创建过淘宝机票、淘宝彩票,设计过淘宝交易平台及共享业务平台等价值和口碑极高的产品。

他加入淘宝的时间较早,算是淘宝的老员工,"他勤奋努力,是个十分踏实的人",同事评价道。

2013年年底,在对社会状况和数据做了大量的分析后,马云敏锐地嗅到了手机端的产品商机,立即对淘宝发出了一个号召——"all in 无线",这场变革在当时可以说是一场巨大的赌局,而现在看来,马云的确是个"赌王"。2014年2月18日,马云发表公开信说阿里巴巴要"all in 无线"。阿里巴巴从总部选取了部分员工投入无线事业部,谌伟业作为一名努力踏实的员工,成为项目的首选人员。

在"all in 无线"项目开展的几个月里,谌伟业得到了很大的锻炼,他意识到,那时的商业界已经发生了巨大的改变,如果循规蹈矩,结果不是止步不前,而是会被时代抛弃

小鱼儿初长成

2011年,"淘宝跳蚤市场"出现,是淘宝发展二手业务的起点。

2012年,淘宝将二手交易平台更名为"淘宝二手"。最初的"淘宝二手"是在个人店铺与客户之间以C2C模式运行的,店铺只回收本店的商品,但很显然,这种模式下的交易量非常低,效率不高。

2014年4月,经过长时间的分析和考虑,谌伟业觉得,面对这么大的闲置

市场，"淘宝二手"不能仅局限于个人店铺与客户之间的 C2C 交易。他说："从穿了几次的衣服，到小孩不想玩了的玩具，或拿来当衣架的跑步机，这些闲在那儿，但仍然有价值。"出于让闲置物品发挥剩余价值的理念，他向阿里巴巴 CEO 张勇提出改革"淘宝二手"的想法，张勇当即表示支持，并把他推荐给了当时淘宝网的总裁张建锋，阿里巴巴集团一向支持企业内部创新，当下张建锋即拍板将淘宝二手业务交给谌伟业做。

谌伟业本就是个有想法的人，在获得淘宝二手业务资源后，他决定改造这部分业务。或许是受之前在"all in 无线"项目的一些启发，谌伟业决定，二手业务将重点发展移动客户端。

2014 年 6 月 28 日，"淘宝二手"正式升级并更名为"闲鱼"。口号是"闲置能换钱""让你的闲置游起来"。

第一年，闲鱼专心做产品。依靠精心运营和来自淘宝的引流，闲鱼已经积累了上千万的活跃用户，估值达到 30 亿美元。平台上每天有超过 20 万件闲置物品成功交易，广受好评。在"双 11""双 12"等促销活动日，借着如火如荼的淘宝交易，闲鱼成功分得了一杯羹。对于消费者来说，闲鱼上的物品，物美价廉，本着花小钱买好物的心理来到这里，寻寻觅觅满足自己的需求。

刚刚闯入世界的闲鱼，并不甘于做一条默默无闻的小咸鱼，而是踌躇满志地摆动锦鲤的鱼尾，朝着龙门奔去。

发展两年多后，闲鱼已经不仅仅局限于进行二手物品的买卖，据谌伟业给出的数据显示，闲鱼用户中 41% 的人是边聊天边买东西，买卖双方在交易过程中要聊一聊物品从哪买的，用过多久以及为什么要卖，等等。

初入鱼塘如得水

建立社区鱼塘，载着使命前行

史蒂芬曾说："互联网正在把人群切成一小块一小块的社群，产品如果没有社群粉丝的支持，很难调动传播势能。在新商业时代，品牌要学会的是跟社群对接。"一直以来，阿里巴巴都有一个社交梦。2014 年 6 月，闲鱼在阿里巴巴立项时,马云说:"闲鱼不是做二手,而是做社交。"

　　这一想法,与谌伟业不谋而合。在他看来,闲鱼与淘宝、天猫等,虽说都是电商,但有着很大的差别。一方面,普通电商都会追求效率,用销售额说话,追求效率就必须有一套可以提高效率的标准;但闲鱼不同,闲鱼上的闲置只有一件,不可能给每一件闲置都设立一个标准。另一方面,电商都有单品爆款的原则,很显然,闲鱼也不能。因此,闲鱼若追求跟其他电商一样的发展是没有意义的,必须要走一条专属闲鱼的特色道路。

　　"我们发现大多数人有一个闲置去分享和交易的时候,他并不会因为今天没有卖出去就很焦虑,甚至睡不着觉。在交易闲置这件事情上,大家更渴望获得的是这个过程中的价值:在这个过程中,他有没有获得认同;在这个过程中,有没有跟别人交流。这才是获得最终成功的价值。"谌伟业说道。

　　闲鱼,谐音"闲余"。谌伟业将之理解为,"闲"是闲置的时间,"余"是闲置的时间和空间。闲鱼不仅仅是一个二手交易平台,更是一个分享"闲"和"余"的地方。

　　"淘宝成就创新与创业,天猫成就品牌和商业力量,而闲鱼则要成就快乐与分享。"这是谌伟业对闲鱼的定位。根据闲鱼官方发布的数据,2016年,已经有超过41%的用户边聊天边交易,这为闲鱼上线社交运营创造了十分有利的条件。

　　但是,这样的社交仅仅存在于买卖双方之间,但社交肯定不能只局限在二人之中,怎样才能打破这个局限,创造出能够实现多人互动的平台呢?

　　当年,闲鱼提出建立"鱼塘"。

　　社区鱼塘,可以说是肩负着阿里巴巴的使命,承载着马云和许多阿里人的期望。

　　根据地理位置划分,闲鱼以一个小区或者学校、公司等人群密集区为中心建立起鱼塘,不在地理范围内的用户不能申请进入鱼塘;因为位置相近,又称为本地鱼塘。在这里,一个小区里的妈妈出售孩子不用的玩具,同一学校的学生交换书籍……

　　因为本地鱼塘地理位置接近,取送货十分方便。2016年,闲鱼首次发布的鱼塘数据显示,每天有超过60%的闲置物品发布在社区鱼塘里。除了交易,越来越多的人开始在鱼塘里聊天,鱼塘逐渐成为一个社交场所。真实用户之间的交流,有效地促进了闲置物品的流通。

另外,闲鱼发布的数据显示,鱼塘内闲置物品的平均交易时间,比鱼塘外快1/3。用户之间的位置距离与闲置成交率成反比,用户之间距离越近,互动后的交易率就越高。2公里以内的用户之间的交易率达到最高值。生活距离近,极有可能认识,即便是陌生人,近距离也会拉近彼此心的距离,增加互信,从而提高交易率。

闲鱼的独特之处还在于,不是通过用户支付费用出售的商品才能置顶推广,在闲鱼的"鱼塘"中,出让的商品就像论坛中的帖子一样,越"有故事、有背景"的商品越容易受到关注。谌伟业接受《21世纪经济报道》采访时表示,"这种聊天、互动、讲故事的社区式交易模式不仅将闲鱼与其他闲置交易平台区别开来,还为闲鱼赢得了不少'忠粉'"。

守卫护航,小鱼儿一路畅行

社会学家费孝通在《乡土中国》中总结了交往中信任的来源——"对规矩的熟悉,对契约的认可",前者是一个社会或一个群体内约定俗成的规矩,后者则是契约制度的体现。

故事的背景即便是从旧中国的乡村换到了如今的移动互联网之上,关于信任的本质依然不曾发生改变。二手交易的本质还是交易,交易的核心正是信任。但二手闲置是非标品,在质量、价格等方面很难找到一个固定的标准去衡量。这些问题的存在给闲鱼平台制造了一些信任危机。从论坛或贴吧里搜索二手交易平台,热度最高的是各种负面消息,比如收到的物品质量差、付了钱不发货等。

鱼塘的出现,让闲鱼和买家都稍微松了一口气。

由于本地鱼塘是由地理位置联系起来的社群,同一鱼塘里的人差不多生活在同一地方,因此认识的可能性较大,甚至是知根知底。况且熟人之间不好"作案",因此鱼塘里的交易安全性就大大提高了。就算是鱼塘内的交易出现了问题,解决起来也要容易得多。因此,鱼塘的出现在很大程度上减少了交易风险。

除此之外,谌伟业发现绝大多数受骗场景发生在聊天软件或是线下支付过程中。针对此问题,闲鱼还通过以下几个方面建立了完整的交易保障体系:第一,闲鱼的用户必须进行实名认证,经过支付宝核实会员身份信息和银行账户信息,买家支付的款项先由支付宝保管,在买家收到货物并验收确认收货后,卖家才会收到钱。第二,闲鱼与蚂蚁金服旗下的芝麻信用达成合作,提升对个人用户信用的监督,减少双方交易的信息不对称性带来的问题,降低交易风险。合作后,闲鱼首先试水手机等3C品类的信用速卖,只要卖家的芝麻信用积分超过600分,就能在闲置物品发货之前提前收到货款(不多于2 000元),随后再预约快递送货。第三,闲鱼有专门的网络安全部门,保障平台的信息安全、账户安全、交易安全,利用大数据构建了强大的实时风险防御系统,有专业的安全队伍进行网络反欺诈。第四,淘宝上购买的商品可以一键转卖到闲鱼,使闲鱼完全连接了淘宝网的个人信息认证。用户不仅可以使用淘宝账号登录,还能实时同步淘宝账号等级、支付宝实名认证、芝麻信用等信息。

世间没有十全十美的东西,但总能不断地追求完美、追求极致。面对困难,闲鱼一步步加固自己的水上堡垒,在这些守卫的护航下,安心游向未来。

深挖鱼塘纵大壑

随着二手市场的发展,二手电商的竞争越来越激烈,要想在激烈的竞争环境中立于不败之地,闲鱼必须要进行战略升级。

开拓兴趣鱼塘,鱼儿成"红娘"

"好事"的鱼儿怎会满足于地理位置局限下的小小社区,它的心在世界。

很快,闲鱼推出了兴趣鱼塘,这是根据用户的兴趣爱好建立鱼塘。小鱼儿当起了"红娘",让更多有趣好玩的人相聚相识。

拥有相同兴趣爱好的人聚集在同一鱼塘中,交流知识,买卖闲置,一群有趣的人一起做有趣的事。比如一群喜欢养猫的人,可以在里面卖"闲置"的猫和养猫需要的设备及猫粮,分享自己的养猫心得,晒出自己可爱的宠物猫,等等。兴趣鱼塘如同阿里巴巴版的贴吧,使闲鱼的信息分类趋于丰富,激发了大家的交流和交易热情。

2017年5月20日,在这个"情人节",闲鱼在杭州举办了一场闲鱼塘主大会。参加大会的人尽是些"斜杠青年",他们是不再满足于"专一职业"的生活方式,而选择拥有多重职业和身份的多元生活的人群,因为他们自我介绍中会用斜杠来区分,例如:张三,会计/摄影师,因此"斜杠"便成为他们的代名词。"美式复古玩家""破产 Lo 娘""模型发烧友"等一系列兴趣导向的塘主是这些"斜杠青年"的典型画像。他们将工作之外的兴趣投入闲鱼,与一群志同道合的朋友在根据地追求快乐。

虽然闲鱼是阿里巴巴集团旗下的产业,但闲鱼在刚成立时,阿里巴巴没有投入一分钱。眼看着竞争形势日益激烈,阿里巴巴迅速向闲鱼注入 1 亿元的资金支援。谌伟业收到资助后,立即投入大量引流费用,继续深挖鱼塘。

2017 年 11 月 16 日,闲鱼官方披露,闲鱼兴趣鱼塘数量达到 45 万。同日的发布会上,闲鱼官方以"开放"为主题,希望将更多人纳入到鱼塘中,同时邀请了更多合作伙伴进驻鱼塘。并表示,将以生活圈、兴趣圈等作为划分依据向用户进一步开放鱼塘建设,开放 100 个城市的鱼塘。为此,阿里巴巴将整合包括支付、信用等在内的众多方面的生态资源提供给闲鱼。

至此,闲鱼已经在社群道路上越走越顺、越走越远了,真正走上了社区化、社交化的大道。

引爆社群的新 4C

闲鱼的鱼塘即社群,它是需要"营销"的,需要让更多的人了解并加入,以充分发挥其社交作用。引爆社群的"新 4C 法则",同样能引爆闲鱼鱼塘,为其带来新用户。"新 4C 法则"是指在合适的场景下,针对特定的社群,利用有传播力的话题或内容,通过社群网络中人与人连接的裂变实现快速扩散与传播,从而获得有效的传播和商业价值(见图 1)。

图 1 新 4C 法则

(1) 场景。产品和服务都必须基于用户的使用场景来设计,企业间的竞争从信息入口之争转向场景之争,场景正在重构移动互联网时代的产品、营销及商业模式,我们正步入场景感知的人工智能时代。在二手行业的春天降临时,闲鱼出身于阿里却不拘于交易盈利,在众多一心求利的电商中独树一帜,建立鱼塘,为社群的发展寻找到了良好的场景。

(2)内容。未来每一家企业都是内容企业,内容是企业与客户发生关系的抓手,如何生产出能引起客户共鸣和自发传播的内容,将是衡量企业实力的一个重要标准。好的内容不只关注内容的受众本身,还要关注内容的场景。闲鱼只是提供了平台和机会,内容是用户自己创造的,因此,从这一方面讲,闲鱼已经成功了一半,社群的运营很大程度上取决于用户自身,每个人对于自己主动创造的东西都是喜爱和拥护的,闲鱼只需辅助令其更上一层楼。

(3)社群。在未来商业中,社群是企业与用户连接的新形态,企业必须从用户、合作伙伴、员工等角度构建自己的社群,理解社群的结构、行为、传播规律。对于闲鱼来说,鱼塘即社群,无论是基于地理位置建立的社区鱼塘,还是基于相同兴趣和爱好的兴趣鱼塘,都是有一定结构的、连接企业与用户、用户与用户的社群。

(4)人与人连接。引爆社群就是通过人与人的连接,快速引爆特定社群。通过对群体网络结构的分析,撬动社会网络的中心节点,赋予传播的动力,降低接受门槛,从而让信息随着人与人的连接实现裂变式传播。加入社区鱼塘的都是相邻相近的用户,潜在用户就是已有用户的"街坊四邻",他们会在已有用户的引导之下进入鱼塘。而兴趣鱼塘,本就是基于共同的兴趣而建立的,在用户的裂变式传播下,会吸纳更多相同兴趣爱好的人进入社群。

闲鱼通过鱼塘建立社群,以用户自定主题取胜,通过社群网络中人与人连接的裂变实现快速扩散与传播,从而获得了有效的传播和商业价值。

社群孵化的超级 IP

"一支口红的诱惑""囧一刻""汉服""告别前任""一起 cosplay""玩镜头不败家",这些奇奇怪怪的名字是什么?它们是闲鱼 APP 社区上最受 90 后欢迎的鱼塘,最火爆的鱼塘"一支口红的诱惑",已有 20 多万 90 后塘民。

了解一下兴趣鱼塘塘主的信息之后就会发现,很多稀奇古怪的事物会在闲鱼上形成鱼塘,有趣好玩的内容都会形成 IP。它们在经历"病毒式"爆发之后,会迅速形成需求,随着需求的诞生,爆款便应运而生,购买需求也随之形成流量。

闲鱼上诞生的交易可以用吴声的《超级IP：互联网新物种方法论》进行解释：在内容崛起与流量人格化的未来，竞争会越来越表现为成为超级IP的可能性。超级IP的特性会向各种被互联网+降维打击的产业进行扩散和渗透。

在吴声看来，当90后、00后的兴趣归属分散到无数个亚文化社群时，对于年轻人来说，亚文化就代表了文化本身，小众的至爱合并成了大众的流行。"前端流量+后端商业"已不合时宜，"超级IP+社群+商业"模式才是解药。

在今天这个IP横行、亚文化盛行，新一代年轻人的购物需求发生巨大变化的时候，闲鱼正在解构正统，打造年轻人喜爱的"小"社区，用一个大平台承载起无数小的美。

疏水活源，容纳鱼群

任何一个集体都需要管辖，只有在约束中才能朝着更好的方向发展。闲鱼有那么多鱼塘，应该如何运营管理，才能使闲鱼井井有条、向上发展呢？如何运营管理，才能保证用户"从一而终"不"背叛"呢？讨得芳心是需要下一番功夫的，闲鱼可是个"花心大萝卜"，"吃着碗里的看着锅里的"，它不但要留住已有用户，还想要吸引更多的人，更是要下一番苦功夫了。

防范商业化过度

"阿里已经有了淘宝和天猫，商业化能力已经得到了证明，不需要再证明一次了。闲鱼上允许做生意，但是整体氛围要可控，商业化不能太浓。我们很警惕把闲鱼搞成产业。"谌伟业表示。在鱼塘里，很多时候人们是在"逛"和"玩"，而非"买"。在越来越多的鱼塘里，主要活动很多时候不仅仅是商品交易，还是线上社交和塘主主导的线下活动。如果商业气息太过浓重，谁还会有闲情逸致在里面玩呢？因此，闲鱼要防范商业化过度。

要防范商业化过度，底层技术架构需要落实：闲鱼的流量与信息分发不以销量排序，而是主要参考活跃度，与人互动越多，展示机会就越多。每位闲鱼用户上传物品上限为 50 件,以防止用户将之当作一个专门出售商品的交易平台。

同时,买卖比是闲鱼最重视的数据之一,也即每位用户购买和售卖行为次数的比值。如果这个值接近 1,说明平台的生态是健康的,目前这个值在 1.03 左右。用户有卖有买,确保了一定的互动性。

在鱼塘内,鱼塘塘主发挥"辅政"功能,一方面塘主通过积极引导促进交易,另一方面还要引导鱼塘内的活动,解答塘民疑问,带动鱼塘内的气氛,使鱼塘积极向上发展,让塘民对鱼塘产生归属感。闲鱼鱼塘的这种模式,如同古代的"坊市制",鱼塘正像"坊市"一样,有专人管理。只不过当年的"坊市制",管理者来自官府,在重农抑商的年代,管理的目的是防止交易扩散。而鱼塘塘主的目的是积极引导,促进交易,解答疑问。根据闲鱼塘主大会上公布的信息,鱼塘塘主平均每年处理"政务"1 016 次,平均每月在线治理 23 天。

另外,闲鱼以鱼塘排行榜、超赞等级、鱼贝等作为激励手段,为塘主和塘民营造良好氛围,积极发展鱼塘,以此提升每个鱼塘的活跃度。

究其本源,防患未然

为减少鱼塘可能出现的各种问题,必须从源头上控制,让鱼塘有一个好的"出身"。并不是所有人随随便便就能建立起鱼塘的,鱼塘的申请者和塘主的申请者必须要满足以下基本条件:

(1)申请者的闲鱼账号必须经过支付宝实名认证;
(2)申请者的芝麻信用必须在 650 分及以上;
(3)申请者无专业卖家特征;
(4)申请者在淘宝网上一年内没有严重违规(如售假违规)扣分;
(5)在线考试成绩必须达到八十分及以上。

以上前四点,闲鱼每月都会进行检查,如果鱼塘塘主有任何一点不满足条件,会立即被取消塘主资格。

从源头的管理,在很大程度上避免了鱼塘内的交易信用问题,"申请者无专业卖家特征"这一条件,避免了以推销和交易为目的的闲鱼鱼塘的产生,创造了良好的鱼塘环境。

确保源头活水来

作为一个社群,管理运营的关键是用户、内容和范围。只有留住已有用户,并不断开发吸引新用户,在内容和形式上不断创新,社群才会不断发展。因此,必须要想方设法"博眼球"。据统计,闲鱼拥有的超过 2 亿用户中,有 52% 是 90 后,占据半壁江山。他们每人平均加入 4 个鱼塘,在鱼塘塘主中的占比为 43%。90 后是年轻一代,是在互联网下成长起来的一代人,因此对于闲鱼来说,抓住 90 后的心,就等于成功了一半。

想要吸引别人,特别是网络时代的年轻人,必须投其所好,想其所想。闲鱼通过以下几点具体落实:

(1) 积极引流,制造新用户。闲鱼是由"淘宝二手"发展而来的,本身有一部分用户资源,加之淘宝的引流,用户流量巨大。但作为一个相对独立的平台,不能一直"啃老",自身必须具备强大的造血功能。闲鱼通过鱼塘的社区运营、跨界品牌合作等多种手段扩大口碑,吸引用户。比如,闲鱼联合《中国有嘻哈》做的"来闲鱼做超赞 RAPPER"活动,赞助时下火热的综艺节目《奇葩说》等,这一系列营销活动增加了曝光量,扩大了口碑效应。

(2) 创造氛围,扩散用户生成内容(User Generated Content,UGC)。为了营造传播闲鱼就是有趣的氛围,闲鱼总是在微信、微博等社交平台发布有趣新鲜的帖子。

(3) 内容比拼,激励生产。为了激发鱼塘活力,闲鱼在鱼塘内发起各式活动带动气氛。发起"以旧换新""录视频秀才艺换钱"等活动以激励用户创作;发布"如何提升用户拍照水平"的技能贴,以引导用户在社群内创造更高质量的内容;还发起展示"单周成交十几单"的少年才艺故事的活动,以塑造用户标杆,发挥榜样作用。

(4) 建立用户关系链。除了用户的自发关注,闲鱼依靠各个鱼塘塘主的运营管理,维系用户的感情,加深用户在闲鱼上的归属感。有归属感,有家的感觉,用户便会对鱼塘"忠诚"。塘主作为鱼塘大家庭的大"家长",管理鱼塘的活动和用户的言语问答,或是不定期举行线上线下活动。很多大学鱼塘,比如广州大学城,经常会在线下举行闲鱼集市。

金钱与友谊,如何抉择?

闲置市场前景光明,许多家互联网公司都想要瓜分这块大蛋糕。58同城推出了转转,百姓网推出乐空空……闲置市场竞争愈演愈烈。其中,闲鱼最强劲的对手是转转,转转采取电商模式,交易过程简单快捷,只需点击直接购买即可进行交易。而闲鱼专注社交,平台内充斥着大量的晒、秀和经验分享等,交易反而成为次要要求。买卖双方需要进行多次沟通后再点击"我想要"才能进行交易。因此,不喜欢麻烦的用户很可能会因转转的便捷而放弃闲鱼。已经确定了走社交的道路,闲鱼还应该顾虑竞争对手的追赶吗?社交与交易,闲鱼应如何抉择呢?

思考题

1. 试列举你所知道的二手交易平台或公司,分析其运营方式。
2. 二手交易平台闲鱼的鱼塘是如何"养鱼"的,过程中体现了哪些社群营销方式?
3. 二手交易平台闲鱼下一步发展的重心在哪里?是继续关注社交场景,还是转向转化效率的提升?

参考文献

[1] Kotler Philip, Kevin Lane Keller. 营销管理架构[M]. 北京:北京大学出版社,2012.

[2] 邱彦彪. 现代企业管理理论与应用[M]. 北京:北京大学出版社,2013.

[3] Fournier, Susan; Lee, Lara. Getting brand communities right. R0904K(Ivey Publishing, Publication Date:04/01/2009).

[4] John J. Cater, Brent D. Beal, Jim Tarter. Motor trike: Building a brand community. NAC3525(Ivey Publishing, Publication Date:04/01/2015).

[5] McAlexander J. H., Schouten J. W., Koenig H. F. Building brand community[J]. Journal of Marketing, 2002, 66(1):38-54.

[6] You Rie Kang, Cheol Park, Acceptance factors of social shopping, 11th International Conference on Advanced Communication Technology [J]. Phoenix Park, korea, 2009(3):2155-2159.

[7] Amir Afrasiabi Rad. A model for understanding social commerce [J]. Journal of Information Systems Applied Research, 2011, 4(2): 63-73.

[8] 唐方成,蒋沂桐.虚拟品牌社区中顾客价值共创行为研究[J].管理评论,2018,30(12):133—143.

[9] 井润田,郭俊杰,张一弛.樊登读书:新互联网时代企业增长的奇迹.案例编号:EPSM-0345(中国管理案例共享中心,发布日期:2019.10).

蔚来已来，颠覆未来

——蔚来汽车的竞逐超越之路*

摘要：自2014年以来，国内"互联网造车"蓬勃发展，涌现出一批具有互联网背景的新兴造车企业。其中，立志于超越特斯拉[①]并成功完成量产的蔚来汽车尤为引人瞩目。本案例讲述了作为新兴车企的蔚来汽车，如何致力于提升车辆性能及用户体验，创造性地提出"用户企业"的概念，并走出了一条与众不同的发展道路。案例深入挖掘了蔚来汽车从创立到成功实现旗下车型ES8量产的发展历程，探寻了蔚来汽车敢于在互联网造车热潮中入局汽车行业，并挑战业界领导者特斯拉的原因，揭示了蔚来汽车与现有车企相比的独特之处。

关键词：蔚来汽车　互联网造车　顾客价值　差异化战略

引　言

"蔚来宣布开启预售旗舰超跑EP9，限量10台，全球售价148万美元。"

---

* 本案例由青岛大学商学院王崇锋教授、青岛大学数学与统计学院学生孔卓、青岛大学商学院学生刘慧卿撰写，作者拥有著作权中的署名权、修改权、改编权。本案例授权中国管理案例共享中心使用，中国管理案例共享中心享有复制权、修改权、发表权、发行权、信息网络传播权、改编权、汇编权和翻译权。由于企业保密的要求，在本案例中对有关名称、数据等做了必要的掩饰性处理。本案例只供课堂讨论之用，并无意暗示或说明某种管理行为是否有效。

① 特斯拉（Tesla），是一家美国电动车及能源公司，是目前世界领先的电动车汽车厂商。

"11辆展车,展台3 600平方米:蔚来成为新创汽车品牌中参展阵容最大的企业。"

"蔚来展台打造了上海车展32年历史上首个亲子互动空间。"

"蔚来与特斯拉在中国市场的正面碰撞期,即将到来。"

"蔚来已来,未来已来。"

刚结束上海车展专访的蔚来汽车CEO李斌,有些兴奋地靠在座椅上,看着媒体对蔚来汽车的评价,不由回忆起其蔚来之路:自2014年来,中国掀起了"互联网造车"的热潮,腾讯、阿里巴巴等互联网巨头纷纷入局汽车制造领域,并催生了乐视、小鹏、威马等多家互联网汽车品牌。易车网董事长李斌把握时机,在2014年创建了高性能电动汽车研发品牌——蔚来汽车,并凭借其出色的理念获得了来自腾讯、红杉等资方注资。自创建以来,蔚来坚持"用户企业"的定位,注重极致用户体验,在电动汽车领域走出了自己的差异化道路,并通过自身研发能力在业内建立了良好的口碑,赢得了众多的投资者与合作伙伴。而随着合作与布局的加速,蔚来汽车作为一家从事高性能电动汽车研发的技术公司开始渐渐进入人们的视野。

初生牛犊的蔚来汽车,为什么敢于从电动汽车切入新能源汽车领域?与国内外已经大举布局新能源的车企相比,蔚来汽车的产品有何不同?而面对特斯拉这样已经先行一步的新型电动车公司,蔚来汽车将如何实现超越,后来居上?

前景繁花似锦

十万亿出行大蛋糕

全球趋势

目前,全球能源和环境系统面临巨大的挑战,汽车作为石油消耗和二氧化碳排放的大户,需要进行革命性的变革。全球新能源汽车发展已经形成了共识,海外电动车市场加速扩张,开启出行电气化全球大周期:2016年年底以来,海外电动汽车进入加速扩张期。随着特斯拉 Model 3[①]按照计划投产,传统车企加紧布局电动汽车。宝马、奔驰、福特等车企 2017 年累计公布电动新车型超过 20 款,覆盖高中低端全部车系。欧洲、美国 2016 年纯电动车产销量同比增长 20% 以上。全球新能源汽车的"大周期"上行的趋势已经得到充分验证。

据中国汽车工业协会数据[②]显示,2016 年 1—10 月我国新能源汽车生产 35.5 万辆,销售 33.7 万辆,比上年同期分别增长 77.9% 和 82.2%。同时,2017 年是新能源汽车的播种年,新能源汽车新政策布局完成,产品重新调整定型。中国汽车技术研究中心等发布《新能源汽车蓝皮书:中国新能源汽车产业发展报告(2016)》,综合对新能源市场各领域的分析,预计 2020 年全年国内新能源汽车市场规模达到 145 万辆,出行市值逾十万亿元。

自主品牌电动车

我国新能源汽车虽然自 2000 年后不断发展,但价格区间多低于 5 万元,车型集中于低端代步车型,依赖于政府补贴艰难生存。而随着我国新能源补贴政策执行的逐渐严苛,这类低技术含量的车企开始被市场出清,大批低质车企被淘汰,仅有少数龙头汽车利好。面对严峻的形势,自主品牌车企开始追求品牌或者产品的高端化。

2014 年以来,新能源汽车尤其是纯电动汽车的高端化逐渐成形。2014 年,比亚迪凭借 E、EV 系列电动汽车,在 10 万—20 万元的价格区间横扫美、日、德等国汽车企业,坐上 2014 年 1—11 月全球新能源车销量头把交椅;随后北汽新能源等车企也开始发力于 10 万元以上价格区间,并在 2015 年内销量冲破 20 000 辆大关。我国电动汽车逐渐在竞争中取得优势地位。

随着我国电动汽车的发展,中国制造在各大车展上的地位不断提高,在 2017 年的上海车展上:自主品牌再次展现了自身的魅力,长城的高端品牌 WEY 和吉利的高端品牌领克,在车展中强势推出了自己的新能源车系,在新车外观设计与品质上得到媒体盛赞,彰显了自主品牌车企开始抗

---

① 北京时间 2016 年 4 月 1 日上午 11 时 30 分,备受业界瞩目的特斯拉 Model 3 在美国发布,基础售价为 35 000 美元。在开放官网预定之前,仅靠门店排队预定,Model 3 的订单数量已经超过 11.5 万辆。

② 中国汽车工业协会官方网站,http://www.caam.org.cn/,访问于 2017 年 11 月 1 日。

衡国外成熟品牌的实力和气象。而在上海展厅的另一边,李斌及其电动车品牌蔚来凭借11辆展车和全新的模式更是大放异彩,成为媒体追逐的对象(见图1)。

图1　2017年上海车展蔚来

来者踌躇满志

在上海车展上大放异彩的李斌,是我国汽车行业的标志性人物之一。李斌自1996年开始创业,20余年来见证了中国汽车行业和互联网行业的狂飙。他多次敏锐地捕捉到行业趋势的变化,搭建起以易车网为中心的出行网络。

李斌于2000年6月创办易车公司,时值互联网泡沫破灭期,诸多互联网公司遗憾退场,而李斌着力于用户需求洞察、互联网营销和汽车电商等领域逆势建立易车网,并在2010年11月17日,带领易车网在纽约证券交易所上市,成为中国最大的汽车媒体企业。

2014年,互联网金融元年刚过,李斌推出易鑫金融,背靠易车网平台迅速实现盈利,并在多轮融资之后,拿到超过300亿元的融资额。同年,共享经济席卷全球,国内的滴滴和快的,以及外来的共享出行空间开辟者Uber,开启天价补贴大战,网约车市场的高壁垒使得小体量公司无力入局。李斌另辟蹊径,将天使轮投资交给了胡炜玮建立摩拜单车,成为我国原创品牌的代表企业。

截止到2014年年底,李斌依托于易车网,已经投资了数量相当的汽车相关项目,几乎将与车有关的一切服务都纳入其易车版图。默默耕耘易车网积蓄力量的李斌,距离实现自己的目标——创立电动汽车品牌蔚来,越来越近。

山重水复疑无路

李斌在出行领域已经取得了巨大的成功,但对于创立汽车品牌来说,他仍旧缺少相关经验。尽管创立汽车品牌的想法已经产生了许久,但现实面临的问题让李斌难以为此付诸行动。

人才

电动汽车行业具有高壁垒的特点,对技术水平和制造水平都有着极高的要求,因此对行业人才的素质要求一向偏高。尽管汽车行业是一个万亿级迅猛发展的市场,但与之相配套的人才供给却一直难以跟上。人才需求的困扰已经成为企业发展的瓶颈,尤其是中高级技术型人才短缺严重,严重制约了企业的技术发展。

巨大的人才缺口,使得行业精英聚集于顶端车企,他们很难青睐于初出茅庐的蔚来汽车,而缺乏相应人才的蔚来汽车只能是纸上谈兵。

资金

虽然李斌招揽了一批优质人才,但他们所涉及的多是互联网企业,没有整车制造经验,而对从来没有造车经验的车企来说,运营整车项目所需的资金之大对初创的蔚来汽车而言乃是难以逾越的天堑。乐视汽车在融资超过数百亿元后仍然遭遇资金链断裂的例子也印证了这一点。

想要不重复乐视折戟的悲剧,就必须要解决资金的问题。实际上,一旦解决了资金问题,人才的问题也就迎刃而解。

竞争

即便李斌解决了上述问题,一个没有经验的车企如何与众多老牌车企和诸多新兴车企竞争也是巨大的挑战。

在互联网造车领域，李斌除了要面临国内威马汽车等互联网造车企业的威胁，还要面对传统汽车巨头的围剿。自 2014 年来，国内互联网造车企业也得到了很好的发展，新兴造车企业如小鹏汽车已经获得了 50 亿元的融资、威马汽车获得了 120 亿元的融资，随着我国互联网造车的热度不断攀升，大众、通用等传统汽车巨头也开始进军电动汽车市场。面对国内外众多电动汽车企业的入局，蔚来汽车的压力也不断攀升。

但对李斌来说，无论是传统巨头还是互联网新秀，对蔚来汽车造成的压力都远比不上大洋彼岸的电动汽车领导者——特斯拉。特斯拉自 2003 年创立以来就不断引领电动汽车行业发展，作为先行者，无论是在市场占有率还是在品牌影响力上，特斯拉都拥有绝对优势。在同级别车型的对比中，特斯拉旗下轿车 Model S 在销量上高于同级别传统燃油车——宝马 7 系和奔驰 S 级。特斯拉旗下 SUV 车型 Model X，在 2017 年度，仅欧洲市场累计销量就超过 12 000 辆，销售数据比宝马 X6 多出近 2 000 辆，与保时捷卡宴旗鼓相当。对中国市场而言，自 2014 年特斯拉进入中国以来，其销售业绩不断上升，在 2016 年实现了销售额破 10 亿美元。而到了 2017 年，特斯拉在中国的销售额再次翻倍，超过 20 亿美元，交付量轻松超过 20 000 台。

面对大势已成的电动汽车特斯拉，如何在与特斯拉的竞争中获取优势是蔚来汽车面临的一个难题。

柳暗花明又一村

李斌在出行版图展开的宏伟布局，让他对蔚来汽车的创建志在必得。而李斌在出行领域的成功赋予了他巨大的资本吸引力，更重要地，互联网造车热潮的兴起，腾讯等互联网巨头纷纷入局，让李斌关于蔚来汽车的想法很快就得到了响应，汽车领域同行李想，以及来自互联网领域腾讯、京东，风投领域红杉、淡马锡等的诸多业界翘楚对蔚来汽车进行了投资。李斌在众多联合创始人和投资者的加盟下底气愈足，而多行业领军人物的进入除了带来巨大的资金加成，也给蔚来汽车带来了更多的机会和构想。

李想：用户体验

2014年年末，在汽车之家总部，时任汽车之家总裁的李想与李斌已经进行了很多次的商讨。李想认可李斌创建电动车品牌的想法，看好其品牌的建设路径：与雷克萨斯、特斯拉相似的由高端到低端的路线。而且更重要的技术（电驱动、车联网等）和商业模式（直销、电商等）已经发生变革，新企业有了进入的机会，从事多年相关行业的经验让李想对蔚来汽车的进入有了信心。

作为汽车媒体领袖，李想很清楚蔚来汽车的对手和机会，"特斯拉的驾驶感受很棒，但车内设施差，体验并不算好"。[①] 而这一点给了蔚来汽车机会，用户体验这张王牌，会是蔚来汽车制胜特斯拉的一个重要法宝。

刘强东：智能

京东对蔚来汽车的投资，不仅是基于蔚来汽车的理念，更多的是在于蔚来汽车与京东合作带来的互补效应：通过与蔚来的合作，实现加速京东快递的布局和智能化。刘强东希望蔚来汽车能够加速研发无人驾驶电动汽车，跟快递紧密结合，实现无人驾驶汽车自动投放快递，把京东所有的燃油货车逐步替换成电动货车。[②]

对于蔚来汽车来说，智能化也是制胜的优势，出身互联网的蔚来汽车具有先天的智能基因，而与京东的合作会强化这种优势。相对于特斯拉糟糕的用户体验，蔚来汽车的智能优势可以优化用户体验，实现后来居上。

就目前来看，蔚来汽车的股东都是在中国乃至全球互联网、投资界赫赫有名的角色，除了上述两位（李想、刘强东），还有腾讯马化腾、小米雷军、高瓴资本张磊等50余位股东（见图2）。这些股东不仅带来了巨大的资本，给了蔚来

---

① 蔚来汽车原创视频访谈节目《蔚来说》（第2期）李想专访，https://mp.weixin.qq.com/s?__biz=MzI4NjAxMzM2Mg==&mid=2750264525&idx=1&sn=3cece143067461b2ac62fdbae2781342&scene=21#wechat_redirect，访问于2020年1月。

② 蔚来汽车原创视频访谈节目《蔚来说》（第1期）刘强东专访，https://mp.weixin.qq.com/s?__biz=MzI4NjAxMzM2Mg==&mid=2750264265&idx=1&sn=0217106a93636b446940b5d91a249aa5&scene=21#wechat_redirect，访问于2020年1月。

汽车资金的底气,还为蔚来汽车的建设提供了很多有趣的想法,使蔚来汽车走上了与传统车企截然不同的全新道路。

图 2　蔚来汽车的投资者

千呼万唤始出来

得到了诸多助力的李斌,在 2014 年成功创立蔚来汽车,而融合了互联网基因的蔚来汽车不仅是一家汽车企业,更是一家用户企业:蔚来汽车为消费者提供高性能的智能电动汽车与极致的用户体验,致力于为用户创造愉悦的生活方式和面向未来的生活体验。

2016 年 11 月 21 日,蔚来汽车在伦敦举办了第一次发布会,发布英文品牌"NIO",以及首款量产超跑车型 EP9,对标特斯拉 Roadster(见图 3)。EP9 作为蔚来汽车开局之作,成功完成了高性能形象的定位。

图 3　蔚来 EP9(左)与特斯拉 Roadster(右)

2016 年的英国发布会,标志着蔚来汽车已经做好准备投入市场。但此时的特斯拉已经在多年的竞争中成为世界领先的电动车及能源公司,凭借旗下

Tesla Model S、双电机全轮驱动 Model S、Tesla Model X 等高端电动车型,在电动车领域处于绝对领先地位。在传统巨头纷纷倒下的艰难时期,特斯拉发展得如日中天。2017 年,特斯拉市值一度突破 620 亿美元,超越德国宝马,成为仅次于日本丰田、德国戴姆勒和大众的全球第四大汽车品牌。

然而快速发展的特斯拉存在诸多问题,蔚来汽车针对这些问题逐个采取了应对举措,在特斯拉没有做好的方面给出了自己的解决方案。

团队建设

特斯拉研发团队十分优秀,但由于结构过于复杂,价值观分歧不可避免。2014 年 3 月,特斯拉中国区总经理郑顺景宣布离职;2014 年 12 月,特斯拉全球副总裁吴碧瑄离职;2015 年 2 月,特斯拉大中华区首席营销官金俊离任。团队成员的离任不可避免地给特斯拉带来了损失。蔚来汽车作为后来者很清楚地看到了团队建设的问题,并走出了自己的道路:

2014 年 10 月,李斌说服顶级经理人马丁·里奇(Martin Leach)出任蔚来汽车联合总裁。在蔚来汽车创办之初,里奇协助李斌搭建了蔚来汽车卓越的初创团队,并且深度参与了公司的价值观定义与产品定义。

2015 年 12 月,被称为"硅谷时尚 icon"的思科前高管伍丽丝(Padmasree Warrior)加入蔚来汽车并出任蔚来汽车北美 CEO,全面领导蔚来汽车北美总部圣何塞研发中心。

此外,蔚来汽车在北京、上海、慕尼黑、伦敦招募了数百名员工,包括意大利-乔治亚罗设计公司前概念车主管 Danilo Teobaldi、宝马前高级设计师 Juho Suh 和特斯拉前高级项目主管 John Thomas 等人才。

与特斯拉相同,蔚来汽车全球化的团队具有不同的文化背景。蔚来汽车着力建设团队共同的价值观,开展了很多团队建设活动,设定了 NIO Day(蔚来日),通过团队的讨论与价值观的践行,快速、高效地实现团队融合。在上海蔚来汽车总部,包括李斌在内的高层并没有固定的办公室,营造了共同创业、淡化职位的工作氛围,与阶层分明的传统车企迥然不同。在这种模式下,蔚来汽车成功设立了上海、圣何塞、慕尼黑、伦敦等多个研发中心,实现全球协作,加速了蔚来汽车车型的研发进程。

制造模式

特斯拉在制造模式上一直选择自建工厂,严格控制车辆制造环节,保证了车辆质量,但自建工厂投入巨大,产能提升缓慢,特斯拉在产能上不能满足消费者的需求。

而众所周知的是,汽车经济属于规模经济,能否盈利很大程度上取决于产能。产能的不足让特斯拉盈利缓慢,而如果特斯拉扩建新工厂,投资动辄10亿美元以上,这对于现金流本来就不足的特斯拉而言,更是雪上加霜。这种先天不足对于习惯在4S店提车的中国顾客来说更是难以适应的。

李斌在造车之初就与诸多合作伙伴进行了商谈,对制造模式做了可行性探讨:特斯拉的自建工厂模式需要的资源过多,周期长,对于蔚来汽车来说并不适用。对于传统的外包模式,产品的质量无法得到完全保证;而对自建工厂的模式,产能不足对品牌的形象影响会很大。在看到两种模式的弊端后,李斌选择全新的轻资产模式——"两条腿走路",即代工模式和自建工厂共同使用:蔚来汽车与长安汽车合作建立工厂,与江淮汽车签订代工协议,发挥优势互补的原则。这种模式的采用减轻了蔚来汽车的制造压力,有助于发挥其在产品设计和研发方面的优势,凭借传统车企的供应链整合、销售服务网络的前期优势,将量产任务分解到合作伙伴手中,集中力量研发产品、打造极致用户体验。

用户体验

特斯拉作为一款科技感十足的纯电动汽车,一直都是作为高端汽车出现在大众眼中,在中国上市的特斯拉汽车中,动辄都是60万元以上的价格。然而特斯拉的产品定位却略有尴尬,以特斯拉旗下P85为例,该款车型拥有卓越的驾驶感受,与奥迪的S8和奔驰的S63/S65相似,但以百万元的售价来看,其内饰严重落伍,与迈腾、雅阁的水准相近。简单来说,特斯拉提供了200万元级别的驾驶感受和10万元级别的车内设施。而这既无法满足主要目标对象对个人体验和舒适的要求,也难以取悦追求驾驶感受的车主,因为追求驾驶感受的车主多数会选择价格更高的内燃机运动车型。显然,这种定位很难让挑剔的中国顾客买单。

特斯拉糟糕的用户体验给蔚来汽车提供了赶超的机会,即建立高性能形象与打造超凡的用户体验,借助"用户企业"的定位,在用户体验方面实现对特斯拉的超越。目前,蔚来汽车"性能"与"体验"这两张王牌已经起到了非常好的作用:蔚来 EP9 定位为一款纯电动超级跑车,性能相当于特斯拉 Model S 的两倍,以 6∶45.900 的成绩刷新了纽博格林赛道量产车圈速纪录,成为新纪录开创者。而蔚来汽车的首款概念车 EVE,以"第二起居室"为设计理念,通过全景座舱、智能全息屏幕等超前卫交互技术,实现了车与环境、人与环境的融合,展示了蔚来汽车面向未来的汽车理念。

此外,蔚来汽车从国际汽联电动方程式锦标赛(FE)开始,赞助蔚来车队,以世界级别的赛车比赛为激励,提高蔚来汽车的技术水平,整合电动机、逆变器、电池组及软件系统。目前,蔚来汽车已经达到最高级别的能效管理,掌握了电动汽车的核心技术,在新能源的众多品牌中拥有最出色的技术。

积跬步始见端倪

量产车型 ES8

首发亮相

2017 年上海车展,李斌在蔚来汽车展台正式向外界宣传介绍旗下首款面向大众的纯电动车型——ES8。

蔚来汽车并没有选择特斯拉 Model S 一类的高性能轿车来凸显自身研发实力,而是选择了七座 SUV 作为首款量产车型。七座 SUV 具有的超大车内空间可以给用户带来更多的活动空间,增强用户体验,符合蔚来汽车"为用户创造愉悦的生活方式、创造未来的生活体验"的服务理念和"用户企业"的定位。此外,就特斯拉的销售数据而言,其 SUV 车型 Model X 与其他车辆相比,销量更为出色,SUV 相比于轿车拥有更好的销售潜力。

除了内在应有的豪华和智能科技感,蔚来汽车还给 ES8 的副驾驶席增配了脚托和腿托,让副驾可以完全伸直双腿,达到一个舒适的半躺姿势;并配有超长的滑轨,方便女性副驾向后移动,实现照顾后排小孩子的目的。另外,第

二、三排座椅也支持前后滑动和按比例放倒,而 ES8 所提供的最大储物空间也完全能满足全家人出行时的储物所需。

在性能方面,蔚来 ES8 搭载了前后双电机,形成了电动四驱系统,并配有主动调节式空气悬挂。与此同时,还配备了容量为 67kWh 的三元锂电池,NEDC 综合工况续航里程为 355 千米,在 60km/h 等速下能实现 500 千米的续航里程。

面向市场

2017 年 12 月 16 日,蔚来汽车的"NIO Day"在北京五棵松体育馆举行,ES8 正式上市并开启预订,售价 44.8 万元起,并分为两个版本:基准版和创始版。基准版补贴前售价为 44.8 万元;创始版限量 1 万辆,补贴前售价为 54.8 万元。蔚来汽车同时推出了全新的充电解决方案 NIO Power,取代了特斯拉所引领的充电桩模式,并成功实现了在三分钟内完成换电池的目标。蔚来汽车在对汽车续航问题上提出了"换电"模式,即在汽车电量不足时到指定换电站进行更换电池。这种模式在实现快速为车辆充电的同时检测电池的安全性。蔚来汽车承诺在北京的充换电站密度将超过加油站,让用户的充电体验比加油更好。

用户中心——NIO House

NIO House 即蔚来用户中心,与特斯拉专业化的体验中心不同,蔚来汽车将 NIO House 定义为车主和朋友们的自由空间,为每一位进店的顾客提供不止于车的愉悦感受。李斌这样定义 NIO House,它不是一个简单展示车的地方,而是一个有温度的、自由的、交朋友的地方。

目前,NIO House 已经在北京、上海、广州多地完成布局。以北京东方广场的 NIO House 为例,它位于北京寸土寸金的长安街,地处热闹的商业中心,仅租金一年就逾 8 000 万元,对于所有参观者免费开放。

东方广场 NIO House 内部分为上下两层,一层作为展厅展示了包括 ES8、EP9、EVE 在内的核心车型,用户可以近距离体验蔚来汽车的最新产品,这是传统汽车品牌所没有的。二层分别设有会议室、工作空间、咖啡馆、孩子乐园等区域。用户可以在此与工作伙伴展开头脑风暴,也可以和朋友举办分享会、生日会、音乐会,还可以参与大咖演讲以及设计、生活方式、极速赛车等主题活动。

闭环生态——蔚来 APP

蔚来汽车为自身设计了专属 APP,向所有下载者开发注册。蔚来 APP 的内置应用良好地处理了现有车主及潜在车主们的用车需求,实现了车辆订购和维修服务,通过 APP 内的地图导航和推荐,能显示实时位置附近的"充换电站",以便预约充电桩和换电服务,解决蔚来车主的续航问题。

与特斯拉为车辆提供配置服务的 APP 截然不同。蔚来 APP 倾向于"资讯+社交"的模式,在 APP 内有"发现""朋友""爱车""惊喜""我的"五个不同版块,将重点放在了人文关怀和用户互动方面。通过这款 APP 建立"蔚来朋友圈",从用户端到产品端更好地打造属于蔚来汽车的闭环生态。此外,蔚来汽车在 APP 上线了自身的活动预约系统,为全国各地的蔚来 APP 使用者设计各种活动,如亲子游戏、出行踏春等。

路漫漫前路修远

截止到 2018 年 1 月,ES8 限量 10 000 台的创始版定金支付全部完成,基准版预定数量也颇为乐观。经过三年的发展,蔚来汽车已经成为互联网造车企业中的领头羊。无论是从口碑效应、营销效果,还是从产品研发进度来看,蔚来汽车都是业界最好的新兴造车公司。但随着 ES8 的投产,媒体质疑蔚来汽车的声音不断出现。

蔚来汽车定位于超越特斯拉,EP9 在性能上足够惊艳,EVE 也有着令人艳羡的设计,各项数据指标不输奔驰、宝马、保时捷、特斯拉等顶端车企。看似完美的设计,却在量产的环节选择从未涉足高端汽车的江淮汽车做代工,这样巨大的落差难免给人眼高手低之感。此外,特斯拉因为是自家工厂,每周都可以对自己的设计进行修正,而处于代工阶段的蔚来汽车则难以跟进自己的设计修改,无法保证产品的及时优化。在这种情况下,大众难以完全信任蔚来汽车的产品质量。

媒体的质疑确实有其道理,质量的保证对蔚来汽车而言,的确是巨大的压力。而随着蔚来汽车的发展,还将面临更多的挑战。蔚来汽车能否在互联网造车领域独领风骚,现在还难以断言。

思考题

1. 蔚来汽车为什么敢于切入新能源汽车领域,它具备什么样的资源可以切入新能源汽车领域?
2. 蔚来汽车的差异化战略体现在哪些方面?成效如何?
3. 蔚来汽车下一步如何做到基业长青?如何从本质上提高汽车产品质量,提升售后服务质量?

参考文献

[1] 马浩.战略管理学精要[M].北京:北京大学出版社,2015.
[2] 李欣禹.制造汽车销量:汽车差异化营销策略与技术[M].北京大学出版社,2006.
[3] Kyle Murray, Mike Moffatt.Conroy's Acura:Customer lifetime value and return on marketing.9B08A001(Ivey Publishing,Publication Date:01/31/2008).
[4] 章涌,沈嘉鸿,向永胜.CRM在用户服务的创新研究——以蔚来为例[J].中国经贸导刊,2018,32(9):145—146.
[5] 郭伟刚.差异化战略竞争优势及路径选择[J].现代企业,2018,30(10):27—28.
[6] Harvard Business Review. Marketing when customer equity matters[EB/OL].(2008-03-01)[2018-10-31]. https://hbr.org/2008/05/marketing-when-customer-equity-matters
[7] Harvard Business Review. Differentiation beyond price:CD&R's strategy in acquiring hussmann[EB/OL].(2017-1-30)[2018-10-31]. https://hbr.org/product/differentiation-beyond-price-cd-r-s-strategy

长风破浪,王者崛起

——《王者荣耀》的差异化战略征途*

摘要:随着手机游戏的持续升温,各类手游产品涌入游戏市场,激烈的市场竞争也给产业发展带来了挑战。本案例聚焦于火热的手游行业,以《王者荣耀》为例,详细描述其差异化战略的发展历程,基于战略设计理论,探究其差异化战略的动因,列示其差异化战略类型,分析其差异化战略效果,预测其差异化战略后续风险效应,层层递进,深度剖析差异化战略各层次的相关理论及其联系。

关键词:《王者荣耀》 MOBA 手游 差异化战略 战略设计

引 言

2017年5月,天美工作室联合各大新闻媒体对外公布最新数据:《王者荣耀》的注册用户已超过2亿人次,渗透率达到22.3%,用户规模达到2.01亿人次,每日的日活跃用户均值为5 412.8万人次,相较2016年12月的数据涨了一倍。更为惊人的是,2017年《王者荣耀》日均新增用户数达174.8万人次,其数量相当于一个县的总人口数!

---

* 本案例由青岛大学商学院王崇锋,青岛大学商学院学生孟星辰、晁艺璇撰写,作者拥有著作权中的署名权、修改权、改编权。本案例授权中国管理案例共享中心使用,中国管理案例共享中心享有复制权、修改权、发表权、发行权、信息网络传播权、改编权、汇编权和翻译权。由于企业保密的要求,在本案例中对有关名称、数据等做了必要的掩饰性处理。本案例只供课堂讨论之用,并无意暗示或说明某种管理行为是否有效。

站在富有地道巴蜀风情的成都天府三街上的天美工作室大楼上,创始人姚晓光抿了一口咖啡,安详地看着液晶屏幕上滚动的新闻资讯,脸上不禁流露出欣喜和激动的神情。其实"王者之路"并不是一帆风顺的,《王者荣耀》开发初期曾惨败于市场竞争,差点成为市场竞争的牺牲品,而后通过不断努力实现绝地反击,艰难地从竞争激烈的手游市场上杀出重围,并最终得到市场和消费者的认可,这其中的发展过程可谓是曲折万分。"从亡者到王者,着实不容易啊。"姚晓光感慨万分,不由忆起风雨兼程的三年。

云雾中的迷茫

心生萌芽

2014年12月的一天上午,姚晓光得知一个坏消息,投入大量心血研发的MOBA类①电脑客户端游戏《霸三国》②被暂停,本就沉默寡言的他静坐在天美工作室一言不发,从事多年游戏开发工作的他不是在难过,而是心生了转做手机端MOBA类游戏的萌芽。

之后的一个阳光明媚的下午,《2014Q3中国手机游戏市场季度监测报告》摆在了姚晓光的办公桌上。姚晓光和他的市场分析团队兴奋地研究这份报告,他们想要从中得到一直梦寐以求的信息:一个开始MOBA类手机端游戏(以下简称手游)的机会。他们了解到,2014年第三季度,中国手游用户累计达到4.62亿人次,环比增长3.1%,增长速度有所放缓,手游用户规模已逐渐见顶。当年MOBA电脑客户端游戏《英雄联盟》《Dota2》的开发前期环境也是处于电脑用户端用户规模峰值的状态,从这点来看,两者是十分相似的。而且,从报告中可以得知,没有出乎姚晓光的意料,MOBA类手游还是一片蓝海,并且因为电脑客户端游戏的世界影响力已经达到了顶峰:全球的端游玩家中玩MOBA类游戏的用户就超过了一半,单单《英雄联盟》和《Dota2》两款产品就为

---

① MOBA:多人在线战术竞技游戏。
② 《霸三国》:天美工作室研发的电脑客户端MOBA类游戏。

长风破浪，王者崛起
——《王者荣耀》的差异化战略征途

全球培养了超过15亿人次的MOBA用户，但是在手机端MOBA类游戏居然连热门都算不上。这固然与手机硬件水平以及MOBA类游戏开发的难度有关，但不可否认的是，随着手机屏幕的增大和硬件水平的提高，以及手游重度化、精品化的发展趋势，再加上MOBA类手游具备的用户黏性高、玩家互动性强等特点，在未来，MOBA类手游前景极其看好。

万事俱备，东风已来，姚晓光决定打造一款属于自己团队的MOBA类手游。

触网碰壁——不确定的市场环境

2015年春节，姚晓光迫不及待地开始研发新的一款MOBA类手游。他在《霸三国》游戏研发团队的基础上组建了一支近百人的新团队，全力做一款MOBA类手游。两个月后，天美工作室宣布正式立项开发游戏，叫《英雄战迹》[1]，在游戏开始内测阶段，其主打只局限于3V3[2]和闯关、冒险、养成等模式。不出所料，在姚晓光的带领下，天美工作室以近乎惊人的速度完成了第一个完整MOBA类手游小样，在听到诸多同事们都对游戏高度认可后，姚晓光心里更加自信了。他宣布《英雄战迹》开始内测，尽快拥抱MOBA类产品的蓝海。

8月18日，《英雄战迹》开始了不删档测试，姚晓光和他的团队都信心满满，期待着《英雄战迹》的成功，但数据结果和他们的预期相差甚远，这款游戏与光子工作室推出的《全民超神》[3]在几乎同一时段开启测试，内部竞品狭路相逢，《英雄战迹》完败。用发行制作人罗云的话来说就是"《英雄战迹》无论是用户的反馈，还是游戏关键的数据，如留存等，相比于《全民超神》都是远远落后的"。[4] 受到重挫之后，姚晓光开始反思，同样是MOBA类游戏，《英雄战迹》为何如此不堪一击？

---

[1] 《英雄战迹》：《王者荣耀》原名。
[2] 3V3：游戏术语，指三人玩家对战三人玩家。
[3] 《全民超神》：与《王者荣耀》同期上线的MOBA类手游，由腾讯旗下的光子工作室研发。
[4] 详见网页 https://www.sohu.com/a/314473962_120099891？qq-pf-to=pcqq.c2c，访问时间：2020年1月。

恍然大悟——势在必行的战略转换

姚晓光带着疑问去找了COO任宇昕,任宇昕也早就料想姚晓光会来。在他来之前,久经沙场的任宇昕在听闻《英雄战迹》惨败后,早已安排市场部的同事进行了18次用户调研、14次专项数据分析,通过多重验证和层层提炼,明白了问题症结所在。其实,在目前的手游市场上,最严重的问题就是游戏产品的同质化,虽然市场上手游产品种类多,但是多而不精,差别都不大,相互替代性也很强。另外,随着手游行业的迅速发展,不单单是产品种类发生变化,用户的需求也不再像以前那样简单追求娱乐,诸如社交等新型需求都应在游戏产品开发时考虑进去。像《全民超神》这种仅仅在玩法上稍做一点创新的MOBA类手游就可以取得不小的优势,想要立足于手游市场,打破同质化,成为行业龙头老大,时下最好的方法就是采用差异化战略。

短暂交谈过后,任宇昕没有多说,只留了张字条给姚晓光便离开了。姚晓光看着字条上仅有的"差异化战略"五个字,心领神会。回到天美工作室,姚晓光召集了团队,他们在《王者荣耀》项目组办公室激烈讨论了两个多小时,其间没有一个人从房间里出来过,大家兴奋不已,终于从一片迷雾中找到了前进的方向。姚晓光带着微笑走到项目组的电子屏幕前,在偌大的屏幕上仅投射了"《王者荣耀》差异化战略"九个大字。姚晓光宣布将《英雄战迹》正式更名为《王者荣耀》,并认定了差异化才是打破现状的方向。

万事俱备——得天独厚的资源优势

姚晓光心里明白,在竞争日益激烈的手游市场,同期同质化的策略已经无法使产品得到重视,但想要实施差异化战略也不会很轻松。值得庆幸的是,姚晓光当初选择MOBA类手游是个明智之举,作为多人战术竞技类游戏产品,其实现差异化的方面有很多,诸如故事背景、角色IP等都可以实现差异;另外,不同于简单的射击、闯关类游戏,MOBA类手游能够在不同情境下满足玩家的多种需求。从事多年游戏开发的姚晓光知道,MOBA类手游技术变革太快,想要实现较大差异,并且优于竞争对手,就必须要广泛创新。就目前而言,相较于其他同期竞争对手,《王者荣耀》具有得天独厚的资源优势,可利用腾讯公司的先天优势——经过多年稳健发展日臻成熟的市场营销体制、员工激励体制、公司管理体制;至于游戏开发和产品设计能力,姚晓光更不用担心,其带领的天美工作室,早已缔造了天天系列游戏等诸多奇迹。毫无疑问,《王者荣耀》万事俱备,只欠"差异之风"。

王者的起航——差异战揭幕

不一样的市场

惨败于《全民超神》后,姚晓光及其团队早已经将对手的策略研究透彻。他发现《全民超神》在上线之初,斥巨资做了"300个手机开黑的理由",主题是无论是在通勤的公交地铁上,还是在排队等待的无聊时间里,你都可以"开黑"一下。说实话,这个"开黑"的点直接抓住了MOBA类用户的核心痛点。但这并不是《全民超神》所独有的,因为所有的MOBA类游戏都可以"开黑"。花了大价钱去做"开黑"普及,《全民超神》并不能100%地收获增益。

针对《全民超神》试图吸引全部手游玩家的市场战略点,姚晓光先从市场差异入手,他决定先进行用户群定位分析。由腾讯浏览指数搜索得出的数据显示:《英雄联盟》的用户年龄,11—20岁的最多,其次是21—30岁,由此也可以看出目前社会上主流游戏玩家的年龄分布和占比,更加值得关注的是《英雄联盟》的男女比例,指数显示女性占比不足10%。

通过数据分析,姚晓光决定采用精准营销的投放方式,将自己的目标用户群定位在三大块:原MOBA类游戏例如《英雄联盟》用户;有手机端休闲游戏的经验,但MOBA类游戏经验基本为零的小白玩家;广大的女性手游玩家。另外,确定目标人群后,《王者荣耀》将目标人群细分为核心用户群和一般用户群,并具体分析其需求,实现深度市场差异化。

不一样的产品与服务

游戏系统

从系统看,《全民超神》受卡牌游戏的影响较大,保留了很多对游戏寿命有利,但玩家一看就皱眉头的设计,比如体力、英雄等级。这些英雄的个体成长线固然对游戏寿命大有好处,但 MOBA 类游戏玩家并不期待这一点,体验特殊英雄还得闯关拿道具会让玩家感觉大大浪费了自己的时间。

游戏研发出身的姚晓光早就看到了这一点,他在仔细研究玩家的心理后,直接删除了体力设计,让玩家能把时间都投入到 PVP(Player Versus Player)① 乐趣中;同时大幅削弱单英雄培养,将等级隐藏到熟练度升级中,至少看上去让玩家试用英雄角色而没有心理负担。延续《英雄联盟》的符文系统取代装备系统,既确保了游戏的长期寿命,又进一步迎合了玩家不喜欢培养英雄的心理。给英雄明码标价也彰显了大游戏公司的自信,无疑能获得更多玩家的好印象。在明显重 PVP 的方向之下,PVE(Player Versus Environment)②的制作竟然也更为精彩。

核心玩法

从核心玩法的打磨程度来看,《全民超神》人物大、视野小、移动速度快,初上手会感觉非常爽,但实际打起团战来很难找准其他玩家的位置,这就导致团战的组织异常困难。《王者荣耀》放弃了一部分前期体验,采用了更小的人物和更慢的移动速度,数值上采用了更低的攻防比,拖慢游戏节奏,缓解大家相互找不到人的问题。随着战斗时间变长,团战和拉锯时玩家也就有了更长的时间做操作,有了相互配合打出精彩战斗的时间。《王者荣耀》有没有因此变得更为拖沓呢?并没有,数值策划很聪明地削弱了塔防。一回合团战的时间虽然延长了,但因为大本营容易被摧毁,回合总数因此大大减少,同样起到了让游戏更为轻度的作用。这也从侧面证明了《王者荣耀》对 MOBA 的乐趣有更为深入的观察。此外,一些新的创新点包括:智能 AI 托售、各类游戏模式、奖惩机制等。最后从画面的精细度来看,《王者荣耀》也略微领先于《全民超神》。这得益于更为简单的系统结构,给了美工和界面设计更大的发挥空间。

货币体系

其实在做游戏运营和研发时,姚晓光早就考虑到这个问题,如何兼顾运营

---

① PVP:玩家互相利用游戏资源攻击而形成的互动竞技。
② PVE:玩家与环境对战。

活动的需求和游戏的产出，以及玩家自己的充值。如果说游戏里很多的自产出，就能满足游戏里用户的所有需求，用户就不会付费了；如果你在游戏里的自产出过少，同时没有做一些对应的运营活动去进行补充性的投放，完全需要用户通过充值去消耗，往往会得到用户抱怨这是很坑钱的游戏的反馈。那么，如何解决这个问题呢？

经过多次市场调研以及反复推敲琢磨，姚晓光带领的天美工作室决定将差异化进行到底。《王者荣耀》的做法是在游戏里设立三个货币体系。它把整个活动的产出和货币的产出进行分离：第一，在游戏里对局时产生金币，通过金币的产出，让很多不付费的用户要付出时间来持续地玩游戏，实现不付费的用户长期的留存。第二，在游戏里加入钻石，用户要获得钻石就需要参与相应的活动，运营同事可以在这部分投放资源，也可以避免游戏里单一产出的不足。第三，就是游戏中本身通过直接付费获取的资源。通过这三种货币分离，一方面保证了游戏中正常的产出，另一方面也保证了《王者荣耀》活动的收益，还能兼顾玩家的需求。

在做了诸多改变后，姚晓光认为还不够，它认为游戏的公平性对于 MOBA 类游戏才是差异化战略的关键。再三思忖后，他退而求其次，不追求短时的巨大收益，决定放弃原有竞争对手采取的盈利模式，不采用各类充值盈利但导致游戏失衡的方式，而是着力打造一个公平的游戏环境，以此区别于竞争对手。

不一样的传播

《王者荣耀》的传播方式可以说是其最出彩的差异化方式之一，其依托于腾讯公司的优势，采取了与直播平台联合传播、腾讯推广体系传播、打造电竞赛事传播及热门话题传播等多种方式。

直播造势

《王者荣耀》上线初期，不采用其他游戏常用的公关战略来广泛吸取各类用户。姚晓光先是带领天美工作室团队找了很多知名的电竞主播，去做一些发声，也做一些游戏的直播演示，通过这些明星效应去吸引一些核心用户进入游戏。姚晓光利用游戏直播平台的巨大流量，快速精准地圈住了一批游戏玩家。一方面,腾讯跟直播平台有深度的合作,比如为主播提供丰厚的游戏礼包奖励,联合直播了 KPL、TGA、QGC① 等赛事。另一方面,直播平台在看到移动手游直播的潜力后,也在加强对手游直播的品类挖掘。通过高价签约这个品类的主播以及举办直播活动的方式,《王者荣耀》得到了高度曝光。比如,当时虎牙直播联合八大游戏媒体举办了"YSL《王者荣耀》联赛",AG 超玩会、AS 仙阁、eStar 等知名战队均报名参赛,整个游戏联赛通过各大媒体报道、直播平台专题页宣传、知名主播直播解说等方式,达到千万级浏览观看量。依托于双方的共同发力,手游直播品类开始火了起来。而在各大直播平台的手游分类上,《王者荣耀》可以说是人气最旺的品类。高度的可玩性和观赏性,让这款手游成为很多手游热门主播的选择。同时,其他品类的热门主播偶尔也会"开黑"一局,为《王者荣耀》导流了大量的玩家用户。

腾讯推广体系

在传播中期,《王者荣耀》不忘继续扩大品牌影响力。2016 年由官方打造的"王者城市赛"在上半年去往 16 座城市,还与荣耀 V8 合作举办了覆盖 18 个省份的校园赛,吸引了大量爱好《王者荣耀》的玩家参与线下活动。这些活动的举办不仅产生了一大批实力雄厚的高校玩家,更引发了大范围的高校参赛热潮。那个时候,走进各大高校,无处不见这款游戏的推广,《王者荣耀》也逐渐被广大大学生们接受和认可。利用城市赛、校园赛等地推的手段进行线下的曝光普及,快速提高了品牌知名度,让更多人知道了《王者荣耀》这款游戏。

打造移动电竞职业赛事

2016 年,《王者荣耀》首次发布以"嗨电竞"为主题的电竞发展计划,致力于构建人人都可以参与的赛事体系。除了举办城市赛和校园赛,同年 9 月还举办了首届 KPL 职业联赛,赛事奖金金额高达 185 万元,吸引了众多玩家在直播平台和游戏内的赛事入口观看直播。同时,官方着力培养赛事的优质解说,利用官方渠道、直播平台、媒体等全方位地曝光这些优质的选手,将其打造成明星,再通过明星选手的直播,输出优质视频到优酷、腾讯的方式来提升游戏的热度。

---

① KPL、TGA、QGC 都属于移动电竞赛事。

话题传播

微博用户的多样性,可以让专业群体口碑向大众口碑进行扩散,因此微博也成为传播的主要运营阵地。《王者荣耀》官方微博制造游戏相关的微博话题能让玩家直接在线上进行游戏内容的互动,利用游戏明星及KOL(关键意见领袖)打造话题传播的重要爆点。《王者荣耀》凭借过硬的质量在微博形成"自来水"群体,实现了良好的口碑传播。

守得云开见月明

伴随着各种各样的差异化模式,《王者荣耀》逐渐跳出了同质化的市场竞争,正有条不紊地向真正的"王者"迈进,无论是从游戏规模、用户活跃度,还是从游戏收益来看,《王者荣耀》都取得了辉煌的战绩。

规模

根据中国音像与数字出版协会游戏工委发布的《2016中国电竞产业报告》的测算,2016年国内电竞游戏市场规模达到504.6亿元,同比增长34.7%,其中,移动电竞市场规模达到171.4亿元,同比增长187.1%,而《王者荣耀》2016年收入就达到68亿元,占移动电竞市场的39.67%;中国游戏用户人数一共有5.66亿,单单是《王者荣耀》的注册用户数就达2亿,占总数的比例约为35%。[①] 不仅是规模庞大,《王者荣耀》的用户渗透率也值得一提:截至2017年5月最后一周,《王者荣耀》渗透率达到22.3%,用户规模达到2.01亿人次。[②] 这在电竞市场上可以说是一个奇迹,从来没有一款产品可以达到如此大的市场占比,况且是在如此短的时间里实现。

---

① 详见网页 https://www.sohu.com/a/142717448_179557? qq-pf-to=pcqq.c2c,访问时间:2020年1月。

② 详见网页 http://www.199it.com/archives/602261.html,访问时间:2020年1月。

用户活跃程度

对照风靡全球的端游《英雄联盟》的数据来看,其日活跃用户数峰值为2 700万,已不算少,而《王者荣耀》日活跃用户数达到5 000万,比2015年年底的750万涨了六倍,几乎两倍于《英雄联盟》。而且无论是从日活跃用户数,还是月活跃用户数,抑或是日新增用户数来看,都在不停地刷新着手游的历史纪录,并且日新增用户数在每个周末出现高峰;春节期间,日新增用户数也会明显提升。

收入

《王者荣耀》在2016年可算得上国内电竞界的捞金大王,不仅移动游戏总排名第二,移动电竞排名第一,并且以年收入68亿元遥遥领先第二名《穿越火线》的20亿元。最让人惊讶的是,移动电竞收入排名前十的收入合计是152亿元,《王者荣耀》就占了四成[①]。

显然,作为一款手游产品,《王者荣耀》取得的各种成绩在电竞游戏行业都是史无前例的,的确,这巨大的成功绝大部分源于恰当的差异化战略。然而,原以为可以坐享其成的姚晓光却怎么也不会想到,这看似闪耀无比的成绩背后却慢慢引发了更加可怕的问题。

商业成功之后

随着《王者荣耀》的迅速崛起,游戏的火爆和用户的沉迷逐渐开始带来争议,加之由于沉迷《王者荣耀》而引发的各类社会问题愈演愈烈,《王者荣耀》还是不可避免地被推上了舆论的风口浪尖。

---

① 详见网页 https://www.sohu.com/a/135427066_411252,访问时间:2020年1月。

长风破浪，王者崛起
——《王者荣耀》的差异化战略征途

刻不容缓：央媒十一天九评《王者荣耀》

2017年7月是《王者荣耀》灾难性的一个月，其间人民网三评《王者荣耀》①、新华社两评《王者荣耀》②、《人民日报》四评《王者荣耀》③。铺天盖地的舆论压力从四面八方涌入天美工作室，涌向姚晓光及其带领的团队。其实早在央媒舆论点聚焦于《王者荣耀》之前，姚晓光已经预料到了这一天的到来，他知道商业上的成功往往意味着要承担更多的社会责任，尤其对于颇受社会争议的游戏产业来说。只是他没想到的是，这一天竟然来得如此突然，让他措手不及。虽然在舆论高度关注之前，天美工作室已经一直在努力推出各种措施了，比如早在2017年2月，姚晓光就已经联合技术部门率先推出了腾讯游戏成长守护平台；5月又上线了移动端游戏实名注册系统；6月又主动推出了《王者荣耀》健康系统，但现在看来，所做的努力远远无法匹配《王者荣耀》的发展速度。游戏发展迅速可以理解，但监管是少不了的关键环节，承担更多的社会责任更是无可厚非，特别是当移动互联网的普及化、大众化程度越来越高，手机作为一种移动终端集纳了各种各样的功能，如果不从源头上、在过程中把好关、站好岗，很容易让用户深陷其中而不能自拔，最后受害的就不止用户一人了。

义不容辞：天美采取相应措施

面对2017年以来不断升级的舆论压力，姚晓光接受了无数记者的采访，他在采访中不止一次地说道："虽然目前我们的相关措施会牺牲一定的短期效益，但我们还是坚定要跨出这一步。未成年人的健康成长，用户和社会的长期尊重——这是《王者荣耀》这款游戏、我们腾讯游戏，乃至整个游戏行业长期的追求。"④与此同时，姚晓光带领天美工作室采取了相应措施。

（1）承载传统文化。《王者荣耀》在2017年7月推出首个原创资料片——《长城守卫军》，将"长城"这个文化符号背后的精神，提炼为"守护"。

---

① 2017年7月3—6日，人民网以"健康娱乐"为关键词连发三篇文章评论《王者荣耀》。
② 2017年7月10—11日，新华社以"尊重历史"为关键词连发两篇文章评论《王者荣耀》。
③ 2017年7月11—13日，《人民日报》以"家庭教育"为关键词连发四篇文章评论《王者荣耀》。
④ 详见网页 https://tech.huanqiu.com/article/9CaKrnK3SEV，访问时间：2020年1月。

此外,《王者荣耀》以成都的天府文化作为试点,将中国区域性文化引入游戏之中。

姚晓光说,65%的《王者荣耀》活跃玩家,都拥有三国的英雄。游戏中80%以上的英雄角色,都是基于典型的传统文化形象而设定的。在移动互联网时代,利用科技和创意创造新的演绎形态,活化传统文化角色,已经成为构建文化软实力、提升文化自信的重要课题。因此,在重新设定游戏69个英雄的过程中,有56个英雄都具有中国历史或神话人物的原型。

(2)弘扬民族文化。截止到2017年7月29日,该节目已经推出了4期,邀请到马东、黄执中、蔡康永、马伯庸担当"历史老师",播放量突破1亿,每期视频的各平台观看总量均在千万以上。《王者历史课》通过调整播放周期、邀请《王者荣耀》专家顾问团的部分专家参与内容制作,让节目的整体内容更加丰富。此外,《王者荣耀》还在以往留学生邀请赛事的基础上继续探索,以"外国留学生赛"为核心举办"中外学子文化交流主题季",助力传统文化的复兴与出海。

(3)加强监管。腾讯公司2017年7月2日宣布推出防止玩家沉迷《王者荣耀》的最严措施。这一次的防范之举主要有三条限制:第一是游戏时间限制,如12岁以下的注册用户每天限玩1小时等;第二是增加硬件设备绑定功能,避免未成年人通过多账号登录绕开家长监护;第三则是强化实名认证体系。不过,要彻底防止孩子们沉迷游戏,需要做的还很多。

"荣耀"能否持续

这看似简单而又不平凡的三年,场景一幕幕仿佛就在眼前,姚晓光将思绪拉回了天美工作室办公室,心情久久不能平复。他心里也明白,流行=责任,作为一款"国民游戏",《王者荣耀》也有义务承担更多的社会责任。作为一款游戏,《王者荣耀》无法挑起文化教育的重担,但仍尽其所能地普及文化常识,传递中国历史,弘扬民族文化,这也是可取的。他深知现在的成绩来之不易,也对能够得到市场的认可而心存感激,他明白除了自己团队的不懈努力,更离不开当初团队所采取的差异化战略的助力,而这正是制胜的关键。但是,手游市场变幻无常,有时长久建立起的巨大优势在短时间内就会被消耗殆尽。他也见识了很多"生于忧患,死于安乐"的手游先例,加之《王者荣耀》在海外扩张之初遭遇的滑铁卢,这些让姚晓光不敢有丝毫疏忽。

毫无疑问,想要继续创造辉煌,《王者荣耀》要走的路还很长,究竟是成为下一个"王者"还是下一个"亡者",让我们拭目以待。

思考题

1. 面对前期游戏内测的出师不利,姚晓光团队是如何找到应对方法的?
2. 姚晓光团队在游戏设计和推广的哪些方面采取了差异化战略?你还可以借鉴其他手游公司的做法,提出其他的差异化措施吗?
3. 游戏设计公司应如何更好地将企业绩效与社会责任相结合,可持续地发展?

参考文献

[1] 马浩.战略管理学精要[M].北京:北京大学出版社,2015.

[2] 徐飞,黄丹.企业战略管理(第二版)[M].北京:北京大学出版社,2014.

[3] Peter Goodson, Kimberly McGinnis, Claudia Zeisberger. Differentiation beyond price: CD&R's strategy in acquiring hussmann. Ivey Product Number: IN1318(Ivey Publishing, Publication Date: 01/30/2017).

[4] Idris Mootee. Organizational ambidexterity: Balancing strategic innovation and competitive strategy in the age of reinvention.Ivey Product Number: 9B12TF10(Ivey Publishing, Publication Date: 11/01/2012).

[5] 范赟,沐浴晖,愈米家,王昕,薛颂杨,朱鸿妍.基于大学生消费行为的手机游戏营销策略——以王者荣耀为例[J].现代经济信息,2018,12(7):185.

[6] 马燕翔.企业如何有效实施差异化竞争战略[J].技术经济,2004,11(5):18—20.

[7] 王崇锋,鹿立阳,崔运周,马肇晴,刘欣荣.开市客:初入中国大陆市场的挑战.中国工商管理案例库编号 0-719-311(北京:中国工商管理案例库,2019 年 12 月 31 日出版).

[8] Hidenori Takahashi. Strategic design under uncertain evaluations: Structural analysis of design-build autions[J]. The RAND Journal of Economics, 2018, 49(11):594-618.

[9] Peter Lorange,Richard F. Vancil. How to design a strategic planning system[J].Harvard Business Review,1976,54(5):75-81.

星星之火,何以燎原

——XYZ 咖啡的创业之路*

摘要: 在新兴的商业场景中,顾客不仅仅是智能终端的消费者,还是企业的免费口碑推销员、企业的创业伙伴、为企业发展建言献策的参谋,这样的顾客我们称之为"天使顾客"。本案例通过描述初创企业"XYZ 咖啡"的业务拓展之路,讲述了得益于顾客的帮助工作室逐渐在行业内站稳脚跟的历程,尤其是通过回顾咖啡店在成长过程中面临的危机和机遇,探索顾客公民行为对创业企业的助力作用,以及创业团队所具备的能够激发顾客公民行为的特质。然后从开放性角度探索来自顾客的这种助力能否成为企业发展的长久动力,以及如何增强这一动力。

关键词: XYZ 咖啡　创业　天使顾客　顾客公民行为

创业之初,我们经常会想象我们的未来。我们可能会一帆风顺,不断扩张,全国连锁,走向人生巅峰;也可能遇到挫折,无法迈过,最终回到原点。但我们从未想到会有这么多顾客帮助我们,助力我们跨过危机,走向一个个小小的成功。顾客是我们特殊的创业伙伴。

——XYZ 咖啡创始人徐坤、于栋华、张文娇

---

* 本案例由青岛大学商学院的王崇锋教授,青岛大学商学院学生曲献坤、刘欣荣、晁艺璇,中央财经大学王震副教授,青岛大学商学院学生孙靖、孟星辰共同撰写,作者拥有著作权中的署名权、修改权、改编权。本案例授权中国管理案例共享中心使用,中国管理案例共享中心享有复制权、修改权、发表权、发行权、信息网络传播权、改编权、汇编权和翻译权。由于企业保密的要求,在本案例中对有关名称、数据等做了必要的掩饰性处理。本案例只供课堂讨论之用,并无意暗示或说明某种管理行为是否有效。

星星之火，何以燎原
——XYZ 咖啡的创业之路

引　言

  2017 年年末，徐坤、于栋犖、张文娇三位创业者回到位于青岛大学校园内的 XYZ 咖啡小店内，回到创业开始的地方。正值周末，校园里洋溢着满是青春的笑脸。

  店面整洁明亮，小院内的桑葚树掉落的只剩枯黄的叶子，与屋外北方的冬季形成鲜明对比的是，屋内涌动的创业的心头火，咖啡机预热得刚刚好，奶泡逐渐打发、注入蒸汽形成小漩涡，发出细密而尖锐的声音。于栋犖端起一杯拿铁，看了眼精致绵密的拉花，满怀感慨地说："XYZ 已经创办一年半了，到现在基本可以说我们的创业是小获成功的。从这个面积仅仅十几平方米的咖啡店起步，到现在创办了第二家店铺，烘焙的咖啡豆供应市内十二家店，自办培训课程培养了几十名优秀的行业新人，为咱青岛的精品咖啡推广出了一份力。这杯，敬我们的坚持，敬我们从未放弃。"

  "还要敬我们的顾客"，张文娇端着一杯意式浓缩咖啡起身，"是他们帮助我们渡过创业初期的难关，给了我们坚持下去的动力，也是他们不断地向我们提供发展的机会，帮助我们成长，有这样的顾客是我们的幸运"。

  "敬我们的顾客，敬我们的伙伴。"

明堡暗道一盏灯，三人力筹"幸运者"

走出安琳

  2016 年 6 月，XYZ 咖啡的三位创始人还是青岛本地著名咖啡店——安琳咖啡的员工。张文娇是安琳咖啡文化院的资深咖啡培训师，徐坤是安琳烘焙工厂年轻且实力颇强的咖啡烘焙师，于栋犖则是安琳精品店的招牌咖啡冲煮师。安琳咖啡作为门店运营的模范，在设计上非常讲究，面朝大海，装修豪华，自有面食甜点烘焙坊和咖啡文化院，三人在安琳咖啡不同的岗位上做着出色的工作，五六年来却互不相熟，真正结缘是因为世界咖啡师大赛（World

Barista Championship，WBC）①。

这个比赛不仅为全世界咖啡师提供了表演、竞技和交流的平台，而且给予了咖啡师进阶、探索的机会，因此青岛较知名的咖啡店都非常重视员工参赛，将 WBC 视为提升行业内自身影响力的重要契机，安琳咖啡更是每年积极迎战。

于栋犇、张文娇、徐坤，便是在 2015 年 WBC 备赛过程中组队、磨合、熟稔，在回忆起那段时光时，于栋犇幽默地说："一起熬夜，一起钻研，面红耳赤过，捧腹大笑过……为了做出最满意的作品，甚至喝咖啡喝到吐，看到牛奶就想躲着走，那段时间现在想起来都特别给予我们力量。"虽然在这届赛事上，他们小组仅取得了全国第 15 名的成绩，但却就此结下了深厚的友情，并且发誓要在 2016 年的 WBC 上勇创佳绩！

然而世事难料，2016 年赛前，他们却得知店里并不准备派他们参赛，仅仅给出了"要多给新人一些发展机会"的说法。三个人为了心中立下的志愿，不断地与老板沟通、争取机会，没想到却换来了更深的伤害："给你们支持你们也拿不了更好的成绩，第 15 名是你们的上限了，真想参加就自己出钱吧！"这句冰冷的话如一根毒刺彻底地刺伤了三人。

一边是自己对精品咖啡的坚持，一边是老板的打压，这样的境遇让三人陷入纠结：安琳咖啡的平台大，拥有无压力的工作环境，可是自己就只是想在店面坐台、提供一杯平常的咖啡吗？

看着眼前成股流下、密度均匀的萃取咖啡，心中的那股热情仿佛被眼前这杯浓缩咖啡"唤醒"，于栋犇等三人愈发坚定了自己内心的想法"我想要的，是激发自己更大的能量、激发咖啡产业最活跃的生命力！"痛定思痛后的三人当即决定辞职，组建团队合作创业，自筹经费参加 WBC，重新证明自己！

艰难起步

资金是创业者最难逾越的门槛，三人能够筹集的启动资金只有 20 万元。

---

① 世界咖啡师大赛，由世界咖啡协会举办，是中国目前唯一一项具有专业水准、系统运作和国际认证的咖啡制作比赛，享有"咖啡奥林匹克"的美誉。选手需要在 15 分钟的现场展示时间里，完成 4 杯意式浓缩咖啡、4 杯牛奶咖啡以及 4 杯自创咖啡饮品的制作，并由评委根据制作过程和口味等进行打分。

星星之火，何以燎原
——XYZ 咖啡的创业之路

这 20 万元就已经让三位纯"技术"出身的创业者捉襟见肘，因而创业伊始，他们就对资金的使用精打细算，投资做预算、每日逐笔记账、计算最低营业额……坚决避开创业者"花到哪算哪"的雷区。

新建的咖啡店，不仅要盈亏平衡，而且要为咖啡师大赛提供差旅费、材料费，尤其是对于以技术立足的三位咖啡师，协调好参赛事宜要比店面暂时的盈亏平衡更重要。明确了目标后，资金的预算规划也就变得愈发清晰：优先采购高水平的咖啡设备、辅助设备，其次采购优质咖啡豆、纸杯等原材料，最后才是房租与装修。

设备供应商 Sam 是三人多年的好朋友，在他们尚在安琳咖啡工作时关系就非常亲密，于栋桦在安琳咖啡时，常有咖啡爱好者向他咨询如何购买家用、企业用咖啡设备，遇到诚意购买的客户就主动把 Sam 介绍给他，一来二去倒是为他介绍了不少客源，作为资深咖啡爱好者的 Sam 常带着口味特别的咖啡豆赠予他们。听闻三人要创业，Sam 就主动邀约、要向他们提供最低成本的咖啡设备，并说道："你们这么好的技术，这个价取货，真是对得起咖啡机的内在价值！你们的店开到哪，我喝咖啡的根据地就移到哪！精品咖啡，值！"就这样，三人以非常优惠的价格买下了 LaMarzocco 等高品质设备（见表 1）。

表 1　资金规划

单位：万元

顺序	分类	项目明细	购买价格	标签价格①
1	设备	LaMarzocco 咖啡机	11	11.5
		MahlKonig 磨豆机	2.5	2.7
		R500F 烘焙机	3	3.3
2	原材料	净水器、咖啡杯等	0.5	——
		咖啡豆	1	——
3	参赛费用	差旅费	1	——
4	店面	房租与装修	?	——

解决了设备和原材料的问题，留给房租和装修的余额就仅剩 1 万元了，三人突然紧张起来，1 万元怎么可能解决场地和装修的问题呢？

---

① 此价格以青岛地区供应商标价为主（含税）。

有些慌乱的于栋犖甚至提议"干脆将设备搬到自己家,专心训练,不再考虑开店了"。但此时,一次不经意的聊天改变了困局。

张文娇熟识的一名老顾客张辉,是青岛大学学生工作处的老师,在微信上聊天时得知了他们的窘境,于是向她提供了一条有价值的信息:青岛大学内有一些小仓库房正在出租,为了方便学生,学校决定将其出租给与学生日常生活相关的单位。"教职工和学生都是精品咖啡的潜在消费者,学校的市场还没开发出来,张老师真可以考虑下啊。之前我还开玩笑说'要是学校里也能有几位老师一样水准的咖啡师就好了'!"张辉建议道。

大学生是饮品市场未被发掘的主力军,是行业未来的消费主力,这是在培养市场啊,好机会怎么能放过呢?不敢停歇,三人立即行动起来,当找到学校的主管部门时,仅剩余一个10平方米的小仓库了,周边多被快递公司租下了。考虑到快递点能给咖啡店带来巨大的流量、不用过多宣传就可以让同学知道咖啡店的存在,三人马上以3 000元/年的价格租下了这个仓库,同学校签订了租用协议。

为了节省经费,于栋犖亲自粉刷店面内外墙、安装地板,徐坤整理奖牌、购置书架和椅子,张文娇同供货商谈判,争取用最优惠的价格购买最优质的物料。大家前前后后地忙,但省来省去,剩余资金也不足以定制吧台,此时恰逢Sam的商品房翻新,他就用其装修余料为他们免费打造了一个可放置设备和供4—5人点餐的吧台。

在忙碌了两个月后,店面与装修问题终于得以解决。

前期工作完成后,徐坤建议将咖啡店命名为"XYZ 咖啡"(以下简称 XYZ)(见图1),即幸运者咖啡,一方面是取三人姓氏的首字母,另一方面也是感慨自身的好运,有赖于顾客和朋友的鼎力帮助,遇到的难题都能迎刃而解。

图1　团队标志和宣传标语

星星之火，何以燎原
——XYZ 咖啡的创业之路

星星之火，何以燎原

小店初开

在学校里如何定价令三人十分头疼。

在安琳咖啡工作时，他们面对的顾客群体主要是职场白领等收入较高的人群，若沿用安琳咖啡的定价（每杯咖啡 35—50 元），恐怕会超出学生的承受能力，即便产品足够吸引人，也会让学生"望而却步"。张辉老师在学校工作多年，对于学生的承受能力和消费习惯有深入的了解，与徐坤交流了成本后，他建议将价格定在 15—20 元，仅仅为安琳咖啡的一半，他解释道："学生一个月的生活费为 1 500—2 000 元，这样算下来，一天的平均消费额为 50—70 元，30 元一杯的咖啡学生难以承受，即便负担得起也无法高频率地消费，他们肯定还是会选择旁边 8 元一杯的奶茶。"张文娇却有些顾虑，虽说这个价格自己可以接受，但是青岛市的咖啡同行都在一个圈子内，信息会不可避免地互通有无，同行知道后会不会抗议呢？

徐坤想了想后说道："我们的目标受众是大学生，其他咖啡店的消费群体则是以白领为主，客户之间的可支配资金和承受能力有所不同，我们先用这个定价试营业，如果效果不错就沿用，效果一般的话，我们再调价。"而最终亮眼的销售额也表明，这一建议是正确的。

开业后，咖啡店生意渐渐红火起来，张辉等在附近工作的老顾客热情捧场，调皮的学生称这里是"小姨子咖啡"，三人也被称为"小姨子三人组"，与幸运者相比反而多了一丝亲切和趣味。记挂着老顾客和朋友的热心帮助，小店开张之初，三人就给 Sam、张辉老师等邮寄了"感谢包裹"，里面有印着"XYZ"的明信片、自制精品咖啡豆细心研磨成的咖啡粉，还有一张 VIP"幸运卡"。

三位咖啡师专业的冲煮能力和健谈的性格，不仅吸引了越来越多的大学生成为 XYZ 的核心客户，而且促使他们主动为 XYZ 引流，成为小店免费的口碑推销员，周边来取快递的学生的光顾更是迅速提升了小店的客流量。

"做大学生喝得起的好咖啡""做大学里的精品咖啡店"成为 XYZ 的运营

宗旨,一方面,大学生是未来的精英,让他们主动接受咖啡,实质上是在为未来的咖啡市场蓄力;另一方面,精品咖啡要推广开来,大学生口碑相传是宣传的最佳途径,他们探索新鲜事物的好奇心和制造话题的能力足以成就咖啡业的小高峰。

来附近取快递而接触到XYZ咖啡的王佳琪、赵方凯同学甚至成为店里的"免费员工"。

两位同学对咖啡有很大的兴趣,常坐在吧台近距离观赏制作咖啡的流程,王佳琪甚至希望毕业后从事这一行业。一天,在看了多次制作拿铁的过程后,王佳琪说:"书读百遍,其义自见。做咖啡的流程在我脑里实在是出现太多啦!于老师,我可以试着做杯咖啡吗?"王佳琪虽然手生,却有模有样地按步骤进行:酌量牛奶、小杯浓缩、牛奶拉花……味蕾上自有欠缺,但是能看出这位同学已经初显咖啡师的范儿了。此后,二人来小店的频率愈发频繁,逐渐超越了顾客身份,成为店里的小帮手。看到他们的热爱,三位咖啡师也常常向他们传授制作咖啡的技巧、门店运营的关键。

在某次学习时,赵方凯对张文娇说:"既然您以前在安琳做培训,为什么不考虑在这里也开办培训课程呢?"

对啊!一个小店并不能发挥出团队的全部能量,三人开始根据自身特长开发新的业务。于栋华继续负责咖啡出品和比赛事宜,张文娇着手开启培训业务,帮助咖啡爱好者入门和新手咖啡师进阶,徐坤则负责烘焙咖啡豆,为小店提供多样化产品并向其他店面供应。王佳琪同学作为最佳捧场王,首先报名参加培训班,立志早日拿到SCA咖啡师初级证书。为鼓励这位积极的同学,张文娇赠给她报名课程可使用的最大面值优惠券,再加上在小店当助理的工资,王佳琪最后报名培训班才花了不过1/4的月生活费。

盈亏平衡

在运行了三个月后,小店每天的销量稳定在50杯左右。一个棘手的问题随之而来——客户群体逐渐固化,新面孔越来越少。可目前销量距离三人的期望还相去甚远。

张文娇从业经历最长,对于门店的整体运营也最为了解,她给大家算了一笔账。小店装修、购买设备等投入了18万元,这些资产4年左右就需要更新改良,即每年的摊销约为 4.5 万元。按照行业水准,每人每月至少要有 6 000 元的稳定收入,这样全年的固定成本就是 26 万元。每杯咖啡的毛利在 75% 左右,全年要达到大概 35 万元收入才能保证大家的基本生活。大学每年还要放寒暑假,也就是说在不放假的日子里,小店每天的销售额需要达到 1 300 元左右。现在的销量仅仅是保本销量的一半。"销量必须提升!"张文娇如是说。

如何高效营销提升营业额呢?

线上推广成本高,平台报价基本在 7 万—8 万元,XYZ 正处于创业初期,没有这么多资金,现阶段不可行!线下推广主要靠发单页,宣传分散,效果一般,产出达不到投入的期望值,也不可行!

徐坤接过话题:"我们房租低、人工成本低,但顾客的忠诚度非常高,应该邀请他们多多参与。"

"确实,我们的核心顾客其实是潜在资源,通过他们树立口碑,我们不需做付费的网上推广,但可以邀请他们在平台上做出走心好评。"于栋犇说道,"再以核心顾客为基础在学校成立一个咖啡爱好者协会,聚集我们的精准顾客,虽然付出可能会多些,但效果肯定比赞助一些不相干的学生社团效果要好得多。"

于是,创业初期的营销策略就确定下来了:依靠品质建立口碑,靠核心的顾客传播口碑,在时机成熟时成立大学咖啡爱好者协会。

重回赛场

正当销售额问题困扰着三人时,WBC 也悄然来临了。但在是否参赛的问题上,三人产生了很大的分歧。张文娇和徐坤觉得 XYZ 尚未步入正轨,若参加比赛,一方面需要近 2 万元的支出;另一方面,参赛会导致关店一周左右,损失部分营业额甚至是潜在客户。

而于栋犇争辩道:"我们因为想参加比赛证明自己,才离开安琳,如今却连比赛都不参加,岂不是对自己很不负责任?让同行知道了简直就是笑话!"为了刺激队友参赛,他甚至提出要与别人组队,三人的关系由此降至冰点。

尚在三人的关系无法调和时,他人的无心之言却让三人统一了意见。培训课上,一手端着刚打发的植物奶油,一手拿着意式浓缩咖啡的王佳琪说:"老师,我发现很多学生来'小姨子'并不是因为喜欢喝咖啡,"张文娇一愣,"学生向往着工作后的生活,你们这满墙的获奖证书会让我们产生事业有成、过着小资生活的错觉,哈哈哈!"

言者无意,闻者有心。这句不经意的话却深深地触动了张文娇,深思熟虑之后,她在三人的微信群中表达了参加比赛的意愿:"我们应该参加比赛。近几个月我们迫切地想让 XYZ 盈亏平衡,却忽略了更加重要的东西:我们到底能为顾客提供什么?除了提供精品咖啡,更应该让顾客享受咖啡,这种心理上的美好感受也应当是我们所提供产品的一部分。"于栋华接话道:"身处校园市场,我们却忽略了大学生的心理诉求,他们并非专业的品鉴者,只有让他们相信 15 元能买到比网红店 50 元的咖啡更好的产品时,他们的消费体验才能得到满足,这才是我们创业的初心啊。"

2016 年 10 月,做了充足的准备后,三人踏上了 WBC 中国赛区的赛场。有了历年的参赛经验,三人对于能够踏入决赛充满信心。在首轮和第二轮的比赛中,"小姨子"三人组表现得非常优秀,先人一步获得进入半决赛的资格。但是,比赛中一次失误导致咖啡粉飞散,团队未能进入决赛。虽然遗憾,但这已是青岛参赛队伍中所取得的最好成绩。

投身公益

小店对精品咖啡的专注和自身的实力,也赢得了社会媒体的关注,甚至被青岛美食网评为 2017 年"隐于闹市"的最美咖啡店之一,受到青岛电视二台《生活天天秀》节目的报道。"小姨子"三人组受邀参与了一次参赛经验分享会,向青岛及周边城市的同行和咖啡爱好者分享了紧张刺激而又不无遗憾的参赛历程,XYZ 也开始在岛城的咖啡行业占据了一席之地。

转眼间,"小姨子"入驻大学已有半年了,精品咖啡店、咖啡豆供应以及咖啡师技能培训三个主要业务都逐渐走上了正轨,营业额开始稳步提升。但三人绝对没想到的是,创业还没开始盈利,就投入到了公益事业中。

青岛市中心聋校的李云萍老师是初级的咖啡爱好者,通过在大学里就读的女儿了解到校园里有三位技术很牛的咖啡师,于是在周一教学例会上向聋校提出申请,她谈道:"我们的孩子就业难、创业难,他们需要参与更多的兴趣爱好班,咖啡师培训课和咱们现在开设的烘焙课程、烹饪课程一样能让大家发挥出无限的潜力,尤其是我们的孩子有很强的专注力和动手能力,这也是咖啡师所需具备的品质,我们应该试一试。"于是,在李老师的力邀下,XYZ 来为听障学生们试课。

张文娇后来回忆道:"我讲过大大小小很多培训课,但这次是我最紧张、最想做到完美的一次。"课堂上,张文娇一句一停,手语老师随堂讲解,有听力稍微好一点的同学可以和她进行简单交流,听力较差的同学则完全看张文娇的表情和辅助老师的手语,一节试课讲下来非常顺利,讲师的用心、孩子们的热情都有目共睹。于是,双方签约开设一学期的咖啡爱好培训课,课时费:0元/节。并且,路费、材料费都自掏腰包。谈到为什么会做这样一桩"不挣钱的生意"时,于栋烨说:"离开学校、踏入社会,对听障孩子们来说是一件很残酷的事情,我们希望通过我们的努力,可以给这些学生增加一条就业途径。如果你在现场,你能深刻地感受到学生们的热情和积极性,我在收费的培训班都没看到过这样的学习态度,我相信我们可以做到!我相信他们更可以做到!同时,'小姨子'也会鼓动身边的朋友,争取为孩子们提供充足的工作机会。"

令人欣喜的是,XYZ 对公益的热心、对聋校孩子们的关爱得到了身边朋友的大力支持,很多顾客和朋友私信三位咖啡师,表示愿意提供岗位、资金、人员的支持,助力聋校孩子就业。

冰火交替,创业不易

危机——"才下眉头,又上心头"

时间转眼进入了 2017 年,一纸通知却让初见起色的咖啡店陷入闭店危机。

学校决定加强对仓库的管理,将部分小仓库交给学生社团使用。毫无意外,XYZ 在被清退的行列。一时间,愁容再次爬上三人的眉头。小店初具规模,各项业务逐步走上正轨,又积累了这么多的人气,怎能轻易放弃。三人不停地向周边的人寻找留住店面的可能,但得到的答案让团队一次次地失望。

十几平方米的小店,堆放了几个收纳箱,显得拥挤。在了解情况后,身为 XYZ 常客的许杰老师说:"不瞒大家说,我是学校学生工作部的老师,谁也不能改变学校的决定,但你们可以去迎合它啊。"三人不解地互相对望,他接着说:"现在XYZ累积了不少客户,为什么不考虑成立一个咖啡社团呢,而XYZ作为社团召集的基地和赞助者,留在这儿也就名正言顺了。"

"对啊!"王佳琪急不可耐地说:"我来组织同学成立社团!"

三人也曾想要建立咖啡爱好者社团,但因时机不成熟一直尚未着手,此时却又变得异常紧迫。许杰老师接着说:"我去取社团的成立申请表,还有两周时间,赶紧把社团办起来。"

仅仅两天,王佳琪和赵方凯就得到了百余名学生的签名与支持,并顺利地将申报材料交给了学生处。一周之后,青岛大学咖啡爱好者协会正式成立,社团使用仓库的申请也因此顺利通过。

一场关店危机反而为XYZ带来了福利:场地无偿使用。并且,成立咖啡社团也是"精品咖啡"第一次真正意义上深入大学校园。后来,每次谈起这场惊心动魄的事件,徐坤就十分感慨地说:"我们的顾客就像天使,总在'小姨子'需要的时候挺身而出,帮助我们顺利地渡过一个又一个难关。"

在三人再次向许杰老师表示感谢时,他风趣地说道:"你们要是走了,我再去哪儿喝到这么好的咖啡啊?"

机遇——"众人拾柴火焰高"

清退危机后,XYZ恢复了往日的红火,而咖啡爱好者协会的成立更是让"小姨子"咖啡与学生们的关系更加亲密。

2017年4月某天,管理系学生李思佳提出,XYZ要不要做个校园活动扩大影响力。"这件事就交给你们了",于栋华开玩笑似地说:"你们要是办得起来,我就全力支持。"充满活力的大学生们怎么会浪费这个大显身手的机会,两天之后,一个完整的"喝七彩咖啡召唤神龙"的活动方案就摆在了三人面前。

"做!全力支持!"在取得了一脸茫然的三人的同意之后,小伙伴们又马不停蹄地开始制作海报、条幅、微信推文、会员卡。没多久,"喝七彩咖啡召唤神龙"的海报就出现在了校园中,相关推文的阅读量突破5 000,那段时间,来XYZ喝咖啡的学生数量简直要赶上来附近取快递的了。

活动发布一周后,淘宝新势力周刚过,来附近取快递的同学络绎不绝,XYZ内三位咖啡师一同站台,徐坤说:"后台数据显示,咱们这次有将近40位顾客'召唤出了神龙',这可真不是个小数量啊,我们的活动能吸引到这么大的关注量,又能牢牢地吸引这么多顾客来连续六七天'召唤神龙',我们越来越被大学市场认可了!"于栋垛接着说道:"是啊,作为不耍嘴皮子的实战派,我们不是始终相信,认认真真地做好自己的活,一定会被认可的嘛!即便这个'认可'来得没那么快,我们也等来了。"

"喝七彩咖啡召唤神龙"活动让 XYZ 在校园的影响力进一步扩大,很多学生会在课后特意绕道到这里来品尝一杯咖啡。在学生中甚至流传着这么一句话:"你不是我的奶茶,你是我的'幸运者'。"

2017 年 9 月,三人再次参加了 WBC 中国赛区的比赛,最终顺利闯入决赛,勇夺第六名。此时,XYZ 在校园内已经打响了名气,很多学生都知道,这家看似不起眼的小店,来头却很大,里面的咖啡师个顶个的牛。

亦客亦友——"一片冰心在玉壶"

创业一路走来,或是老客户的真诚帮助,或是一句温暖的话语,或是一件小小的礼物,都成为"小姨子"咖啡继续成长的动力。

第一期培训班,学员中有一位小姑娘李晶,她在第一堂入门课结束后找到张文娇,说道:"娇娇老师,您刚刚在课堂上说'大家要记住自己学咖啡的本心',其实,自己想想,我想学咖啡,就是想给未来的自己多一种可能性。"她接着说道:"我刚刚毕业在银行工作,感觉明显能预知自己未来定是要回到常态的生活里,工作下厨、'洗手作羹汤',这都很好。但是在这之前,我想让自己多拥抱一些可能性。"

"咖啡会成为大家的另一种可能!"回到工作室的张文娇,这句话不停地回荡在脑海中,"我们的顾客都有种'奇异的力量',只要一点点资源,就可以把日子过得红红火火,相信咖啡会成为大家创造美好生活的原动力!"

虽是创业却更看重情谊,XYZ 与顾客和学员的交流从来都不局限于如何出品、品鉴咖啡,原本只是交易关系的双方却因为这一理念有了更进一步交流的可能性,正如于栋垛所说:"在吧台站台是一件非常有趣的事情,这种近距离的沟通,能拉近你和顾客之间的联系,时间一长,朋友自然而然地多了起来,门店运营的核心也自然而然地把握住了。"

到 2017 年年底,培训班已经办到了第七期,每期课程里都有相当一部分学员和"小姨子"咖啡保持着密切的联系,回到老家的他们会给XYZ专门寄来特产和当季水果,每每尝到别家店新出品的咖啡豆也一定给他们寄来尝尝;同样地,逢年过节,"小姨子"三人组会给自己的老顾客和学员送去新品咖啡豆和定制蝴蝶酥,在精致的卡片上亲笔写上节日的祝福。2018年年初,随着客户群体的扩大,这种双向的交流范围也从青岛扩大到了云南、四川、广西、河南、上海等地区。

就如徐坤所说:"忙并快乐着!'小姨子'咖啡是幸运的、幸福的,每当遇到困难,总能通过各方资源的调动得以解决,那种成就感是美好的。我们自己心里也是满满的正能量。"

新的成长伴随着新的烦恼,小店实在太小了,已成为发展的瓶颈。

小店透光,闪闪发亮

走出校园

随着顾客在外的口碑宣传及各项业务的不断拓展,XYZ的门店面积已经无法承载日益增多的客流:需求量的增加需要更换更大型的烘焙机,学员组团报名也无法再在店里进行一对一或一对二的教学,寻找新的场地成为XYZ发展的必然。

青岛市中心聋校李老师在XYZ和徐坤交接下个学期课堂任务的时候,一听说三人准备租房子,马上咨询了自己的中介朋友,并不断强调"帮助聋校的爱心老师就是在帮助聋校的孩子,我为他们的人品担保!"就这样,在李老师的帮助下,三人以1 550元/月的价格在崂山区某商住混用的写字楼上低价租到了一个两室一厅的房子,其中一个卧室用来做培训教室,另一个卧室用来做咖啡豆的烘焙,客厅则用来日常办公和封装咖啡豆。

新的发展也带来了新的问题,XYZ大学店离新址太远了,三名咖啡师的时间周转变得紧张。为此,于栋犇挖来一名徒弟负责大学店的经营,王佳琪、赵方凯也成为店里的兼职员工,三名咖啡师则轮流来店里工作。

XYZ正式驶出了校园的港湾,开始在新的环境下继续奋斗。

新店开业

就在三人新的奋斗开始时,一个意外的惊喜正在向他们走来。

2017年10月,新的工作室刚装修好,一名叫许国华的银行经理来到了XYZ。与其他人不同的是,他是来带着合作的心态来的:邀请XYZ去青岛银行总行一楼设店。因为他们的总行刚刚搬到新地址,一楼较为空旷,并且银行的很多高端客户有喝咖啡的习惯,提供速溶咖啡显然会降低服务质量。为此,行里决定,引入高水平的咖啡店,以免租金的形式换取为高端客户提供免费咖啡的服务。许国华正是这件事的负责人。

对方给出的条件可以说十分诱人:银行对XYZ免场地租金,但需自行装修。作为条件,XYZ需每月向该银行提供300杯的免费咖啡;XYZ不能接外卖单,但可以在本楼内自行送货。

租金一向是咖啡行业最重大的支出,免租金基本可以和盈利挂钩,幸福来得太过突然,三人都不免有些怀疑。许国华看出了他们的疑虑,说道:"我是海大MBA学员,每个周末来崂山上课的时候,导师都会带我来店里买上一杯咖啡边喝边聊,只是不太交流,你们对我印象不深。"

许国华继续解释道:"我之所以来找你们,一是你们提供的服务体验非常好,每次看到坐台的咖啡师和我导师那种默契的交流,一句'还是老样子吗'这样简简单单的问候,就是让我非常向往的亦客亦友的关系;二是因为你们有足够的实力,我们最大的要求就是咖啡的质量一定要得到保证。我也关注到你们在大赛上取得第六名的好成绩,你们的获奖证明就是咖啡质量的最好保证!这样我们银行也能向客户证明,我们在每个细节上都是追求极致的,您说对吗?明天你们就可以去银行里看一下,如果觉得合适,我们再谈下一步的合作。"

在实地查看场地并大体计算了收支情况后,三人都认定这是一个难得的好机会,于是与银行签订了协议。

12月,XYZ银行店顺利营业,并在首月就实现了盈利。

机遇不断,挑战再现

"以高品质和低价格为高校学生们带来新的日常饮品——精品咖啡;同时

在高校内推广和普及精品咖啡文化,促使学生成为咖啡产业最新鲜的血液和最活跃的生命力;通过系统、专业、国际化标准的咖啡培训,提升学生及咖啡爱好者、咖啡从业者的咖啡专业度和资质水平"已成为XYZ的新宗旨。

"好了,伙伴们,我们再来讨论一下明年的发展吧",张文娇说,"培训班的李晶同学想要自己创业开一家精品咖啡店,开店预算为60万元,但是她自己没有经验,想委托我们代为开店,有10%的提成。"

"好事情啊,我们已经开了两家店,店铺装修、设备购买、价格制定、原材料采购我们都太熟悉了,我前几天还在想怎么把这些零散的知识整合起来呢,没想到这么快就有机会让我施展了。"于栋华说道。

"我们甚至可以更进一步,连店员的招聘和培训、采购渠道的建设一起做了,打造咖啡店领域的'交钥匙'工程,你们看怎么样?"徐坤说道。

"同意!"

"同意!"

"不过我还有一个担心",张文娇不无忧虑地说道,"从XYZ大学店建立到现在,很多事情的解决得益于顾客的助力。现在我们规模越做越大,和顾客的接触越来越少。以后顾客还会愿意帮助我们吗?他们想到咖啡的问题时还会优先想到我们吗?我觉得这可能是我们需要认真思考的问题!"

"是啊,要怎么维护住我们这些特殊的伙伴呢?"

思考题

1. 在创业过程中,核心顾客为三位创始人提供了哪些帮助?

2. 对于只能维持自身盈亏平衡的XYZ大学店,你认为其是否有继续运营的必要?

3. 随着店面规模的扩大,XYZ在未来如何在持续开发新顾客的同时,更好地留住老顾客?

参考文献

[1] 菲利普·科特勒.营销管理:分析、计划、执行和控制[M].梅汝和,梅清豪,张桁,译.北京:清华大学出版社,1997.

[2] Chang I. C., Kahn J. S. Isolation of a possible coupling factor for photophosphorylation from chloroplasts of Euglena gracilis[J]. Archives of Biochemistry & Biophysics, 1966, 117(2): 282.

[3] Bettencourt L. A., Brown S. W. Contact employees: Relationships among workplace fairness, job statisfaction and prosocial service behaviors[J]. Journal of Retailing, 1997, 73(1): 39-61.

[4] Katz D. The motivational basis of organizational behavior [J]. Systems Research & Behavioral Science, 1964, 9(2): 131-146.

[5] Gyewan Moon, Allen H. Kupetz trying to create a stir: Opening a coffee shop in Korea. Ivey Product Number: 9B10M113 (Ivey Publishing, Publication Date: 03/18/2011).

[6] Martin Dirks. Selling short: Green mountain coffee roasters. Ivey Product Number: 9B12N007(Ivey Publishing, Publication Date: 07/26/2012).

[7] 范钧,孔静伟.国外顾客公民行为研究[J].外国经济与管理,2009,31(9):47—52.

[8] 肖萌,马钦海.顾客资源对顾客价值共创行为的影响研究——感知控制和主观规范的调节作用[J].东北大学学报(社会科学版),2019,21(02):149—155,164.

[9] 孙乃娟,郭国庆.顾客承诺、自我提升与顾客公民行为:社会交换理论视角下的驱动机制与调节作用[J].管理评论,2016,28(12):187—197.

[10] 王崇锋,王彦坤,刘欣荣.幸运者咖啡工作室:众人拾柴火焰高.中国工商管理案例库编号:2-719-341(北京:中国工商管理案例库,2019年12月31日出版).

[11] 幸运者咖啡工作室.大学里的精品咖啡店[EB/OL].(2017-02-19)[2018-05-31].https://mp.weixin.qq.com/s/5ls-Cd7Yw6ZwG0SrhSF88g

[12] 幸运者咖啡工作室.咖啡从种子到杯子[EB/OL].(2017-03-17)[2018-05-31]. https://mp.weixin.qq.com/s/PhTRBfdKuyoU5LW_fFX90A

[13] 36氪.精品咖啡,做的是什么生意?[EB/OL].(2018-12-24)[2018-12-31].https://mp.weixin.qq.com/s/EOEvzLm3uP84VTFf5PfrdA

致　谢

> 慎始而敬终,终以不困。
>
> ——《左传》

　　从书稿的模糊构想、粗略设计到最终定稿的整个漫长的摸索过程,历时近10个月的时间,从第一篇案例思维的火花闪烁到最后致谢定稿的掩卷而思,似乎也已有两年有余,作为我个人而言,心中仍有诸多感慨,涌上心头。

　　执教15年,从2010年开始慢慢探索,把案例应用于教学,我在这个过程中发现最能打动学生的都是鲜活的案例故事,最能活跃课堂的也是激烈的案例讨论,摆脱"眼前的黑不是黑,你说的白是什么白"的困惑,是与同学们一起开启的对国内外企业管理实践的探索与剖析。基于此,《释局:新零售商业模式创新案例集》选取了近三年来在中国管理案例共享中心入库的19篇与"商业模式创新和品牌创新"相关的案例,融合了青岛大学商学院管理案例研究中心30余位小伙伴的共同努力,致力于为国内各大商学院提供高质量的最新案例集锦,为学生提供最贴近企业实践的案例复盘,以期能更好地融合真实素材与经典理论,为社会各界提供真实、实用的经管读物。

　　而将这一想法变成现实的过程并不容易。从2017年至今,案例团队成员在新零售领域深挖,探索、调研了国内多家企业,并撰写出多篇优秀实践案例。为了更好地深入企业一线调研,案例团队成员参加了2018年阿里巴巴集团发起的"活水计划"、《商业评论》第一期新零售特训营等活动。尽管可以从相对宏观的层面对企业新零售实践有一定的把握,但如何细分主题、如何匹配案例、如何设计书稿章节,对团队来说都是一个不小的挑战,这其中需要投入大量的时间和精力,不断地讨论、设计、修改和反复磨合。但经历了这个繁杂、忙碌而充满压力的过程,团队合作也更加顺畅、开放、团结,正如团队小伙伴们所说的:要做一支更加应变灵活、骁勇善战的骑兵队!

知行合一,越努力越幸运!《释局:新零售商业模式创新案例集》于我,是一本很有分量的产出,它见证了过往两年案例团队的成长和进阶,借此书出版之际,对所有给予我帮助的专家、同事表示由衷的感谢!

感谢中国管理案例共享中心。共享中心是案例团队学习、成长、升级过程中最优质的平台之一,在案例投稿、评审时为我们反馈了高质量的专家意见,给予了"案例新人"足够的包容、鼓励和信任,是我在案例进阶路上的重要力量。尤其感谢共享中心的王淑娟主任,每次见面都给予我很多鼓励和支持;感谢共享中心的马晓蕾老师,为我们及时收到案例反馈与案例进度提供了诸多的帮助。

感谢诸位案例专家提供的高质量培训和分享。在案例探索旅程中,总是能在各位大师的案例分享中受到诸多启发,在案例选题、写作方法、内容设计、与理论的结合、评审重点、调研技巧以及教学方法等诸多方面极大地丰富了我们对案例撰写和教学的认知。尤其感谢 IVEY Publishing 的 Paul W. Beamish 教授、中欧国际工商学院梁能教授、南开大学张玉利教授、中国人民大学孙健敏教授、北京航空航天大学欧阳桃花教授、大连理工大学苏敬勤教授、IVEY 商学院苏宁教授、澳大利亚新南威尔士大学潘善琳教授、清华大学经济管理学院陈劲教授、浙江大学郑刚教授、北京大学王铁民教授、中国人民大学石伟教授、中央财经大学王震教授、中欧国际工商学院许雷平主任。感谢上海交通大学井润田教授、复旦大学李绪红教授、北京大学张志学教授在 IACMR"教学的学问与方法"工作坊中传授的"案例教学的科学与手艺"。感谢阿里研究院赵保英老师、吕志彬老师,以及《商业评论》杂志刘雪慰老师等不吝赐教的业界专家!

感谢新型案例探索群中的诸位好友的鼎力支持,特别感谢群主兰州交通大学宋结焱教授、西南科技大学何波教授、山东财经大学刘素教授、清华大学案例中心赵子倩主任、中国人民大学案例中心徐京悦主任、湖南大学朱国玮教授、华东师范大学程贵孙教授!感谢老乡复旦大学商业知识发展与传播中心于保平主任的热情分享和指点!

感谢北京大学出版社的周莹老师,为本书的编辑出版付出诸多精力和时间,是她对书籍品质的严格要求及细心修订,才使得本书顺利出版,期待未来能够与周莹老师有更多的合作。

感谢我的父母亲总是给予我最大的支持和帮助,他们是我最坚强的后盾,让我可以全力以赴地投入案例的探索与学习。感谢我的温暖的小家带给我繁忙之中的淡定与从容,可以让我看花开花落,顺应四时而动。感谢所有合作过的伙伴们,诸多团队成员对案例中心的支持,是我前进的巨大动力。尤其是为本书的撰写、编辑等付出贡献的小伙伴:晁艺璇、孟星辰、曲献坤、惠扬、杨箫、李正琪、曹江昕、杨谨溪、杜建儒、巩杰、刘慧卿、刘欣荣、吴可心、王昭君、孙靖、赵潇雨、张蕾、马肇晴、孔卓、赵方凯、许艳雪、于文青、张旭、秦文静、马心雨、卢敏鸳、朱海燕、刘亚鑫、熊懿、邵洁等。他们中有的已踏上工作岗位,奋斗在企业实践的一线;有的在国内升学或出国留学,在不同的领域深造,同时为案例中心提供源源不断的、新鲜的创意和高品质的作品。不断地踏出熟悉的舒适圈,我们的团队也借助案例持续、缓慢地成长着。

对于以上给予我启发和帮助的人士,我在此深表谢意。也对书中提及的众多优秀企业家表示感谢。本书所有案例都基于作者及团队的研究,这些研究也得到过各种项目的支持:国家社科基金项目(15BGL027)、山东省研究生导师能力提升项目(SDYY18068)、2018年阿里"活水计划"项目等,对这些项目的资助表示由衷的感谢。还要特别感谢青岛大学商学院,感谢王庆金院长和王功勇书记,感谢学院支持成立管理案例研究中心,并提供了良好的研究条件和各种支持。

同时,我也意识到本书存在诸多不足。基于企业的特色和案例作者的不同视角,本案例集的各案例之间的篇章设计、写作风格难免存在差别;中国企业实践丰富而精彩各异,本案例集仅挑选了其中具有代表性的一小部分,总结难免挂一漏万。此外,案例研究难免在企业的管理实践之后,可能当企业实践不断迭代、愈演愈烈之时,案例研究仍停留在其发展阶段中的一节,但团队对于案例的研究、对商业模式创新的进一步探索仍将继续。

感谢每一位读者,希望大家都能"集齐龙珠,召唤神龙"完成自己的愿望。书稿中的不当之处,诚心希望各位读者不吝赐教。

王崇锋
2020年12月于青岛大学